LE GROS LIVRE DE LA LIGUE 2

Thomas **Bonnavent** | Maxime **Mianat**

LE GROS LIVRE DE LA LIGUE 2

Hugo Sport

SOMMAIRE

PRÉFACE

•

Sebastien Thoen

Comédien

5 mai 2020. 23h43. Un masque. Une mauresque.

« Celui ou celle qui n'a pas connu les stades de Mulhouse, de Troyes ou de Beauvais ne peut pas parler de football. »

J'avoue, cette maxime en bronze d'un spécialiste du ballon rond, et génie comique à ses heures perdues, m'a profondément marqué. Déjà parce qu'elle est de moi, et puis aussi parce qu'elle parle de moi (double ego trip, toujours agréable).

Je m'explique : au mitan des années 1990, pour suivre mon onze olympien de cœur en Ligue 2 (pardon, en Division 2), j'ai eu l'honneur (!) de fouler les travées des enceintes sportives de ces villes, sans parler de Louhans, Le Mans, Istres, Saint-Ouen et bien d'autres… Que de souvenirs ! Des stades minuscules, des joueurs sous-cotés (et inversement, bien souvent), des tribunes en terre, des kops familiaux et moustachus, des buvettes pompettes, des mascottes improbables, de la passion, de l'authenticité, du tourisme champêtre… Bref, du football !

À l'heure de la Ligue 1 et de son argent roi, ses investisseurs orientaux et/ou orientés, ses fumigènes et son alcool (sauf en loge, saleté de pauvres !) interdits, ses mercenaires en shorts et leurs écouteurs en sourdine, ses patrons de clubs et de multinationales et ses stades aseptisés qui tendent à se vider, la Ligue 2 me manque. Oui, c'est vrai. Sportivement, symboliquement, humainement, la Ligue 2 me manque… Je te vois déjà, lecteur, te dire dans ta tête ou, pire, tweeter :

« Oh, l'autre, dans le genre démago, réducteur et caricatural, on fait pas mieux ! Et puis, ça va, la L2, c'est pas la CFA non plus ! »

Mais oui, ducon, c'est pas la CFA, et c'est ça qui est fabuleux.

En Ligue 2, tu ne sais jamais à quoi t'attendre ! Tout peut arriver, la magie comme la chienlit. Les joueurs sont tous médiocres, sauf parfois un qui sort de nulle part et qui sera bientôt international ! Les dirigeants ont de la bouteille dans le milieu du ballon, mais, à leur visage un peu rougi, on se doute qu'ils ont aussi de la bouteille dans le milieu… de la bouteille.

En termes de surprise et d'inattendu, on est plutôt pauvres, en Ligue 1. Dès juillet, on sait qui sera champion et on est sûrs de qui va descendre. En tant que supporter, on sait également qu'on pourra difficilement aller en centre-ville avant le match. Et ce n'est pas après qu'on ira zouker en boîte ! Et pourtant, les discothèques de villes moyennes… Quelle promesse ! Quelle ivresse !

Voilà ce qui fait le sel de la Ligue 2 : la surprise ! Le coup de théâtre, l'étonnement, l'allégresse, la confusion, le saisissement. Et tout ça donne un grand spectacle, donc un grand match de ballon.

Dans nos sociétés où, dès le plus jeune âge, nos destins professionnels, amoureux et sociaux sont quasi tracés (sauf quand un Chinois et un pangolin font un peu les cons), une rencontre de L2 est un vrai bol d'air pour tous les passionnés d'aventure : qui va gagner ? Qui va perdre ? C'est moi ou notre libéro est complètement con ? C'est où, Gueugnon ? Tout est possible, c'est magnifique… N'oubliez jamais que si on est sur Terre (et en virage), c'est dans un seul but (olé !) : vivre et se souvenir.

Alors oui, pour toutes ces raisons, la Ligue 2 est le meilleur Championnat du monde. Maintenant, si vous vous affolez depuis trois minutes, si vous ne me trouvez pas convaincant, si vous pensez que j'ai arrêté le football au siècle dernier et que je ferais mieux de commenter des gang-bangs… Eh bien, vous avez raison ! Mais vous n'avez désormais aussi plus le choix : vous devez lire ce livre.

AVANT-PROPOS

Thomas Bonnavent

Début des années 2000, stade Jean-Mommessin à Puy-Guillaume, un petit village au pied du Puy-de-dôme...

Le Clermont Foot 63 vient disputer un match amical face à Romorantin. Sur la cendrée qui encercle la pelouse, un petit gars se tient prêt à renvoyer le cuir aux grands. Vigilant. Et, surtout, l'œil admiratif. Il peut presque toucher ces pros du bout des doigts. Il observe, les fesses vissées sur son ballon Uhlsport. Il analyse. Soudain, le coup de foudre : Vincent Boulanger, numéro 10 clermontois, buteur ce soir-là... Au coup de sifflet final, le blondinet aux manches toujours trop longues se précipite pour récupérer le maillot de son nouveau chouchou. Ce cadeau est le premier souvenir d'un mec qui s'apprête aujourd'hui à rendre hommage à l'antichambre du football français. Parait-il que l'on n'oublie jamais ses premières fois. Qu'elles soient bonnes ou mauvaises. Ce livre est un remerciement. Une envie de sublimer ce Championnat qui nous a offert nos premiers souvenirs de stade, comme ce Clermont-Gueugnon d'août 2004. Une défaite 2-0 avec Corentin Martins, Frédéric Brando, Nicolas Cloarec et, surtout, Olivier Enjolras, gardien souverain. Ce stade Gabriel-Montpied, sa tribune et sa vue sur le parking, d'où l'on peut surveiller sa bagnole. Le théâtre de grandes découvertes : la merguez-frites, les chants (on salue les Bad Wizards), l'hymne de Gigi d'Agostino avec son tube « I'll fly with you », les sacs plastiques autour des pieds les soirs d'hiver et, avant tout, les premières soirées foot avec le paternel. Pour tous ces « Allez, viens, fils, on va voir les grands », je voudrais te dire merci. Merci, Ligue 2. Tu paraissais si grande et si belle il y a quinze ans que je voudrais te saluer et te rendre attirante. Ces pages sont pour toi, amoureux du stade Gaston-Petit, nostalgique de Léon-Bollée, internaute qui cherche « meilleures brasseries pour plats atypiques à Niort » sur Google, collectionneur de *La Montagne* ou de *La Voix du Nord*, amateur des gloires locales ou des cartes routières Michelin en papier. J'espère pouvoir te rendre fier de ton club. De ta région. Provoquer chez toi des « Ah, put***, c'est vrai qu'il jouait ici, lui ». La Ligue 2, ou D2 pour les puristes, échappe à beaucoup de clichés sur le foot-business. À nous de la préserver et, surtout, de lui rendre hommage. L'heure a sonné.

SUIVEZ LE GUIDE !

→ *Journaliste indépendant, Loïc Durand supporte l'ACA depuis ses 10 ans.*

Loïc Durand, supporter de l'AC Ajaccio, a effectué plus de 150 déplacements avec son club de cœur. Il nous ouvre les portes des coulisses – et des toilettes – de la L2.

Combien de matchs de l'AC Ajaccio as-tu suivi en tribunes ?

J'en suis à 157 déplacements (*à la mi-mars 2020*). Et je ne vous parle pas des matchs à domicile... Au total, j'ai parcouru 120 536 kilomètres pour suivre l'ACA, soit trois fois le tour de la Terre. Tout ça 90 % du temps avec ma Peugeot 106 de 1994 qui a 345 000 kilomètres au compteur. J'ai visité 62 stades en France. De ces 157 matchs, j'ai assisté à 37 victoires, 46 matchs nuls et 74 défaites de l'ACA. Allez, derniers chiffres : j'ai passé 1 476 heures en déplacement, soit 61 jours et demi. Deux mois dans la voiture.

Quels sont tes meilleurs souvenirs ?

Je garde un bon souvenir de chaque déplacement. Si le résultat a été mauvais, je vais retenir la beauté de la rencontre, les retrouvailles avec mes potes de tribunes, le bon sandwich à la buvette... Je garde de bons souvenirs de mes déplacements en Bretagne et dans le Nord, parce que c'est là où on est le mieux accueilli, par de sympathiques supporters. La preuve que des fans de deux équipes peuvent bien s'entendre, peu importe le résultat final. J'étais à Ajaccio pour le match de barrage contre Le Havre en 2018 : c'était la folie, ce but de Mady Camara à la 125e minute et cette qualification aux tirs au but ! On s'enlaçait tous, on pleurait... Une telle communion, c'est magique. Il y a aussi eu le Sochaux-ACA de 2017, avec une victoire 6-1 d'Ajaccio. On était trois ou quatre en parcage et on n'en revenait pas, c'était lunaire.

Que représente la L2 pour toi ?

La Ligue 2, c'est la liberté et la proximité. Je l'adore. Je serais content si mon club montait en Ligue 1, mais, personnellement, je me sens mieux dans les stades de L2. Les stadiers sont plus sympas, plus compréhensifs, moins chiants. Les stades sont à taille humaine, ni trop grands ni trop petits. La plupart du temps, le parcage visiteurs n'est pas placé loin de la pelouse. De nos places, on peut sentir l'odeur du gazon, on peut entendre les joueurs se parler. La Ligue 2, c'est le vrai foot. Je préfère ça aux stades de Ligue 1, trop grands, trop aseptisés et, pour certains, carrément fades.

LES BUVETTES

TOP 3

1. Les clubs amateurs
2. FC Lorient
3. Valenciennes FC

« En règle générale, les buvettes qui vendent des produits locaux sont celles que je préfère. Je me rappelle d'un burger au maroilles à la buvette du stade du Hainaut, à Valenciennes. Il est également important pour moi de retrouver de la vraie bière aux buvettes des stades, c'est plus convivial et ça nous intègre complètement dans l'ambiance footballistique. Mais rien ne sera jamais meilleur que les buvettes des clubs amateurs affrontés en Coupe de France : dans ces petits stades au fin fond du pays, on y trouve des frites grasses, des crêpes, du café, des grillades chaudes et même du far breton et du vin chaud (ça, c'était à Quimperlé). En Ligue 2, si c'est possible, il faut privilégier les petites camionnettes de bouffe devant les stades. À Auxerre, par exemple, où vous pourrez déguster un bon Américain andouillette (avec beaucoup d'oignons, bien sûr) chez Fred. »

FLOP 3

1. Paris FC
2. Clermont Foot
3. AJ Auxerre

« Les pires buvettes, c'est là où on ne nous sert rien parce qu'elles sont fermées car nous ne sommes ‹ pas assez nombreux ›, selon eux. La plus constante dans la nullité, c'est quand même la buvette du parcage visiteurs de Charléty, le stade du Paris FC. On nous y propose des sandwichs triangles dégueulasses achetés à la supérette du coin, qu'on nous revend cinq fois plus cher. Et on est obligé de faire passer ça avec du Paris Cola ignoble. J'ai aussi le souvenir d'une fois où la buvette de l'AJ Auxerre nous a vendu des bouteilles de Coca-Cola de l'Euro 2016. Nous étions au mois de… mai 2018. »

LES TOILETTES

TOP 3

1. Chamois Niortais
2. Paris FC
3. Grenoble Foot

« On pourrait écrire un livre entier sur les toilettes du parcage visiteurs du stade René-Gaillard de Niort, qui sont une véritable institution dans le milieu. D'extérieur, elles ne payent pas de mine, c'est un vieux bâtiment type cabane de chantier. À l'intérieur, c'est sommaire, mais il y a un détail très important : tu peux regarder le match pendant que tu pisses grâce à une fenêtre placée à hauteur de visage au-dessus de la cuvette. Idéal. Après, les toilettes des stades neufs ou récents sont les plus intéressantes car elles sont propres, grandes, avec tout le confort nécessaire. J'ai également un petit faible pour les chiottes du parcage du stade Charléty. Le stade est pourri, la buvette dégueulasse, mais leurs chiottes sont immenses et propres. »

FLOP 3

1. **Clermont Foot**
2. **FC Sochaux-Montbéliard**
3. **ESTAC**

« Le GFC Ajaccio étant hors-catégorie car descendu dans les divisions inférieures, la palme des pires toilettes de Ligue 2 revient à celles du parcage visiteurs de Gabriel-Montpied, à Clermont. C'est simple : il n'y a pas de chiottes, juste un immense truc en plastique que l'on voit généralement dans les festivals et qui sert de pissotière. Aucun confort, pas de savon ni de PQ. C'est la préhistoire. Pour Sochaux et Troyes, c'est plus étonnant. Ce sont deux de mes stades préférés, assez modernes et esthétiques, mais leurs chiottes ont mal vieilli : elles puent, sont sales et pas entretenues... Un grand mystère. »

LES STADES

TOP 3

1. **Stade Bollaert-Delelis**
   RC Lens
2. **Stade Francis-Le-Blé**
   Stade Brestois
3. **Stade Francis-Le-Basser**
   Stade Lavallois

« Au niveau de l'accueil, on ne peut pas faire mieux qu'à Lens. Je préfère les petits stades champêtres aux grandes enceintes démesurées, mais tout fan de football est obligé d'aimer Bollaert. Tu vas à Lens, tu entres dans Bollaert, tu en prends plein la gueule : le stade est beau, rempli, les gens chantent ‹ Les Corons › à la mi-temps. C'est la meilleure expérience à vivre en Ligue 2. J'ai aussi toujours apprécié mes déplacements à Brest. J'ai une affinité particulière avec ce stade et le parcage, mais encore plus avec les après-matchs au *Penalty*, le bar derrière le stade, où j'ai assisté à de belles petites bagarres mythiques. Et puis, en parlant de stades champêtres, je ne peux que mentionner Le-Basser, à Laval : un stade d'un autre temps, avec son espèce de butte derrière l'une des cages et son parcage en bois, proche de la pelouse. Le football comme on l'aime... »

FLOP 3

1. **Stade de la Vallée du Cher**
   Tours FC
2. **Stade Pierre-Brisson**
   à Beauvais, pour les matchs du FC Chambly et du Red Star
3. **Stade Charléty**
   Paris FC

« À Tours, on a toujours été mal accueilli par le personnel. Le parcage est caché derrière de grandes plaques en plexiglas, donc pas facile de bâcher... Et puis, il y a les fois où on a refusé de nous ouvrir le parcage car nous n'étions pas assez nombreux. De mauvaises expériences. Pour Pierre-Brisson, c'est un stade assez déprimant, avec peu de monde dans les tribunes, et j'ai l'impression qu'il fait toujours froid là-bas, peu importe la période de l'année à laquelle on s'y déplace. J'ai une petite affinité tout de même pour la maison habitée DANS l'enceinte du stade, au coin du parcage : quand les habitants sortent de chez eux, ils sont littéralement dans le stade. Quant à Charléty, c'est trop grand, pas assez rempli et trop ouvert au vent. Pas l'idéal... »

1

LES TAULIERS

Ils ont leur carte VIP de membre de la L2. Les plus fidèles. Les plus titrés.

LE HAVRE

●

Avec 43 saisons en deuxième division, le HAC est le patron de la division. La puissance du port du Havre !

Avec ses 5 titres en Ligue 2, le HAC a écrit les plus belles pages de son histoire au second niveau du football français.

1937 - 1938
Les doyens enfin en D1

Une anomalie enfin réparée. Après cinq saisons en D2, le HAC monte en Division nationale (la première division de l'époque) en 1938. Pour l'occasion, le journal local *Le Petit Havre* lui accorde un encadré à sa une : « Le HAC, champion de division interrégionale ». C'est le premier succès majeur d'une histoire entamée en 1872. Une accession parmi l'élite validée après une démonstration (7-1 au stade de la Cavée verte) face à Caen, déjà giflé à domicile à l'aller (5-2).

Les Havrais sont sacrés champions de D2 devant l'AS Saint-Étienne et bouclent une saison intense avec une demi-finale de Coupe de France perdue face à l'Olympique de Marseille. La montée permet au défenseur Lucien Jasseron d'être retenu pour la Coupe du monde 1938 en France. Il faudra attendre près de vingt ans pour que le HAC retrouve pareille ivresse.

1958 - 1959
La plus belle saison du HAC

Le chef d'œuvre havrais. Du spectacle et un exploit : le doublé Coupe-Championnat. Le sacre en D2, tout d'abord : le HAC remporte son deuxième titre, devant le Stade Français et Toulon, avec 93 buts marqués en 38 rencontres par une attaque de feu, avec son canonnier argentin Eduardo Di Loreto et ses 24 *golazos*. Une balade. L'épopée en Coupe est, elle, une véritable guerre des tranchées. En 32es, les hommes de Lucien Jasseron affrontent Auchel (CFA) et se font marcher dessus malgré l'ouverture du score précoce de Jacques Ferrari. Pour la presse locale, « le HAC ne mérite pas sa victoire » et le correspondant de *L'Équipe* explique que les Normands ont été contraints de dégager en touche pour assurer la qualification. Au tour suivant, c'est l'arbitre qui sauve le HAC face à Annecy, à la 118e minute de jeu. Le match sera rejoué à deux reprises pour (enfin) voir le HAC se qualifier à Dijon. La réputation d'équipe chanceuse du HAC commence à prendre forme, assez pour faire rougir Didier Deschamps et sa « chatte ». Face à Draguignan, les joueurs sortent sous les crachats du public après un but refusé par l'arbitre aux Varois en fin de match (victoire 2-0 à Clermont-Ferrand). Puis Le Havre bat Metz grâce à un doublé de Di Loreto, alias « Tête d'or ». En demi-finale face à Nîmes (D1), André Strappe se fait soigner le genou, revient sur le terrain et dévie un dégagement qui se transforme en lob gagnant avec un poteau rentrant. En finale face à Sochaux, la chance va encore sourire aux Havrais. Quand le Sochalien Brodd marque, l'arbitre refuse le but. « J'ai accordé sept secondes en plus après la blessure de Jacques Ferrari et j'ai sifflé quand le joueur armait sa frappe », se justifiera Groppi, l'homme en noir. Match nul (2-2), les deux équipes se retrouvent quinze jours plus tard. Le 18 mai 1959, le Havre fait déjouer Sochaux et s'impose 3-0 à Colombes. Il devient le premier club de D2 à remporter la Coupe de France.

1984 - 1985
Du Pain, s'il vous plaît ! Et avec ceci ?

Vingt-trois ans après que le club eut quitté la première division, Didier Notheaux et ses joueurs retrouvent l'élite le 11 mai 1985. Une soirée made in Ligue 2. Le HAC dispute une finale pour la première place du groupe A face à Mulhouse, deuxième à égalité de points et entraîné par Raymond Domenech. Pas de quoi sourciller. Un cortège sillonne la ville et s'arrête pour klaxonner devant la maison du capitaine blessé, Bernard Romby. Le speaker demande aux supporters de se serrer. Des Ciel et Marine partout. Sur la buvette et même… sur le toit du stade. Sur le terrain, c'est la guerre. Les tacles pleuvent. Après deux parades exceptionnelles d'Alain Casanova, le gardien havrais, c'est Pascal Pain qui libère le stade Jules-Deschaseaux. Une chevauchée de 50 mètres et une frappe qui passe sous le ventre de Tempet. Une bouchée de Pain, et voilà le HAC de nouveau sacré champion de D2 après sa double confrontation contre Nice. « Le HAC, c'est les meilleurs, les autres sont des branleurs », résonne dans la ville. L'élégance à la normande.

2007 - 2008
Quand Hoarau rime avec héros

C'est l'heure du changement dans les rangs du HAC. Un mercato animé avec les retours de Christophe Revault et Guillaume Hoarau, prêté à Gueugnon en 2006-2007, et les arrivées de Valéry Mézague, Abasse Ba et, surtout, Nicolas Gillet, qui va découvrir la Ligue 2 et devenir le patron de la défense. Le général en chef se nomme toujours Jean-Pierre Louvel, mais son bras droit des deux dernières saisons, Thierry Uvenard, est remplacé par Jean-Marc Nobilo et ses méthodes. « Même dans les petits jeux, celui qui perdait prenait toujours plus cher, se souvient Jérémy Hénin. Dans chaque exercice, il y avait une carotte et ça a marché sur cette saison. » Un homme rigoureux et tombé au bon endroit au bon moment. « Il pouvait faire n'importe quoi, ça marchait, avoue Benoît Donckele, journaliste à *Paris-Normandie*. Il avait conscience qu'il avait un groupe de phénomènes. Il a eu de la chance. »

Pour Nicolas Gillet, l'objectif était clair malgré les départs de Jean-Michel Lesage et Kandia Traoré, les deux meilleurs buteurs de la saison précédente. « On ne pouvait pas envisager autre chose que la montée, même si ça n'a jamais été dit en interne. » Mais le char d'assaut met du temps à assembler toutes les pièces. Les premières foulées sur les terrains inquiètent. « Après un match amical face à Cherbourg, Revault vient me voir et me dit : ‹ À part le maintien, je ne sais pas ce qu'on va jouer. › Ce match était une véritable catastrophe », admet le journaliste.

Retour gagnant pour Lesage

Des doutes balayés après la première victoire de la saison à Furiani (2-0). « Un signal fort de gagner là-bas », pour Gillet. Lancés, les Havrais bouclent la phase aller avec trois points de retard

1990 - 1991
Le HAC taille patron

Cinquièmes en 1990, les Havrais, coachés par Pierre Mankowski, perdent leurs héros de 1985, dont Alain Casanova et Philippe Prieur. Et c'est une saison en toute tranquillité que s'apprête à vivre le club normand.

Les Havrais prennent la tête dès la 14e journée après avoir bombardé le but d'Orléans (5-1). En attaque, Joël Tiéhi (photo), futur vainqueur de la CAN en 1992, plante un triplé. Il terminera meilleur buteur du club cette saison-là avec Bruno Roux (13 réalisations chacun en D2). Trois journées plus tard, c'est le Red Star, leader durant de nombreuses semaines, qui subit la loi du plus fort : défaite 2-0 face à des Ciel et Marine sûrs de leurs forces. Et c'est face au club de Saint-Ouen que le quatrième sacre du HAC sera officiellement validé. Avec la manière : un carton 6-0 avec un doublé de Bruno Roux. Mankowski et ses hommes terminent meilleure attaque et meilleure défense du groupe B. Patrons.

sur le leader nantais. Pour les récompenser, le staff leur ouvre les portes de Clairefontaine pour deux jours de mise au vert. La forteresse des Bleus portera chance aux Ciel et Marine. Fin janvier 2008, le HAC se déplace sur la pelouse du leader, le FC Nantes. « On voulait marquer le coup. Il fallait montrer que ça allait être nous les champions et, sur le match, il n'y a rien à dire », analyse Nicolas Gillet, opposé à son ancien club. Une première période solide pour saper le moral des Canaris et le pied droit de Lesage s'occupe du reste.
Pour fêter son retour après six mois compliqués en Ligue 1, le meilleur buteur de l'histoire du club en Championnat envoie un missile dans la lucarne adverse. 1-0. Loin d'être une surprise pour Jérémy Hénin : « On pouvait perdre contre n'importe qui, mais, dans les matchs importants, on était toujours là. » Un triomphe qui installe Jean-Marc Nobilo et sa bande sur le trône de la Ligue 2. C'est à cinq journées de la fin que le club va valider son retour parmi l'élite, face à Sedan. Blessé et en tribunes, Nicolas Gillet se souvient : « Il y avait de la tension partout, sur le terrain comme en gradins. Il fallait valider la montée ce soir-là et tout le monde avait la pression. » Un match nul et vierge angoissant mais libérateur.

« Hoarau ? On ne reverra plus jamais ça au Havre »

Lors de la dernière journée, face à Bastia, les perruques et les peintures sont de sortie, mais Gillet le sage ne voulait surtout « pas passer pour un charlot ». Score final : 6-0. Un dernier carton pour une « équipe qui se faisait souvent balader mais qui avait des individualités très fortes », selon Benoit Donckele. À commencer par son attaquant, meilleur buteur du Championnat, Guillaume Hoarau.
Et que ce fut compliqué. « C'est dur de quitter La Réunion pour la neige. J'ai souffert. Plus d'une fois, je me suis dit : ‹ Je veux rentrer. › J'ai dû bosser mentalement, bien aidé par la communauté réunionnaise sur place. Il y avait un parfum spécial, de la musique, on parlait créole… C'était rassurant, se souvient le buteur. J'ai demandé au président Louvel de rester au centre de formation même après mes 18 ans. Je ne voulais pas d'appartement. J'étais le doyen avec mes petits jeunes et c'était cool. » Mais le président Louvel ne veut plus de Guillaume. Et c'est Jean-Marc Nobilo qui parvient à convaincre son président de faire confiance à son géant. « C'était la risée du public à son arrivée, avant son prêt à Gueugnon. Lors de la saison 2005-2006, je suis allé le voir après un match à Sète et il avait fondu en larmes. » Un constat dur, signé Benoît Donckele, qui illustre la mentalité hors normes du futur international. Résultat : 28 buts pour celui qui va s'ouvrir les portes du PSG et le cœur de ses partenaires. « Guillaume avait un état d'esprit irréprochable, avoue Nicolas Gillet. Il fait une saison comme on n'en reverra plus jamais au HAC et en Ligue 2. C'était le premier défenseur quand l'équipe souffrait. Pas besoin de l'appeler, il venait défendre de lui-même. » La belle histoire de la dernière remontée du club. On est si bien en Ligue 2.

ÉQUIPE TYPE **LE HAVRE**

André **STRAPPE**

1998 - 2007
Janvier 2008 - 2010

Jean-Michel **LESAGE**

1958 - 1961

Guillaume **HOARAU**

2003 - 2006
2007 - 2008

ATTAQUANTS

Anthony **LE TALLEC**

2001 - 2003

Thierry **MOREAU**

1985 - 1986
1987 - 1994

Alexandre **BONNET**

2009 - ...

Jean-Pascal **FONTAINE**

2007 - Janvier 2010
2010 - ...

MILIEUX

Jérémy **HÉNIN**

1995 - 2004
2007 - 2010

Nicolas **GILLET**

2007 - 2010

Jean-Pierre **DELAUNAY**

1984 - 1999

DÉFENSEURS

GARDIEN

Christophe **REVAULT**

1989 - 1997
2007 - 2010

André
STRAPPE

Il signe en provenance de Lille alors que le HAC est en D2. Bonne idée : Strappe panse les plaies du HAC et devient le capitaine légendaire de l'épopée de 1959 avec une Coupe de France remportée face à Sochaux et un titre de champion de D2. Le bon temps.

Jean-Michel
LESAGE

LÉGENDE, ICÔNE, DIEU : les mots ne manquent pas pour qualifier « Jean-Mich' ». Meilleur buteur de l'histoire du club en Championnat (65 buts en 226 matchs de Ligue 2) pour ce canonnier. Pour le reste, l'interview qui suit n'est pas mal...

Guillaume
HOARAU

Hoarau, c'est quatre saisons pleines en Ligue 2 au HAC pour une ultime symphonie en 2007-2008. Meilleur buteur (28 buts) et meilleur joueur du Championnat cette année-là, il n'a rien laissé à ses compères d'attaque. L'homme de la dernière montée.

Anthony
LE TALLEC

L'éternel espoir. Une saison décisive en 2001-2002 avec 6 buts pour s'offrir le droit de découvrir l'élite du foot français, à même pas 18 ans. Parti à l'été 2003 avec son pote Sinama-Pongolle à Liverpool pour soulever la Ligue des champions en 2005.

Thierry
MOREAU

Celui que l'on surnommait « Diego » n'est pas le nom le plus ronflant de cette équipe. Joyau de la formation d'Abdel Djaadaoui, Moreau est un pilier de l'équipe qui monte en 1991. Technique aussi soyeuse que sa coupe au bol. Tireur de coups francs hors pair.

Alexandre
BONNET

Avec le HAC, c'est 100 % Ligue 2 pour Alexandre Bonnet. Aujourd'hui capitaine, Bonnet a pris de la taille et de l'envergure pour devenir le joueur le plus capé du club. Le gaucher de poche est un homme de l'ombre qui brille par sa simplicité.

Jean-Pascal
FONTAINE

Avec lui, les passes décisives coulent à flots. Celui qui n'a quasiment connu que la Ligue 2 (seulement 7 matchs de L1 en 2008-2009) avec le HAC compile les passes millimétrées et les golazos YouTube. La plaque tournante de ce onze havrais.

Jérémy
HÉNIN

Un gars d'Harfleur. Ce fan de Philippe Mahut a fait partie de l'incroyable équipe championne en 2008. Un sacre qui vint ponctuer sept ans de tacles et de relances léchées sur les pelouses de Ligue 2.

Nicolas
GILLET

Il a le cœur jaune et vert, mais, dès son arrivée au HAC, en 2007, Gillet incarne la perfection au masculin. Plus de 60 matchs en Ligue 2 avec les Normands et tout de même 6 buts à la clé. Une sélection en équipe de France avec Robert, Née et Bréchet.

Jean-Pierre
DELAUNAY

Il s'est battu contre la maladie et l'envie de voyager. Résultat : douze saisons au niveau professionnel sous le maillot du HAC et un sacre en D2 en 1991. Dans le top 5 des joueurs les plus capés de l'histoire du club.

Christophe
REVAULT

Champion en 2008. Élu meilleur gardien du Championnat la même année. Revault a tout connu au HAC. Seulement quatre saisons à l'échelon inférieur, mais ses onze années au club suffisent pour être titulaire à la place de Mandanda. Phénomène.

JEAN-MICHEL LESAGE : « JE SUIS UN JOUEUR DE LIGUE 2 ET C'EST TRÈS BIEN COMME ÇA »

JEAN MICH'
AU HAVRE AC, C'EST :

Le meilleur buteur de l'histoire du club en Championnat (76 buts)

65 buts en 226 matchs de Ligue 2

Champion de Ligue 2 en 2008

Co-meilleur buteur de Ligue 2 en 2006 et 2007

Meilleur buteur de l'histoire du HAC en Championnat, Jean-Michel Lesage est un taiseux qui a marqué la Ligue 2. Questions-réponses avec un mec qui ne s'en posait aucune.

Quand on parle de Jean-Michel Lesage avec les supporters du HAC, le mot qui revient est «légende».

Ça me fait vraiment plaisir d'entendre ça. Le football a été mon métier, donc j'ai toujours tout donné, surtout pour ce club. Une relation magnifique s'est créée d'années en années entre les supporters et moi. C'était donnant-donnant.

Tu es quand même le meilleur buteur de l'histoire du club en Championnat, tu en es conscient?

Oui, bien sûr. J'en suis très fier et j'espère que ce record va durer. Il m'a fallu douze saisons pour établir ce record et, quand je vois les meilleurs joueurs partir après seulement deux ans au club, je suis tranquille.

En tapant «Jean-Michel Lesage» sur YouTube, pas de compilations de lucarnes sur une musique de gladiateurs. Ce n'est pas frustrant?

Non, j'ai beaucoup joué en L2 et, dans ce Championnat, nous ne sommes pas autant médiatisés qu'un joueur moyen de L1. Je ne cours pas après ça, mais si un supporter veut le faire... Aujourd'hui, je suis entraîneur au niveau amateur en banlieue parisienne *(en R2 avec le club d'Ivry-sur-Seine)*. Je montre des lucarnes à mes joueurs et le message passe un peu mieux quand le coach est sur YouTube.

«JE N'AVAIS AUCUNE AMBITION DANS LE FOOTBALL»

La famille Lesage et le football, c'est une longue et belle histoire d'amour...

Mon père a créé un club, à Créteil, qui s'appelait «Supporters lensois». Mes parents viennent de la région lensoise et j'allais souvent au stade Bollaert. Je venais jouer avec l'équipe de mon père.

Les structures n'étaient pas suffisantes et j'avais un bon petit niveau. Créteil m'a sollicité pour intégrer les catégories de jeunes pour aller jusqu'en National. À ce moment-là, jamais je n'aurais imaginé jouer plus haut. Je n'avais aucune ambition dans le football, c'était juste du plaisir. Petit, j'embêtais tout le monde à frapper contre les murs et je commençais à muscler ma patte gauche.

Comment se sont déroulés tes premiers contacts avec Le Havre ?

C'est Pierre Foissac *(alors directeur du centre de formation)* et Bruno Baronchelli *(alors entraineur adjoint)* qui m'ont contacté. Ils m'ont proposé un challenge : terminer la dernière année de centre de formation au HAC pour remplacer un joueur qui devait quitter le club en fin de saison. Et si tout se passait bien, je filais avec les pros. Je ne voulais pas dormir au centre avec tout le monde, je n'avais pas trop l'habitude de ça et j'avais déjà 20 ans, je crois *(21 en réalité)*. J'ai pris un appartement, peinard. Je jouais avec de gros joueurs en CFA et ça se passait plutôt pas mal. Résultat : j'ai été convoqué avec l'équipe pro pour les cinq derniers matchs.

En 1999-2000, tu disputes ta première saison pleine avec le HAC. Vingt-six matchs de Ligue 1 après (3 buts), le club est relégué en Ligue 2. Cette descente a-t-elle été une chance pour toi ?

Je le pense. Quand tu es jeune, que tu n'as encore rien prouvé et que le club descend, c'est une très belle opportunité pour s'imposer. J'ai adhéré de suite. J'ai senti de la confiance. Tout part de là. J'ai démarré à côté d'Alain Caveglia… À chaque entrainement spécifique, je l'observais. C'était un joueur plus fin que moi et j'aimais le regarder pour m'en inspirer.

« MON BUT À NANTES ? ON NE VOIT RIEN SUR LES IMAGES. DOMMAGE »

Nantes-Le Havre, 28 janvier 2008 (0-1). Tu reviens au HAC après des mois compliqués en Ligue 1, à Auxerre. Quelques jours plus tard, tu plantes le but le plus important de la saison à La Beaujoire (photo). C'est le plus décisif de ta carrière ?

Je pense… Sur les images, on ne voit rien à cause du brouillard. C'est dommage. C'était un match très important pour nous, je jouais avec Guillaume Hoarau en attaque. Le stade était plein. On sort un match parfait. Je marque le seul but du match, encore une fois sans trop réfléchir, et du pied droit. Je conduis la balle et boum. Je crois que Tony Heurtebis *(le gardien nantais)* touche le ballon, mais ça part en lucarne. C'était parfait. On passe premiers pour finalement terminer champions.

Te considères-tu comme un attaquant-type de Ligue 2 ?

Oui, je suis un joueur de Ligue 2. Impossible de dire le contraire quand on regarde mon palmarès. Et c'est très bien comme ça. Je n'ai aucun regret et aucune rancœur quand on me dit : « Oui, Jean-Mich', t'es un attaquant de Ligue 2. » Je me considère comme un joueur d'instinct. Ça venait comme ça. Je n'avais pas forcément le physique pour rester collé aux défenseurs, contrairement à beaucoup de buteurs en Ligue 2. J'essayais de jouer entre les lignes, de créer du mouvement autour de moi pour éviter le duel et, surtout, pour m'ouvrir des espaces et déclencher mes frappes.

« ON M'APPELAIT ‹ LUCKY LUKE › »

Tu as terminé deux fois co-meilleur buteur de ce Championnat (avec Steve Savidan en 2005-2006 et ton coéquipier Kandia Traoré la saison suivante). C'est un regret ?

Je ne courais pas après ce titre de meilleur buteur. La saison où je termine meilleur buteur avec Kandia, je lui ai fait beaucoup de passes décisives. Et lui aussi. J'appréciais ce rôle de passeur et ce sentiment d'avoir contribué à 50 % du but. En dehors du terrain, on ne se côtoyait pas forcément. C'était une relation de terrain.

« Je préfère avoir un excellent pied que deux moyens. » Cette phrase est signée Jean-Michel Lesage. Ça suffit en Ligue 2 ?

On dit toujours que mon pied droit me sert à monter dans le bus. Mais je marque mes deux premiers buts contre Bernard Lama du droit *(Le Havre-PSG, en Ligue 1, le 30 octobre 1999, 3-1)*, contre Nantes pour la montée aussi. Ça ne suffit sûrement pas, mais ça rend des services. Mais j'ai su mettre des buts avec de la justesse, hein… Je ne suis pas un bourrin, même si certains m'appelaient « Lucky Luke », un joueur qui ne se pose aucune question.

Tu dégustes un milkshake vanille pendant cette interview et, visiblement, les sucreries, c'est toute ta vie…

J'adore ça. Je déteste les légumes, les entrées froides… Moi, mon truc, c'est le sucre. Ça a toujours été mon péché mignon. Je n'ai jamais pris de poids. Je ne pense pas que les entraîneurs étaient au courant. Twix, bonbons : j'adorais ça avant les matchs. L'alcool et la cigarette sont deux choses qui ne m'ont jamais attiré, en revanche. L'alcool, je faisais semblant avec les potes, je buvais pour essayer, mais je n'ai jamais pris de plaisir à boire.

Lesage dans le bus et dans le vestiaire, ce n'était pas forcément un ange, n'est-ce pas ?

J'aimais bien prendre en photos mes coéquipiers dans le bus quand ils dormaient. Ça fait partie de la vie d'un groupe. C'était mon kiff de faire ce genre de conneries. Je me rappelle qu'avec Pierre Ducrocq, on se faisait des crasses tous les jours. On se coupait les chaussettes, on s'attachait les chaussures… Des blagues de footeux. Lui, il avait découpé mon peignoir au niveau des fesses.

Tu es une légende du HAC, de nombreuses gloires reviennent travailler dans leur club de cœur. Ça te plairait ?

Je voulais vraiment retourner au Havre. Un jour, j'ai croisé Oswald Tanchot *(ancien coach du HAC)* – il était adjoint de Bob Bradley – après un match face au Paris FC. Il semblait agacé de ne pas voir d'anciens joueurs au sein du club. Deux mois plus tard, il devient numéro un. Je lui montre mon projet pour aider les attaquants ou les jeunes lors d'une réunion et il me sort : « Mais ça, là, je peux le faire. » Il m'a choqué. Ici, c'est mon club, j'ai fait douze saisons au HAC et lui me manque de respect. En partant, on m'a serré la main et on m'a toujours dit : « Merci beaucoup pour ce que tu as fait, les portes seront toujours grandes ouvertes. » Aujourd'hui, elles sont fermées. Même dans les clubs familiaux, on a du mal à partager la lumière. Je retournerai au HAC, c'est certain, mais je m'y prendrai différemment.

NANCY

●

À Nancy, on ne se laisse pas faire. 23 saisons et déjà 5 titres. Qui s'y frotte s'y pique... Surtout en Ligue 2 !

PAS DES QUICHES, À NANCY !

Tous les dix ans (ou presque), Nancy se plaît à garnir son armoire à trophées grâce à la Ligue 2.

1974-1975 les 45 buts de Platini et Martínez

Michel Platini a 19 ans quand il fait ses débuts en D2 lors de la réception de Mulhouse. Premier match et premier but pour Platini, qui forme avec Joaquim Martínez – venu remplacer Raúl Castronovo – un duo d'enfer. « Mon père et des supporters de l'époque m'ont souvent raconté ses exploits. Platini a disputé sa seule année de D2 avec lui et ça devait être magnifique à voir », nous raconte Stéphane Lamaix, président de Socios Nancy. L'ancien joueur de River Plate est un petit gabarit robuste et obnubilé par les filets. Confiez ces deux au légendaire coach Jean-Antoine Redin et vous obtiendrez une équipe injouable durant toute la saison.

45 buts pour le duo Platini-Martínez, sur les 73 de l'équipe ! Dépendance. Nancy écrase la concurrence. À la trêve, le club lorrain possède 6 longueurs d'avance sur Cannes, 8 sur Avignon, et s'envole en « finale des champions » face à Valenciennes. Les Nordistes tiennent le nul à l'aller, avant de craquer au retour. Score final 4-0, avec des doublés d'Ange Di Caro et... Joaquim Martínez. Une génération qui remportera la Coupe de France en 1978. Martínez disparaîtra des radars tandis que Platini deviendra accessoirement triple Ballon d'Or.

LE ONZE DU PREMIER TITRE

ATTAQUANTS
Martínez
Jannaud
Di Caro

MILIEUX
Platini
Mesonès
Donnat

DÉFENSEURS
Palka
Lopez
Raczynski
Curbelo

GARDIEN
Bernhard

1989-1990
Ray Stephen… Merci les hypermarchés Leclerc !

Après le duo Platini-Martínez, c'est une autre doublette qui va enchanter le stade Marcel-Picot : David Zitelli-Ray Stephen. « Ray mouillait toujours le maillot, rembobine le président de Socios Nancy. Il ne sortait jamais sans avoir le maillot sale. Il avait de grosses qualités dans la surface de réparation. » Un Inzaghi des temps anciens, qui plante 18 pions cette saison-là grâce… aux hypermarchés Leclerc ! À cette époque, Jacques Rousselot n'est pas encore président, seulement patron de la chaine de grandes surfaces. « Stephen était payé par l'AS Nancy-Lorraine, mais il était mis à disposition par une structure qui appartenait aux centres Leclerc », a avoué Rousselot au micro de France Bleu en 2017. Une méthode interdite quelques mois plus tard en France.

Les hommes de Robert Dewilder, l'un des plus grands coachs de l'ASNL, écrasent le début de Championnat avec 6 victoires et 1 nul, avant d'offrir l'un des plus beaux matchs de l'histoire du club face à Strasbourg : Un triomphe 4-3 (Nancy était mené 1-3), marqué par les larmes de David Zitelli devant le kop de Picot euphorique malgré la pluie.

Le club s'offre une nouvelle « finale des champions » face au Stade Rennais du coach Raymond Keruzoré. Victoire à l'aller comme au retour, et nouveau sacre pour les coéquipiers de Stephen et Zitelli (33 buts cumulés). *Braveheart*.

LE ONZE DE NANCY LORS DU BARRAGE

Matrisciano – Zappia, Deplanche, Harmand, Bertrand, Honorine - Martin, Nikolic, Gava - Zitelli, Stephen

1997-1998
Correa déjà au rendez-vous

Reléguée la saison précédente, l'ASNL cherche un buteur pour remplacer Éric Rabesandratana, parti au PSG. Tony Cascarino avait débarqué en Lorraine en cours de saison 1996-1997 après deux saisons magiques à Marseille. « Tonygoal », 35 ans, va planter 11 buts et largement contribuer au 3e sacre nancéen. Mais le vrai héros se nomme, déjà, Pablo Correa (14 buts). « Cascarino était le grand-père de tous les joueurs, mais le buteur, c'était Pablo », détaille Stéphane Lamaix.

Nancy valide la montée lors de la 39e journée et une victoire face à Amiens (2-0). Buteur de la tête ce soir-là, Vincent Hognon affiche sa fierté. « On a réussi avec beaucoup de jeunes du centre. On a prouvé que notre place en D1 n'était pas volée. » Un contre-son-camp burlesque du Troyen Alain Durand (1-1) et une défaite de Lorient face à Toulon vont permettre à l'ASNL de remporter cette Super D2. Jamais deux sans trois.

LE ONZE DE LA MONTÉE

Roux - Meniri, Hognon, Lécluse, Biancalani - Schemmel, Moracchini, Wiart, Bastien - Correa, Cascarino

2004-2005
Pablo Correa coach, première !

13 mai 2000. Nancy, à la lutte pour le maintien avec l'OM, doit dire adieu à la D1, à 2 buts près. Pablo Correa a été catapulté entraîneur pour sauver le club in extremis en 2002 et les ambitions de montée sont de nouveau à l'ordre du jour. En 2004, les 16 pions de Dufresne ne suffisent pas. Trop tendres, les Nancéens. « Il n'y a jamais eu une grande culture du numéro 9. Quand Éli Kroupi arrive, il y a trois attaquants de qualité, avec Bertrand Fayolle, Dufresne et lui. Kroupi était un killer qui pesait sur les défenses, avec de gros appuis », raconte Florent Gazeau, abonné à Picot depuis 2002. L'attaquant ivoirien va régaler avec ses saltos... même si tout commence mal. Trois points sur 12 au début de la saison, mais la réception de Troyes (6e journée, 1-0) va tout changer. « Picot n'avait pas la réputation d'avoir un super public, mais, ce soir-là, les supporters se sont surpassés après le deuxième rouge. À chaque ballon troyen, ça sifflait ! Les joueurs ne s'entendaient plus parler sur la pelouse, s'émerveille Florent, présent dans les gradins. Nancy gagne sur un penalty très généreux de Gavanon. Après ça, Picot faisait peur. Les autres équipes étaient heureuses si elles arrachaient le point du nul. » L'ASNL s'offre un nouveau titre de Ligue 2 grâce au pragmatisme de Correa, avant de signer une saison référence 11 ans plus tard.

PREMIÈRE EN LIGUE 2

Bracigliano - Chrétien, Diakhaté, Moreau, Biancalani - Brison, Duchemin, Gavanon, Berenguer - Dufresne, Kroupi

2015-2016
Nancy pique fort

Meilleure défense. Deuxième meilleure attaque. Seulement 6 défaites. Le sacre nancéen lors de la saison 2015-2016 est d'une évidence stupéfiante. « Tu sentais une sérénité, une facilité, une puissance qui se dégageaient de l'équipe avec beaucoup de complémentarité. L'arrivée de Pedretti a changé beaucoup de choses. C'était l'un des meilleurs joueurs de la saison et il régnait au milieu de terrain avec sa qualité de passe », se satisfait Florent Gazeau. Le centre de formation du club démontre tout son potentiel avec la mise en lumière de nombreux éléments comme Aït Benasser, Arnaud Lusamba, Rémi Walter, Faitout Maouassa et, surtout, Clément Lenglet, auteur du but de la montée face à Sochaux lors de la 35e journée. Les planètes parfaitement alignées, même Julien Cétout, le latéral droit, a doublé son nombre de buts marqués en carrière cette saison-là (6).

LES DERNIERS HÉROS

Ndy Assembe - Cétout, Chrétien, Lenglet, Muratori - Pedretti, Guidileye, Aït Benasser - Robic, Dalé, Puyo

LE CARTEL DE PABLO !

Pablo Correa a gagné trois des cinq titres de l'AS Nancy-Lorraine en Ligue 2, comme joueur et entraîneur. Il raconte les hommes qui ont compté pour lui.

UN HOMME, UN CLUB

PABLO, LE JOUEUR
1995-2000

138 matchs
32 buts

•

82 matchs en D2
22 buts

Meilleur buteur de l'AS Nancy-Lorraine en 1997-1998 (14 buts en D2)

•

Champion de D2 en 1998

CORREA, LE COACH
2002-2005, 2013-2016 EN L2

549 matchs avec Nancy

208 matchs de L2

91 victoires

66 matchs nuls

51 défaites

Champion en 2005 et 2016

Carlos CURBELO

Joueur
entre 1972 et 1980

« Je le connaissais avant mon arrivée car on travaillait avec le même représentant, Hector Resola. C'est grâce à lui que le club a renoué le contact avec l'Amérique du Sud. Nancy avait des difficultés financières. Jacques Rousselot venait de prendre la présidence et, avec Carlos, ils se sont dit : « Pourquoi ne pas aller piocher des joueurs là-bas ? » Le club avait besoin d'idées neuves. C'était le relais. Il a eu une importance capitale pour moi. Sans lui, je n'aurais jamais mis les pieds à Nancy. J'avais déjà 28 ans et j'avais reçu de grosses offres de Colombie. Mais j'avais peur pour ma famille. À l'époque, je suis passé à côté de beaucoup d'argent et j'ai reçu des menaces. J'ai fait mon choix, et c'est Carlos qui a tout déclenché. »

Jacques ROUSSELOT

Président
entre 1994 et 2018

« Il a toujours eu un côté protecteur avec moi et je ne saurais pas l'expliquer. Je me souviens du jour où je lui ai annoncé ma retraite de joueur. Juste après l'été 2000, on fait la photo officielle. Je suis toujours sous contrat avec le club et je lui dis : ‹ Président, c'est terminé ! › Il voulait me garder au club, mais c'était le bon moment. J'ai joué jusqu'à décembre pour faire plaisir à Francis Smerecki. Quand je deviens entraineur, en 2002, ça se passe très mal. On est derniers de L2 à la 17e journée. On va jouer à Niort et on mène 2-0 à la 65e minute. On n'avait pas encore pris un point à l'extérieur. Score final : 3-2 pour Niort. Je rentre aux vestiaires avant tout le monde, mais la porte est fermée. Je me retourne et je vois le président. Il est blanc. Il est soucieux pour l'équipe, mais surtout pour moi. Il me tape sur l'épaule et me demande de continuer comme ça... Le match d'après, on fait quelques changements et c'est parti. Il m'a toujours fait confiance. C'est une relation qui a démarré sur une phrase, sur un regard. »

László BÖLÖNI

Entraîneur
entre 1994 et 2000

« Lui et le président sont venus me voir sans que je le sache, mais j'étais suspendu. Je jouais avec les Wanderers de Montevideo. Juste avant leur venue, face à Peñarol, j'ai marqué et je me suis accroché aux filets en criant face au kop adverse. L'arbitre m'a expulsé ! J'ai pris cher et, là, on me dit que les Français arrivent. Ils ont trouvé la parade en organisant un match amical et j'ai marqué le seul but du match. Dans un bar, László m'a parlé de Nancy, de la ville, du club... Et il n'y avait pas erreur sur la marchandise ! Il m'a parlé d'une belle ville, culturellement riche, où il faisait très froid. Et c'était important qu'il me le dise pour que je m'y prépare *(rires)*. C'était un coach dur. Pas méchant, mais il avait ramené tout cette dureté qui l'avait conduit à être champion d'Europe avec le Steaua. Trois ans avec László équivaut à huit dans la vie normale (rires). Il avait soif de vaincre. Notre dépense énergétique devait être supérieure à celle de l'adversaire lors de tous les matchs. Son style collait parfaitement à la L2. J'ai appris à vraiment bosser physiquement avec lui. C'était démentiel ! »

Youssouf HADJI

Joueur entre 1990 et 2003, 2006 et 2012, puis 2014 et 2018, 46 buts en Ligue 2

« Je pourrais en parler des heures… Il représente la formation de l'ASNL. C'est sans doute le joueur le plus important que j'ai eu dans ma carrière. Un mec écouté par les autres joueurs, et surtout les nouveaux. Avec Youssouf, le métier d'entraîneur est beaucoup plus facile. Il apportait de la tranquillité au vestiaire. Lors du sacre en 2016, lui et Benoit Pedretti étaient vraiment décisifs pour l'équipe. Ils ont vite compris qu'ils étaient les garants d'une alchimie qui allait permettre de faire de grandes choses. Ce qui est marrant, c'est que j'ai joué avec Youssouf durant deux saisons et demie ! Je l'ai vu devenir quelqu'un d'important pour le club, et ça, c'est une grande fierté ! »

« HADJI EST LE JOUEUR LE PLUS IMPORTANT QUE J'AI EU DANS MA CARRIÈRE »

Jean-Claude FERNANDES

Joueur entre 1994 et 1996

« IL A SACRIFIÉ DE SON TEMPS POUR TOUT ME TRADUIRE »

« C'était lui, mon véritable repère à mon arrivée ! Il était prêté par le PSG et il parlait très bien l'espagnol. Il a sacrifié beaucoup de son temps pour tout me traduire. Il a été très important en dehors des terrains également. On habitait dans le même quartier. Un jour, j'ai été invité à un dîner pour 20 heures. J'ai demandé à Jean-Claude si je devais arriver à 20 heures précises parce qu'en Uruguay, il faut toujours arriver avec 30 minutes de retard, c'est comme ça. Il m'a dit : ‹ Sois à l'heure surtout et achète des fleurs pour sa femme. › Sans lui, ça n'aurait pas été pareil… »

Éric RABÉSANDRATANA

Joueur entre 1990 et 1997, meilleur buteur du club en 1996 et 1997

« Énorme ! C'était mon voisin de vestiaire. Il jouait milieu de terrain à Nancy. C'était notre tireur de penaltys, mais il avait une telle présence dans la surface adverse qu'il pouvait aussi marquer dans le jeu. Éric était un joueur hors-normes, avec des moyens supérieurs à la D2. En 1996, si on monte, c'est grâce à lui *(16 buts)* et à notre rigueur défensive *(23 buts encaissés en 42 matchs)*. »

Tony CASCARINO

Joueur entre 1997 et 2000, 11 buts en D2 en 1997-1998

« C'était le titulaire annoncé au début de la saison 1997-1998. Je marque 4 buts lors des 6 matchs de préparation, mais László Bölöni me dit que je serai remplaçant. Tony était le garant de l'alchimie entre les jeunes et les anciens. Il pouvait aller fêter la Saint-Patrick à Dublin, revenir en miettes et être le premier au footing le lendemain. Une mentalité inégalable qui m'a beaucoup plu. Et, sur le terrain, compliqué de le bouger, ce gros bébé ! Je profitais de son travail. László a fini par nous aligner tous les deux en attaque et je suis devenu le meilleur buteur du club cette saison-là *(14 buts)*. »

Laurent DUFRESNE

Joueur entre 2001 et 2005, meilleur buteur du club en 2003 et 2004

« Laurent était en grande difficulté avec Moussa Bezaz, le précédent entraîneur. C'était un buteur qui avait fait ses preuves en D2 avec ses anciens clubs. J'étais adjoint de Moussa et je le voyais vraiment très mal en point. Il avait presque rendu les armes. La première chose que j'ai faite quand j'ai pris l'équipe, c'est de le désigner capitaine et de lui dire qu'il allait marquer à nouveau. J'ai vu son visage s'illuminer et j'ai compris dans son regard qu'il allait redevenir un grand buteur. Mon buteur. Celui qu'il nous fallait. »

Éli KROUPI

Joueur entre 2004 et 2006, 14 buts l'année du sacre, en 2004-2005

« Éli avait besoin d'un coach pour lui tout seul. Il fallait tellement s'occuper de lui *(soupirs)*… Il fallait une sacrée énergie pour être son entraîneur. Un gamin qui avait un bon fond. Un fou qu'il fallait canaliser. Il nous manquait un buteur comme Éli avant 2005 et le titre de champion. Il a complètement changé la donne et le visage de l'équipe pour nous faire monter. Il avait largement les moyens pour être l'un des meilleurs buteurs de Ligue 2, mais il fallait toujours être derrière lui. »

« IL FALLAIT TOUJOURS ÊTRE DERRIÈRE ÉLI »

Michaël CHRÉTIEN

Joueur entre 2002 et 2011 puis 2015 et 2018, cinq saisons en L2 avec Nancy

« JE NE L'AVAIS PAS RECONNU TELLEMENT IL AVAIT GROSSI »

« Il jouait à Strasbourg, avant de revenir au club et de remporter le titre, en 2016. Je décide d'aller le voir. Quand le match démarre, je ne l'aperçois pas. Et mon fils me dit : ‹ Si, papa, regarde, il est là. › Je ne l'avais pas reconnu tellement il avait grossi. Je lui explique, à lui, le latéral, que j'ai besoin d'un défenseur central. Je savais qu'il pouvait le faire et ça a été un déclic pour lui, surtout après toutes les blessures qu'il avait accumulées. Il a donné de l'assurance et de l'expérience à un gamin, Clément Lenglet. Il a eu une importance capitale pour ce titre et beaucoup l'ont oublié. »

LES ADIEUX DE PLATINI

Le 23 mai 1988, le jubilé de l'ancien numéro 10 de Nancy rassemble les plus grands footballeurs du monde à Marcel-Picot.

Le retour du fils prodigue. Michel Platini a joué sept ans à Nancy, dont la saison 1974-1975 en deuxième division. Révélé en Meurthe-et-Moselle, il a éclaté à Saint-Étienne puis confirmé son génie à la Juventus. Frustré d'avoir dû raccrocher les crampons un dimanche pluvieux contre Brescia, le 17 mai 1987, le triple Ballon d'Or rêve d'une fin d'exception.
Un an après sa retraite, il demande au journaliste Jacques Vendroux d'organiser trois rencontres : l'une avec le Variétés Club de France, une autre entre la Juventus et la sélection de Lorraine et la dernière, en guise d'apothéose, entre la sélection mondiale et les Bleus de 1984-1986. Si la Juventus déclare forfait en raison d'un match d'appui qualificatif pour la coupe de l'UEFA face au Torino, la soirée s'annonce malgré tout grandiose. Les Bleus de 1986 sont au complet, accompagnés par les champions d'Europe 1984. Le meneur de jeu Bernard Genghini semble avoir digéré la soirée de la veille : « Toute l'équipe de France avait été invitée au Lido. J'aperçois Pelé assis à une autre table. Je suis impressionné, j'obtiens un autographe gentiment signé ‹ Amigo ›.
Mon idole de jeunesse, c'était plutôt Cruyff, mais il n'avait pu se déplacer pour ce match. » Au contraire de Diego Maradona… arrivé en retard lors du jubilé ! La star napolitaine fait des caprices, mais Michel Platini le sermonne : « Tu es annoncé, donc tu joues ! » Or, Maradona a oublié ses crampons. Jacques Vendroux remue ciel et terre et finit par lui trouver une paire. Ce sont les crampons de Jean-Pierre Papin. Diego le remercie, retire sa chemise, puis enfile un maillot « No Drug » qui, trente ans plus tard, transpire l'ironie.
Les bénéfices de la soirée sont reversés à la fondation créée par Michel Platini pour lutter contre la drogue. Le budget de l'opération avoisine les 40 millions de francs. Elle implique 120 bénévoles et 70 chaînes de télévision.

« Réveillez Pelé ! »
En France, Canal Plus diffuse le match en clair, commenté par Charles Biétry et Michel Denisot. 450 millions de téléspectateurs attendent le coup d'envoi. Ils sont 35 000 à Marcel-Picot. Place Stanislas, 10 000 personnes profitent d'un écran géant, puis d'un concert des Gipsy Kings, un bonheur n'arrivant jamais seul.

→ On apprécie le maillot de Diego…

La photographie du rond central est belle : Platoche, Pelé et Maradona côte à côte. Même si Pelé a failli déclarer forfait, lui aussi : à une heure et demie du coup d'envoi, il dormait encore à son hôtel, épuisé par le décalage horaire. Envoyés en urgence, des motards filent le chercher pour le transporter jusqu'au stade. « C'est fantastique d'être ici, dit-t-il.
J'ai demandé à Michel s'il était anxieux avec cette ambiance et cette chaleur. Ses jambes tremblaient un peu.
Je me rappelle l'avoir vu jouer chez les jeunes. Il était déjà l'un des cinq meilleurs joueurs européens. » En direct, Pelé affirme ressentir « les mêmes émotions » que durant sa dernière sélection, le 18 juillet 1971, face à la Yougoslavie. En costume, le Brésilien adresse une passe sûre à Maradona sous les applaudissements du maître des lieux.
Le Mexicain Hugo Sánchez complète l'attaque de la sélection mondiale, après d'âpres négociations avec Enzo Francescoli, qui a accepté de s'asseoir sur le banc. Ruud Gullit, Rabah Madjer, Lothar Matthäus, Giovanni Trapattoni, Paulo Futre ou encore Oleksandr Zavarov ont été conviés. Zavarov en profite pour découvrir la ville… avant de signer à Nancy, en 1990, puis d'en devenir une légende (23 buts en 134 matchs, en Championnat).

Un bain de jouvence

Le score (2-2, buts de Papin, Bellone, Matthäus et Francescoli) est anecdotique. Seul compte le souvenir laissé par cette rencontre dans la mémoire des joueurs et des spectateurs. « C'était un tour de force d'avoir réuni autant de grands noms, reprend Genghini. Michel tenait vraiment à ce que le match se dispute ici, dans le club de ses débuts. Un choix logique. » Pour boucler la boucle. L'ancien Sochalien se rappelle également de l'entrée surprise de Laurent Platini, poussin à l'AS Nancy Lorraine, dont la famille n'a pas été prévenue. « Il joue quelques minutes et il a même le temps de tirer au but avant le tour d'honneur de son père. » Six mois avant sa nomination à la tête de l'équipe de France, Michel prend un bain de foule, voire un bain de jouvence, lui qui se dit « trop âgé » pour continuer à taquiner le ballon. À 32 ans, il a presque tout gagné et marqué un total de 353 buts durant sa carrière.
353, comme le nombre de pigeons s'envolant dans le ciel nancéien, dans un hommage symbolique.

ÉQUIPE TYPE **NANCY**

ATTAQUANTS

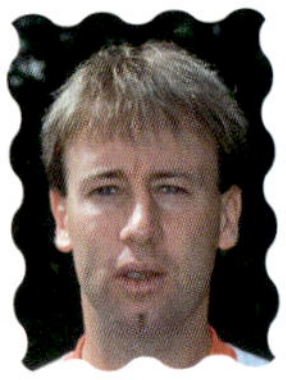

Ray **STEPHEN**
1986 - 1991

Youssouf **HADJI**
1998 - 2003,
2007 - 2011, 2014 - 2018

Michel **PLATINI**
1972 - 1979

MILIEUX

Olivier **RAMBO**
1993 - 2005

Oleksandr **ZAVAROV**
1990 - 1995

Benoît **PEDRETTI**
2015 - 2018

DÉFENSEURS

Cédric **LÉCLUSE**
1991 - 2002
2003 - 2007

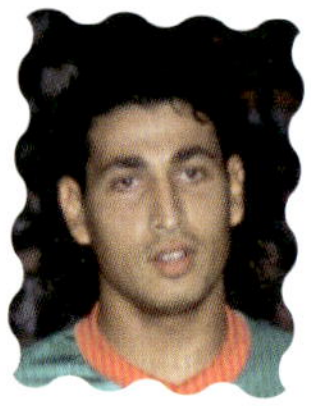

Éric
RABÉSANDRATANA
1990 - 1997

Frédéric **BIANCALANI**
1993 - 2001
2002 - 2009

Michaël **CHRÉTIEN**
2002 - 2011
2015 - 2018

GARDIEN

Gennaro **BRACIGLIANO**
2003 - 2011

Ray
STEPHEN

Trois saisons en D2 pour planter 45 buts, soit un de moins que Youssouf Hadji. Validé par Arsène Wenger, il plante un doublé lors d'un mémorable Nancy-Strasbourg en 1990 pour la remontée en D1 avec son acolyte David Zitelli. Kilt pieds libres.

Michel
PLATINI

C'est en Ligue 2 que le triple Ballon d'Or affûte sa patte pour devenir cet artificier reconnu par toutes les générations. Une saison en D2, entre 1974 et 1975, qu'il survole en plantant 17 buts. Largement suffisant pour être le meneur de jeu de ce onze.

Youssouf
HADJI

Son grand frère Mustapha est une autre icône du club. Marquer, Youssouf l'a toujours fait durant ses trois passages en Lorraine. Il n'a pas eu les titres qu'il méritait (un sacre en 2016) mais demeure le meilleur buteur du club en Ligue 2 (46 buts) devant un certain Écossais...

Olivier
RAMBO

La Ligue 1, ce n'est pas sa guerre. Moins bourrin que son homonyme John, Olivier se qualifie comme un « attaquant de poche qui n'aime pas le football ». Sous Bölöni, il joue plusieurs matchs au poste de... libéro ! Un blaze, une attitude. Titulaire.

Benoît
PEDRETTI

Entre le vainqueur de la Coupe des confédérations 2003 et Pascal Berenguer, tout est une question de subjectivité. Et la finesse de l'ancien Auxerrois l'emporte. Son arrivée métamorphose le milieu nancéen et le conduit au sacre 2016, acquis dans le money time.

Oleksandr
ZAVAROV

Finaliste malheureux de l'Euro 1988 dans les dernières heures de l'URSS, ce fan de Michel Platini a inversé les étapes en se plantant à la Juventus avant de rejoindre Nancy. Le « Tsar » séduit par sa finesse balle au pied mais aussi ses frappes de mammouth.

Cédric
LÉCLUSE

Joueur le plus capé de l'histoire du club (482 matchs). Une fidélité remarquable – malgré un léger adultère en 2002-2003 pour rejoindre l'eldorado chinois – ponctuée par deux titres de champion de D2, en 1998 et 2005, et une Coupe de la Ligue, en 2006.

Éric
RABÉSANDRATANA

C'est en Lorraine que le Malgache découvre le football professionnel sous les ordres d'Aimé Jacquet. Taulier de la remontée en 1996, il est le meilleur buteur de l'équipe avec... 16 réalisations, dont 7 penaltys ! Polyvalent, et donc indispensable.

Frédéric
BIANCALANI

Le même destin que Cédric Lécluse : une longue aventure en Lorraine avec une parenthèse improbable, au Walsall FC (pour une 18e place de D2 anglaise). Devenu entraineur de la section féminine de l'ASNL entre 2012 et 2016.

Gennaro
BRACIGLIANO

Gardien de l'équipe championne de Ligue 2 en 2005, le natif de Forbach est élu meilleur portier du Championnat cette saison-là après n'avoir encaissé que 33 buts (deuxième meilleure défense). Logique.

Michaël
CHRÉTIEN

Lancé par Moussa Bezaz chez les pros, c'est un pur produit de la formation nancéenne. Chrétien, c'est cinq saisons en L2 et deux titres (2005 et 2016) avec Nancy. Buteur à Laval lors de la 24e journée en 2003, il sort son club de la zone rouge. Décisif.

LENS

●

21 saisons, des galères,
mais 4 titres dans la besace.
Enfin la fin du brin ?

GERVAIS MARTEL : « UN MIRACLE D'AVOIR MAINTENU LE CLUB EN L2 »

Président historique (1988-2012 puis 2013-2017), Gervais Martel a démarré et terminé son histoire avec Lens en deuxième division. Entre sourires et galères, retour sur une ch'tiote histoire.

Si vous deviez résumer votre aventure au RC Lens en Ligue 2 en un seul mot, ce serait lequel ?

J'ai les boules. On est descendu à la fin de la saison 2007-2008 alors que l'on avait tout pour se sauver. Il y a eu un concours de circonstances incroyable : des matchs en retard, la banderole en finale de Coupe de la Ligue... Résultat des courses : la descente. C'est un miracle si le Racing a réussi à ne pas déposer le bilan. C'est le début d'une galère, même si on est remonté deux fois entre-temps.

La D2 a bercé votre jeunesse. Racontez-nous...

J'ai commencé à suivre Lens à partir de 1960. J'ai vu jouer Georges Lech, mon joueur préféré. J'ai de super souvenirs en D2 parce qu'on est remontés avec les Polonais *(Eugeniusz)* Faber et *(Ryszard)* Grzegorczyk. J'étais amoureux des Sang et Or, même en CFA *(CFA-N en 1969-1970)*. Je suivais les matchs dans la tribune Marek et je me rappelle d'un superbe avant-centre : *(Jean-Louis)* Coustillet, un attaquant moderne qui aurait pu faire une grande carrière.

Vous arrivez au RC Lens en cours de saison 1988-1989, à l'issue de laquelle le club est relégué en deuxième division. Comment s'est déroulée votre prise de fonctions ?

Je commençais à regarder quelques joueurs pour Lens avant ma nomination et j'étais sur le point de signer Gordon Strachan, qui jouait à Leeds. Mais, au dernier moment, lorsqu'il arrive à l'aéroport de Lille, on me dit que le club n'a pas besoin de lui... Je pense que le président de l'époque *(Jean Honvault)* a commis une erreur. Le lendemain,

« ON PERD À SAINT-SEURIN CONTRE DES VÉTÉRANS. J'AI APPELÉ LE MAIRE POUR TOUT PLAQUER »

→ *La photo de famille, saison 1988-1989.*

on perd contre Saint-Étienne et je me suis dit que c'était une belle connerie. Il nous aurait permis de nous en sortir pour la fin de saison. C'était un joueur phénoménal. On descend en D2 assez logiquement.

Votre premier match en D2 en tant que président du RCL a lieu au stade Paul-Delique d'Abbeville. Une victoire 1-0, avec un but tardif de Roger Boli…

Je m'en souviens très bien. Tout d'abord parce que c'est Roger Boli qui marque et parce qu'il y avait pas mal de supporters lensois. C'était comme un derby.

Roger Boli a planté 27 buts en deux saisons avec Lens. Et vous souriez en parlant de lui…

J'avais une relation particulière avec lui. Roger a confirmé en L1, il a terminé meilleur buteur avec Ouédec et Djorkaeff en 1994 *(20 buts)*. Il ne payait pas de mine, au départ. Je suis allé le chercher à Lille, où il était stagiaire. Je lui ai expliqué ce que représentait le Racing Club de Lens et il a réalisé une carrière fabuleuse chez nous. C'est un vrai Ch'ti, Roger.

L'opération remontée se met en place dès la saison 1990-1991 autour de Wallemme, Sikora, Laigle ou encore Robbie Slater, inconnus à l'époque, qui vont devenir des icônes…

J'ai donné ma confiance à Éric Sikora et Jean-Guy *(Wallemme)* et je suis allé chercher Slater à Anderlecht. C'est une victoire personnelle, en quelque sorte. On avait très mal débuté la saison, notamment avec une défaite à Saint-Seurin, qui jouait avec deux licences vétérans, c'est-à-dire des joueurs de plus de 36 ans. Ce n'était pas possible de perdre là-bas… J'ai appelé André Delelis, le maire de Lens, pour lui dire que c'était moi le chat noir du club et pour tout plaquer. Il m'a répondu calmement : « Allez, va te coucher, ça ira mieux demain. » Le stade était incroyable, dans le mauvais sens du terme. C'était catastrophique. Quand on a vécu Saint-Seurin, il ne peut rien nous arriver derrière.

Jusqu'alors, la D2 correspond à de bons souvenirs…

Je vais vous surprendre, mais je ne garde que de bons souvenirs de toutes mes saisons à la tête du Racing. Les gens me parlent de Mammadov, des descentes, des problèmes financiers en L2…

S'il n'y a pas de tristesse dans le sport, il ne peut pas y avoir de joie. Le Racing a toujours été du bonheur pour moi, même dans les difficultés. C'est dans ces moments que l'on peut compter ses amis.

Faisons un bond dans le temps. Le 26 mai 2007, vous perdez 3-0 à Troyes. Le Racing manque la qualification directe en Coupe d'Europe et termine 5e. Est-ce le début des grosses difficultés ?

Le déclic, il est là. Marco Ramos se fait expulser. Gillot démissionne. J'essaie de le faire revenir sur sa décision, mais je n'y arrive pas. C'est le début de la fin. Je choisis Guy Roux et ce n'est pas le meilleur choix de ma carrière. Il était fatigué et je pense qu'il était fait pour Auxerre et nulle part ailleurs. Il part rapidement et je fais venir *(Jean-Pierre)* Papin et *(Daniel)* Leclercq. On fait une saison de merde. Dans le foot, il y a certaines choses que l'on ne peut éviter et on l'a payé cash.

« TROYES-LENS EN 2007 ? LE DÉBUT DE LA FIN... »

Comment prépare-t-on un mercato quand on descend en L2 alors que le club est au plus haut niveau depuis presque vingt ans ?

En 2007-2008, on descend au dernier moment et on se retrouve donc dans la merde. Si on baisse trop les salaires, la moitié des joueurs va partir. Il faut savoir placer le curseur au bon endroit avec les mecs qui veulent poursuivre en L2 et ceux que l'on veut vendre pour récupérer de la monnaie. C'est super compliqué, sauf quand on est 15e toute l'année et qu'on peut commencer à préparer une éventuelle relégation.

Saison 2008-2009 : Jean-Guy Wallemme est sur le banc. Sentiez-vous le groupe capable de remonter aussi rapidement ?

Oui. Je savais qu'on allait remonter. De toute façon, ça ne m'intéressait pas de rester en L2. Je suis un compétiteur. Je m'intéresse au sport pour gagner. C'est pour ça que je suis content de ne plus travailler dans un club. Les horizons, on les connaît : les plus gros budgets gagnent. Je serai mort avant de revoir le Racing champion de France. Jean-Guy, c'était le choix du cœur, mais c'était surtout un meneur d'hommes. C'était le capitaine de l'équipe. Il s'est fatigué ensuite, c'est un peu dommage. J'ai démarré très jeune comme président du Racing Club de Lens et je ne vais pas dire que Jean-Guy était mon pote... mais presque. On avait peu de différence d'âge et on a vécu des moments fabuleux tous les deux.

Le sacre en 2009 a-t-il une place particulière dans votre palmarès ?

Je ne me pose pas cette question. Quand on est en Ligue 2, on est obligé de se projeter sur la saison suivante. Je ne suis pas un mec qui fait des arrêts sur image. Les gens aiment trop regarder les photos de vacances. Quand je serai très vieux, je regarderai les images du sacre en 2009. J'ai la cassette, mais je ne l'ai jamais regardée. C'était bien, ce titre, mais c'était logique. Quand on est en L1 et qu'on descend, c'est une connerie de ne pas remonter. Nous, on n'avait pas de fric après, mais sinon c'est impossible.

Les dernières années L2 du Racing riment avec formation : Geoffrey Kondogbia, Wylan Cyprien, Thorgan Hazard, Benjamin Bourigeaud ou encore Serge Aurier... Est-ce un choix sportif ou par défaut ?

Je ne pouvais pas recruter à cause de Mammadov. On a donné leur chance à tous ces jeunes. C'était par la force des choses, mais, ce que je retiens de cette période-là, c'est d'avoir mis le pied à l'étrier à tous ces gamins... Les jeunes, cela reste une fierté. C'est aussi ça, être président : voir des gamins faire de belles carrières.

Antoine Kombouaré est le dernier entraîneur à avoir permis à Lens de jouer en L1. Le club avait-il besoin de rigueur à ce moment-là ?

Ce n'est pas un tyran. Il est rigoureux, oui. Mais si vous ne l'êtes pas, aujourd'hui, vous êtes morts. J'ai vraiment apprécié Kombouaré. C'est l'un des meilleurs coachs que j'ai connus. Dans ce bordel, avec Mammadov qui ne lâchait plus une thune, c'était le mec qui gérait le vestiaire. J'ai pu me concentrer sur autre chose et ça m'a permis de sauver le club.

Lors de cette saison 2013-2014, Lens peut valider sa montée à domicile face à Brest. Défaite 1-0, envahissement du terrain par les supporters, beaucoup de tensions, la montée toujours pas acquise : sentiez-vous le drame arriver ?

Je suis allé au kop. J'ai pris le micro et j'ai sorti : « Les gars, arrêtez vos conneries, on va gagner à Bastia et on va monter la semaine prochaine. » J'étais persuadé qu'on irait gagner en Corse. Le public était dans l'attente de cette remontée. Je ne me suis pas dégonflé en allant face à la Marek. Et, une semaine plus tard, tout le monde était content. On gagne tranquillement face au CA Bastia grâce à un doublé d'Adamo Coulibaly.

« ON A FAIT UN BOULOT INCROYABLE POUR REMPLIR LE STADE »

Ce public a toujours été fidèle, même durant les années Ligue 2. Comment l'expliquez-vous ?

J'ai beaucoup bossé pour ça. Quand je suis arrivé, en 1988-1989, on jouait face au PSG du président Borelli devant 8 000 personnes. Les gens avaient déserté le stade… Derrière, on a fait un boulot énorme avec mes équipes pour le remplir. On a sensibilisé les supporters de manière incroyable, avec des entrées gratuites pour les moins de 16 ans, en allant voir tous les comités d'entreprise… Tout ne s'est pas fait en un claquement de doigts. La mayonnaise a pris avec les résultats. Aujourd'hui, le Racing ne peut plus mourir parce qu'il a ce public qui est absolument fabuleux, même s'il peut être casse-couilles parfois.

Le club aurait-il pu disparaître ?

Je me suis battu tous les jours durant la période Mammadov. Il ne donnait plus un rond. C'est un miracle que d'avoir maintenu le club en L2. Je ne pouvais plus avoir d'ambitions sportives, mais uniquement financières afin d'éviter le dépôt de bilan. Ç'a été une souffrance terrible. Je me suis battu pour les salariés et le public. Les gens m'ont critiqué parce qu'ils ne savaient pas ce qu'il se passait réellement. J'ai fait le boulot : sauver le club. Je pense que c'est ma plus grosse performance en tant que président du Racing. C'est encore plus fort que le titre de champion de France parce que je me suis battu tout seul. Avec Mammadov, on n'a pas eu de chance. C'était un mec sympa. Il a eu des problèmes personnels et personne n'était au courant. Je ne regrette rien.

« Les Corons », le passé de la ville et du club : la L2 n'est-elle pas un Championnat qui correspond au RC Lens ?

T'es en train de me dire que Lens ne doit pas jouer en Ligue 1 ? Lens mérite la L1 par son public, Lens mérite la L1 par son histoire !

« LE PENALTY LE PLUS IMPORTANT DE MA CARRIÈRE »

Cinq ans après leur dernière remontée, les Lensois retrouvent l'élite en pleine pandémie de COVID-19. Grippés, délivrés.

9 mars 2020 : Lens reçoit Orléans dans un Bollaert vide. Huis clos obligatoire en pleine crise sanitaire liée à la pandémie de COVID-19. Cette 28e journée sera la dernière de l'exercice 2019-2020. Deux journées plus tôt, le Racing était troisième après une gifle reçue à domicile par Caen (4-1). Puis, la recrue estivale Florian Sotoca enfile son costume de super-héros. « Je marque un doublé face au Paris FC dans l'un de nos meilleurs matchs de la saison. On gagne deux buts à zéro sans trembler. » Une semaine plus tard, les Sang et Or sont de nouveau troisièmes avant de recevoir Orléans, suite à la victoire, l'avant-veille, d'Ajaccio face à Lorient, le leader. « Un match moyen et, sans le savoir encore, je marque le penalty le plus important de ma carrière. Je m'en serais voulu toute ma vie si je l'avais loupé. Deux mois plus tard, on se dit que c'était peut-être le match le plus important de notre vie. » Lens s'impose 1-0, et s'empare de la deuxième place au meilleur moment. Alors que la France se confine, plus aucun match ne sera disputé. Le 30 avril 2020, le gouvernement annonce l'arrêt des championnats professionnels à cause du coronavirus. La Ligue 2 est figée, Lens promu avec Lorient. Bollaert va retrouver la Ligue 1 après l'avoir quittée en 2011 (les matchs de la saison 2014-2015 ont été disputés à Amiens et au Stade de France en raison des travaux de l'enceinte lensoise). « On a reçu un message sur notre groupe WhatsApp de la part de notre directeur sportif. On n'a pas pu fêter ça ensemble le soir-même, mais on a fait un apéro en visio avec tout le monde. C'est un sentiment mitigé de fêter la montée en solo. ‹ Gégé ›, l'intendant, nous a fait beaucoup rire parce qu'il était à l'apéro depuis un bon moment. On a eu peur d'une saison blanche et de ne pas monter. Ça aurait été catastrophique et vraiment un sale coup. Le confinement a été long et les rumeurs allaient bon train. » Un penalty pour l'éternité. Merci Florian.

CYPRIEN SE SOUVIENT

Wylan Cyprien a tout connu à Lens. Le « garchon » aux 69 matchs de Ligue 2 (8 buts) ouvre son livre sang et or.

« J'ai oublié mes crampons pour ma première convocation »

« Un rêve éveillé. Je filais m'entraîner avec les pros après les cours. Pour moi, j'étais juste là pour faire le nombre à l'entraînement. Il n'y avait jamais mon nom sur le tableau, donc je ne le regardais plus. Et un jour, c'est Ange-Freddy Plumain qui m'appelle pour me dire : ‹ T'es où ? › Je lui réponds que je suis dans ma chambre, tranquille. Il enchaîne : ‹ Tu sais qu'on part dans 15 minutes ? Il y a ton nom sur le tableau. › Je pensais que c'était une blague. Je cours au vestiaire et c'était vrai ! Il y avait mon nom. J'ai même oublié mes crampons pour ma première convocation. J'ai appelé toute ma famille. Je démarre titulaire *(premier match de L2 le 28 janvier 2013, à Dijon)*. Le vestiaire pro, c'est une jungle et il n'y a que les plus forts qui s'en sortent. Alaeddine Yahia m'a pris sous son aile et m'a montré tout ce que je devais éviter pour ne pas me casser la gueule. »

« Kombouaré a été comme un deuxième père »

« J'avais énormément de respect pour ce que le coach Éric Sikora représentait à Lens. Chez les pros, c'est lui qui m'a lancé dans le grand bain. J'avais zéro match dans les pattes, mais il s'en foutait. Sans lui, ça aurait peut-être mis plus de temps. Ce n'est pas facile de faire ses premiers matchs à 18 ans à Bollaert… On sait que le public sera indulgent, mais la pression vient toute seule. Quant à Antoine Kombouaré, il sait où il veut aller. Ce sont les meilleurs qui jouent et il est fidèle à son plan de jeu. Je m'éparpillais, je courais dans tous les sens. Il m'a apporté de la structure, avec la discipline tactique qu'on lui connaît. Ç'a été un deuxième père pour moi. Il était moins dur avec les jeunes qu'avec les anciens. Quand tu commences à accumuler les minutes, il durcit un peu plus le ton. »

« Mon premier but ? J'ai paniqué une seconde... »

« Troisième minute de jeu *(contre Caen, à Bollaert, le 2 novembre 2013)*. Je me souviens de Ludovic Baal sur la gauche qui sert Pierrick Valdivia. Quand je le vois contrôler, trois défenseurs sortent sur lui. Je fais un appel et il me sert. Je me retrouve seul face au gardien... Là, j'ai paniqué une seconde. L'instinct a parlé et je tire fort angle fermé. Je ne saurais pas décrire ce que j'ai ressenti pour ce premier but, mais c'est certainement l'un des plus beaux jours de ma vie. Faire partie d'un club que tu as adulé durant toute ta jeunesse, c'est juste ouf. Tu ne te préoccupes pas de savoir si c'est en Ligue 1 ou Ligue 2. Ça n'avait aucune importance pour moi de commencer en Ligue 2. »

« En 2014, j'avais l'impression d'avoir gagné la Coupe du monde »

« En 2013-2014 *(23 matchs de L2)*, l'année de la montée, Yahia et Ljuboja ont apporté leur expérience du haut niveau. Dans les matchs-clés, quand l'équipe menait 1-0, on avait encore envie d'aller de l'avant pour en planter un autre, mais ils savaient nous calmer et nous faire comprendre que les pieds pouvaient brûler. Valdivia, c'était l'assurance technique, il posait le jeu dans n'importe quelle circonstance. Touzghar était une machine à marquer. Il attendait le moindre espace pour frapper au but. Lalaina *(Nomenjanahary)* n'arrêtait pas de courir... C'était le cocktail gagnant. À l'avant-dernière journée de la saison, on reçoit Brest. Un nul suffisait pour monter. On pensait plus à faire la fête que finir le boulot et on a été logiquement punis. On s'est fait surprendre dans les quinze dernières minutes *(1-0)*. Tout le monde attendait cette remontée. Je pense qu'on a eu peur de l'enjeu, mais on a fini le travail à Bastia *(face au CA, doublé d'Adamo Coulibaly)*. Adamo, c'était le grand frère de l'équipe. Tout le monde était très heureux qu'il nous offre la montée. La joie que tu peux procurer à toute une ville alors que tu ne joues qu'au football, c'est fou. Quand on est rentrés à Lens, j'avais l'impression d'avoir gagné la Coupe du monde. C'est toute une ville qui retrouvait le sourire. »

Ahmed OUDJANI

Le meilleur buteur de l'histoire du club (118 buts) est passé par la D2. L'Algérien a planté 112 buts ente 1958 et 1965 en première division et a bouclé la boucle au début des années 1970 en revenant au Racing, cette fois-ci à l'étage inférieur.

Roger BOLI

Repéré sur les terrains de Romainville (Seine-Saint-Denis) lors d'un match entre potes (et sans chaussures de foot), le frère aîné de Basile Boli est le troisième meilleur buteur de Lens en deuxième division (27 buts). En seulement deux saisons.

Yoann TOUZGHAR

Sixième meilleur buteur lensois en Ligue 2 avec 23 buts, meilleur buteur du Racing lors de la montée en 2013-2014, le Franco-Tunisien s'installe sur l'aile gauche et sera le fameux « faux pied » de ce onze. #footballmoderne

Pierre LAIGLE

La caution vintage du onze. Première saison (1990-1991) et première montée pour l'homme à la coupe carrée et aux 204 matchs avec le Racing. Passé par les pupilles des Sang et Or, Laigle a déployé ses ailes jusqu'en équipe de France (8 sélections).

Benjamin BOURIGEAUD

Enfin un Ch'ti formé au club ! À ce petit jeu du « Made in Lens », c'est Benjamin Bourigeaud qui décroche le gros lot : une montée, en 2014, trois saisons à l'étage inférieur, et 7 buts en Ligue 2 pour ce blondinet pur produit de La Gaillette.

Issam JEMAA

Ras le bol des légendes ! Une seule saison en Ligue 2 pour le Tunisien, 5 buts seulement, MAIS un spécialiste du poste. Palmarès de Jemâa : champion en 2008-2009 + j'ai marqué un triplé et un but contre mon camp contre Strasbourg lors de la 31e journée. Embauché.

Alaeddine YAHIA

Taulier de la défense lensoise dans ses dernières années L2, l'international tunisien a disputé quatre saisons en deuxième division sous la tunique lensoise (109 matchs au total). Deux montées en Ligue 1 au palmarès du Courbevoisien.

Jean-Guy WALLEMME

Un monument. Treize saisons dans Ch'Nord, dont deux dans l'antichambre du football français. Milieu de terrain devenu incontournable en défense, puis coach sacré champion de L2 en 2009. « La Crinière de Maubeuge » manque au volcan de Bollaert.

Marco RAMOS

Décisif lors de la remontée du club lensois en 2009 (35 matchs disputés, il a poussé sur le banc l'immense Grégory Vignal), c'est tout logiquement que le Franco-Portugais de poche (1,72 mètre) braque la place de titulaire dans le couloir gauche.

Yohan DEMONT

Titulaire à la place de l'immense Éric Sikora ? Logique : 105 matchs de Ligue 2 pour ce Valenciennois, champion en 2008-2009 sous les ordres d'un certain « JGW ». Pas de statut, priorité au palmarès et aux statistiques pour ce poste de latéral droit.

Vedran RUNJE

Une seule saison à l'étage inférieur (en 2008-2009) pour le Croate : 31 matchs, 30 buts encaissés et 11 clean sheets plus tard, le voici champion et meilleur gardien (trophée UNFP) de Ligue 2.

REIMS

●

29 saisons en Ligue 2 pour le Stade de Reims, sacré à deux reprises, en 1966 et en 2018.

UN CHAMP' D'EXCEPTION

En 2017-2018, le Stade de Reims boucle une saison de tous les records. Champagne.

Après avoir brillé en Coupe d'Europe et en première division, le Stade de Reims était destiné à marquer l'histoire de la Ligue 2. Et le club champenois a pris son temps pour (très) bien faire les choses. Mais, à l'aube de la saison 2017-2018, le clinquant d'un passé européen semble bien loin. Relégué en 2016, Reims mise sur Michel Der Zakarian, qui ne peut obtenir mieux qu'une 7e place en 2017. Le club boucle alors le mercato sans dépenser le moindre centime et nomme David Guion, responsable du centre de formation, entraîneur afin de retrouver l'élite. La suite ? Un millésime.

Guion, maître de l'assemblage

Inconnu du grand public, David Guion veut « redonner le sourire aux gens ». « La descente *(en 2016)* et la saison suivante avaient laissé beaucoup de traces dans tout le club. Jamais je n'aurais imaginé vivre une telle saison. Ma direction a eu l'intelligence de me faire confiance et de me laisser monter mon projet. » Confiance et connaissance de la maison rémoise. Le cru 2018 s'annonce délicieux sous la houlette de l'ancien joueur du LOSC ou du SCO d'Angers. Au centre de vie Raymond-Kopa, tout le monde est unanime : « C'est grâce à David. » Et sur le terrain, alors ? Reims enregistre les renforts de Yunis Abdelhamid, Mathieu Cafaro, Marvin Martin ou encore Youssouf Koné pour « s'affirmer dans un 4-4-2 classique ». Guion : « Je pars du principe qu'en Ligue 2, il faut beaucoup de monde dans la surface adverse et ce système le permet. J'ai toujours voulu que Pablo *(Chavarría)* et ‹ Jordi › *(Siebatcheu)* usent leurs défenseurs. Avec ce schéma, les fautes de concentration et erreurs techniques de nos adversaires allaient pleuvoir. Il fallait du monde pour en profiter. » Le onze rémois trouve rapidement la recette pour faire sauter les bouchons adverses.

Merci Pierre-Ambroise Bosse !

Pour l'ouverture du Championnat, le Stade de Reims se déplace dans le Gard pour affronter Nîmes, candidat à la montée. « Julian Jeanvier déclare forfait et Axel *(Disasi, numéro 33 et non-professionnel)* a un problème physique, mais il peut tenir sa place, explique le coach. Un miracle *(en plus des deux poteaux touchés par Nîmes)*. Et c'est lui le buteur, pour son premier match… L'histoire est déjà belle dès la 1re journée. » Sept journées plus tard, Lorient s'incline à Auxerre et Reims gifle le Gazélec Ajaccio *(5-0)*.

Les coéquipiers de Rémi Oudin s'installent au sommet du classement. Ils ne le quitteront plus. « À Ajaccio, c'était notre match référence. On a construit un vrai groupe dès le début de saison. On se sentait vraiment plus fort à chaque match et c'est très costaud de tenir aussi longtemps à la première place », reconnaît l'attaquant.
Cette « bande de potes » boucle la phase aller avec seulement trois défaites. Et (déjà) sept points d'avance sur les Crocos nîmois. « On avait une pancarte dans le vestiaire du centre et on traçait sur les différentes villes le chemin des points que l'on devait aller chercher pour être sûrs de monter. Comme un GPS, direction la Ligue 1 », raconte

« JE ME SUIS SERVI DE PIERRE-AMBROISE BOSSE »

le défenseur Yunis Abdelhamid. Mais tout n'a pas été aussi simple dans cette saison record. « J'ai souvenir de nombreux matchs, même à domicile, où on ne jouait pas forcément bien, avoue le patron de la défense rémoise. Mais on sentait qu'en quelques minutes, on pouvait faire basculer la rencontre, avec ce sentiment d'être inarrêtables. »
Un an auparavant, à la même période de l'année, le Stade de Reims était 2e. Pour conjurer le mauvais sort, David Guion a un truc bien à lui : « Je me suis servi de la vidéo de Pierre-Ambroise Bosse lors de son titre mondial à Londres sur 800 mètres. Il prend la tête à la surprise générale et, sur les 250 derniers mètres, il accentue son avance. Je voulais que les garçons fassent pareil. Regarder devant. » Reims ne faiblit pas. La bande à Guion ne s'incline plus qu'à deux reprises jusqu'au 20 avril 2018 et la réception de l'AC Ajaccio, 3e.

Quand le président joue au devin

Face aux Corses (34e journée), l'objectif est simple : gagner pour valider la montée et le sacre. « Tout le monde était détendu, même avec cette pression du gros match. Le staff s'était chargé de mettre des photos de famille dans le vestiaire. J'avais des petits mots de mes enfants dans mon casier, se souvient Yunis Abdelhamid. On a préparé ce match comme une finale. » Sur le terrain, c'est le gardien rémois Édouard Mendy qui sauve la baraque à plusieurs reprises. « C'était lui le meilleur gardien, même si l'UNFP a récompensé Bernardoni *(gardien de Nîmes)*. Je n'ai pas compris, mais c'était le gardien des Espoirs, blablabla, rage le défenseur… C'est la vie, mais on lui doit beaucoup cette saison. » 0-0 à la mi-temps dans un match triste entre le leader et le 3e. Il faut attendre le dernier quart d'heure pour que le stade Auguste-Delaune explose. Remplaçant, Grejohn Kyei marque avec de la réussite son troisième but de la saison juste après son entrée en jeu. Un but que personne n'avait prédit. Personne ? Si, le président Jean-Pierre Caillot. « Quand les gars sortent des vestiaires, je leur glisse un mot à l'oreille. Grejohn vivait une saison compliquée et je lui dis : ‹ C'est toi qui va nous faire gagner ce soir. › Je le sentais. À la mi-temps, dans la loge, je suis très confiant. Je répétais : ‹ Ne vous inquiétez pas, Grejohn va entrer et marquer le but de la victoire… › » Une prédiction gagnante comme un point final à une saison pas comme les autres. Les supporters peuvent envahir la pelouse, Reims retrouve l'élite et remporte son deuxième Championnat de Ligue 2, après celui de 1966 acquis devant l'OM avec 17 buts d'Antoni Groschulski. 17, comme le nombre de buts en 2017-2018 de Jordan Siebatcheu, gamin formé au club. Prêté à Châteauroux la saison précédente, « Jordi » revient à la maison, fort de ses 11 buts. « Jordan est un gros compétiteur, un garçon qui ne lâche rien et sa

LE ONZE TYPE DE LA SAISON

INTERIM
NOVOTEL

complémentarité avec Pablo *(Chavarría, 14 buts cette saison-là)* était vraiment intéressante », analyse l'entraîneur. Avec ces deux talents bruts et le titre en poche, David Guion et ses joueurs ont un nouvel objectif : marquer l'histoire de la Ligue 2.

« Entraîner pour battre des records, c'est merveilleux »
« Une fois la montée validée, en toute honnêteté, j'annonce à mon groupe lors d'une causerie : ‹ Les gars, on va aller chercher les records ›, assume David Guion. On a identifié ceux qui étaient accessibles. Entraîner pour battre des records, c'est merveilleux. » Au tableau de chasse : les records du nombre de points (83) et de victoires (25) détenus par le LOSC de Vahid Halilhodžić (1999-2000), et celui de la différence de buts (+40) du Sochaux de Jean Fernandez (2000-2001). Reims va également battre le record du nombre de buts marqués sur une saison mais sera finalement devancé d'un petit but (75 contre 74), la même saison, par Nîmes, qui viendra arracher le nul 2-2 à Delaune lors de la dernière journée. « Ne pas terminer meilleure attaque reste en travers de la gorge, regrette le coach. Être meilleure défense, c'est bien, mais la meilleure attaque, ça aurait fait très football champagne. Dommage. »

Calinothérapie, folklore musical et soirées pizzas
« Ces records rendent le titre encore plus beau, estime Rémi Oudin. On a marqué l'histoire de la Ligue 2. Aujourd'hui, chaque saison, on parle du Stade de Reims. Tous les premiers veulent nous battre. » Derrière chaque grande victoire se cache une belle aventure humaine. L'une ne va pas sans l'autre. Et le Stade de Reims 2017-2018 n'échappe pas à la règle.

UNE CUVÉE DE RECORDS

Plus grand nombre de points

88

Plus grand nombre de victoires

28

Meilleure différence de buts

+50

« ON A MARQUÉ L'HISTOIRE DE LA LIGUE 2 »

Recrue « star » du mercato rémois en provenance de Lille, Marvin Martin boucle la saison avec seulement un but au compteur et 16 bouts de matchs. Sur le terrain, l'apport de l'éternel « futur Zizou » a du mal à se voir, mais, en coulisses, « Malou » assure. « C'est lui qui gérait le vestiaire et les sorties. Il organisait toutes les soirées pizzas chez lui, se souvient Oudin. Même s'il était à la cave, Marvin était un mec qui était toujours là pour le groupe. Un frère pour moi et toute l'équipe. » Avec sept nationalités différentes, tout est réuni pour que l'ambiance soit toujours au rendez-vous dans le vestiaire rémois. De la « musique du bled » de « Tus », alias Romain Métanire, en passant par les musiques portugaises et brésiliennes de Danilson da Cruz et Diego Rigonato, pas le temps de s'ennuyer. Et tout le monde suit. « C'était folklorique, mais ça cassait la routine et c'était vraiment bénéfique. Diego, son truc, c'était le dessin. Il était sur son banc et il gribouillait avant d'aller à l'échauffement. C'était un artiste sur le terrain, mais il était aussi capable de dessiner tout ce que tu voulais », se marre Yunis Abdelhamid, marqué par les exercices de Joël Trebern, responsable de l'accompagnement pour l'optimisation de la performance. « Il proposait des ateliers que personne ne connaissait. Il y avait un exercice où on devait se confier, en face-à-face, à un collègue. On devait parler pendant une minute. Avec Marvin *(Martin)* et plein d'autres, il y avait de vrais beaux moments d'échange. Presque des larmes et on se prenait dans les bras. Ça nous a marqués et je pense que cela a soudé le groupe. » Un sourire et un plaisir de vivre ensemble qui a contaminé le centre de vie Raymond-Kopa où la simple évocation de cette saison déclenche de larges sourires. Reims a inscrit son nom dans l'histoire de la Ligue 2. Il était temps.

JEAN-PIERRE CAILLOT : « PERSONNE N'AVAIT BESOIN DE MOI, SAUF POUR LES DOUBLES PRIMES »

Président du Stade de Reims depuis 2004, Jean-Pierre Caillot revient sur cette saison de tous les records. Serein.

Président, à quoi pensez-vous en évoquant cette saison incroyable?

Aux critiques reçues quand j'ai décidé de nommer David Guion à la place de Michel Der Zakarian. J'avais lu que je manquais d'ambition et que le club était fini, mais ce choix nous a permis de vivre une saison extraordinaire. J'aime la langue de bois et je racontais que nous entamions un cycle de deux ou trois ans pour réintégrer la Ligue 1... Je n'en pensais pas un mot. On n'avait qu'une idée en tête : retrouver l'élite.

Quelle était la principale force de ce groupe?

L'humilité. Lors de mon discours d'avant-saison, j'ai demandé à l'équipe : « Vous préférez vivre une formidable aventure humaine ou une saison quelconque comme le club a eu l'habitude d'en vivre ? » J'ai été entendu. Mais il faut de la qualité, aussi. Vous pouvez vivre de belles aventures humaines, mais si vous avez des quiches sur le terrain...

C'était facile d'être président avec ce groupe?

Personne n'avait besoin de moi, sauf pour les doubles primes *(rires)*. Mon rôle était de calmer l'environnement, d'être une éponge pour que le groupe soit tranquille. Il y avait de la sérénité dans tous les services du club. Même menés au score, les joueurs savaient qu'ils allaient inverser la tendance. La saison précédente, dès qu'on prenait un but, c'était plié. Mais, là, quand j'intervenais, c'était uniquement pour du positif. Mes enfants vivent en Australie. Juste avant Noël, j'ai envoyé un message au groupe : « Je vous aime, mais si vous voulez que je passe de bons moments en famille, ce serait agréable de gagner. » Ils l'ont fait. À l'aéroport, j'ai reçu des textos : « Profitez bien de votre famille, Président... » Cela illustre bien l'état d'esprit du groupe.

Si vous deviez retenir un match de cette saison?

La victoire à Tours *(1-0 lors de la 3e journée)* avec le but d'Hassane Kamara *(son seul de sa saison)* à la 94e minute. Ce n'était pas le match le plus abouti, mais je suis un peu superstitieux. Et quand on marque des buts comme celui-là, c'est que ça sent bon.

ÉQUIPE TYPE **REIMS**

Carlos **BIANCHI**
1973 - 1977
1984 - 1985

Jean-Pierre **BERTOLINO**
1978 - 1987
1993 - 1996

Cédric **FAURÉ**
2006 - 2008
2009 - 2012

ATTAQUANTS

MILIEUX

Raymond **KOPA**
1951 - 1956
1959 - 1967

Grzegorz **KRYCHOWIAK**
2009 - 2011
2012 - 2014

Lucien **MULLER**
1959 - 1962
1968 - 1970

DÉFENSEURS

René **MASCLAUX**
1964 - 1979

Yunis **ABDELHAMID**
2017 - ...

Samuel **BOUHOURS**
2016 - 2018

Aïssa **MANDI**
2009 - 2016

GARDIEN

Jean-Claude **D'ARMÉNIA**
1964 - 1971

Carlos **BIANCHI**

Une saison en D2 (1984-1985). Au total, 116 buts avec Reims en Championnat lors de ses deux passages au club. Le bilan comptable du natif de Buenos Aires est excellent. L'armoire à trophées, elle, reste vide. Mais pas les souvenirs (voir page suivante).

Jean-Pierre **BERTOLINO**

Meilleur buteur de l'histoire du club en deuxième division avec 63 buts juste devant... Cédric Fauré et ses 58 pions. Volées, piqués, têtes, plats du pied : il savait tout faire dans la surface adverse. Oui, on a maté des archives de Bertolino... Et alors ?

Cédric **FAURÉ**

C'est la magie de ces onze 100 % Ligue 2 : voir Fauré côtoyer Kopa et Bianchi est tout simplement succulent ! Meilleur buteur de L2 en 2011-2012 avec 15 buts, c'est l'homme à tout faire de la remontée.

Raymond **KOPA**

Prénom : Raymond. Nom : Kopaszewski. Profession : légende. Premier Ballon d'Or français, en 1958. La D2 a su profiter de ce génie du ballon rond durant deux saisons avec Reims, le temps qu'il fallait à Kopa pour faire remonter le club, en 1966.

Grzegorz **KRYCHOWIAK**

Le Polonais peut remercier le Stade de Reims. À l'abandon à Bordeaux, c'est en Champagne que le milieu de terrain se révèle. Deux épisodes au club pour un palmarès très maigre. La touche bling-bling de ce onze.

Lucien **MULLER**

Surnommé « le petit Kopa ». C'est Di Stefano qui le fait signer au Real Madrid en 1962, après un nul entre la France et la Roja, à Colombes, en décembre 1961. Il a aussi connu le Barça (traitre !) et la D2 avec Reims à la fin de sa carrière. Rien à voir avec tous les Müller que vous connaissez.

René **MASCLAUX**

Ancien gérant de bar, ce natif de Reims avait les idées claires quand il s'agissait de débouler dans son couloir. Une hargne regrettée par les anciens du club. Champion de D2 1966, fautif sur l'égalisation de Bathenay en finale de Coupe de France 1977. Si seulement la VAR...

Yunis **ABDELHAMID**

Une seule saison en Ligue 2 (2017-2018) avec Reims, mais quelle saison ! Celle de tous les records. L'international marocain survole le Championnat du haut de son mètre 90. Une vraie force tranquille. Comme le bon champagne, il se bonifie avec l'âge.

Samuel **BOUHOURS**

Encore un symbole de la saison 2017-2018 XXL et de la remontée du club en Ligue 1. Si Youssouf Koné dispute la première partie de saison, c'est lui qui passe les épaules dans le sprint final. Il est donc titulaire à la photo finish.

Aïssa **MANDI**

Deux saisons en L2 pour l'international algérien. Titulaire indiscutable lors de la remontée en 2012. Pur produit de la formation rémoise : alors qu'il accompagnait son frère à l'entraînement, il participe contre toute attente à la séance. Tout est parti de là...

Jean-Claude **D'ARMÉNIA**

Né en Égypte, le portier a connu un sacre en 1966 et une montée en 1970. Au total, 227 matchs (dont 141 en D2) au compteur avec Reims pour cet ancien Rennais. Vainqueur du Challenge des champions 1966 face à Nantes, champion de France en titre.

CARLOS BIANCHI

Après avoir martyrisé les défenses de D1, l'Argentin débute sa carrière d'entraîneur en D2, en 1985.

Quand Carlos Bianchi revient à Reims en 1984, à 35 ans, en deuxième division, il n'a plus rien à prouver depuis longtemps. L'Argentin fut triple meilleur buteur du Championnat de France (1974, 1976, 1977) sous le maillot rémois. Le président Serge Bazelaire mise sur la légende locale (107 buts en 124 matchs de D1) pour remonter. L'histoire semble belle. Un peu trop : malgré sa bonne volonté, Bianchi ne peut sublimer une formation limitée, 12e du groupe A. Il marque à 9 reprises puis devient entraîneur-joueur pendant quatre mois, les premiers pas d'une seconde carrière sur le banc.

Bianchi restera entraîneur de Reims jusqu'en 1988. Quatre années frustrantes mais formatrices. Frustrantes, avec deux 4es places et des regrets : « On aurait pu jouer la montée, on est passé près. » En 1986, le Stade de Reims termine à 4 points de Guingamp, barragiste. L'année suivante, il échoue à 3 points du FC Mulhouse. Formatrices, avec deux épopées en Coupe de France. « Vous en connaissez beaucoup des clubs de D2 qui font deux fois de suite la demi-finale ? », chambrait Bianchi en 2001, à l'occasion des 80 ans du club. Éliminés par Marseille en 1987 et Metz en 1988, les Rémois connaîtront ensuite une relégation en D3 en 1991 puis un dépôt de bilan. Grâce à ses exploits en Coupe, Bianchi signera comme entraîneur de Nice, avant de connaître la gloire au Vélez Sarsfield, avec lequel il remportera trois Championnats d'Argentine et la Copa Libertadores. Par trois fois, il refusera le poste de sélectionneur argentin. Ses expériences décevantes à la Roma et à l'Atlético l'éloigneront définitivement de l'Europe.

LE CORNER À LA RÉMOISE

ÇA MARCHE VRAIMENT CETTE MERDE ?

Pourquoi tirer à deux alors qu'on peut envoyer le ballon directement dans la surface ? Eh bien, parce que c'est mieux !

→ Fontaine-Kopa-Piantoni : tiercé gagnant.

Il y a l'école du « fort dans la boîte pour le gros Gégé », en vogue dans les divisions inférieures du football français. Et il y a celle, plus élitiste, du corner en deux temps. Dans les années 1950, le Rémois Raymond Kopa bouleverse les habitudes, préfère s'approcher du but adverse en passes courtes plutôt que de chercher la tête de ses coéquipiers. Une spécialité locale est née. « Quand je suis arrivé au centre, c'était l'identité du club, se souvient Rémi Oudin. Il permet d'attirer du monde au premier poteau et de dégager l'axe pour centrer. Mais je ne sais pas si ça sert encore à quelque chose. » Car le corner à la rémoise possède un défaut aux yeux des supporters : il paraît inefficace.

« QUAND JE SUIS ARRIVÉ AU CENTRE, C'ÉTAIT L'IDENTITÉ DU CLUB »

Les statisticiens anglais sont tout aussi sceptiques et leurs doutes s'étendent à l'art même du corner, jugé peu productif. Entre 2006 et 2016, les tentatives ont diminué de 15 % en Premier League. En 2018-2019, en Championship, Hull City affichait un taux de conversion de 1,48 %, alors que la moyenne approchait laborieusement les 3 %. Dans leur livre *The Numbers Game: Why Everything You Know About Football is Wrong*, les économistes David Sally et Chris Anderson notaient qu'une équipe de Premier League ne marquait qu'un but sur corner tous les dix matchs. Un-But. Tous-Les-Dix-Matchs. Parlons franchement : est-ce encore utile de se battre pour en obtenir ? « Pas vraiment, surtout face à Liverpool, qui marque régulièrement après des corners adverses. C'est pour cela qu'il ne faut pas avoir peur d'expérimenter », pense le journaliste Christophe Kuchly, premier défenseur du corner à la rémoise. Observons-le monter dans la surface : « Je suis convaincu qu'il s'agit de la meilleure méthode pour obtenir une occasion et empêcher l'adversaire de partir en contre-attaque. Son plus grand avantage est de pouvoir mettre des combinaisons en place. En jouant à deux, on peut prévoir des redoublements de passes au sol faciles à exécuter et se rapprocher des situations plus classiques d'un match. Le principal problème du corner, c'est que le ballon est parallèle à la ligne de but et à bonne distance du gardien. En une passe, on peut réduire la distance et s'ouvrir l'angle. Le vrai problème, c'est comment réagir si l'adversaire envoie un ou deux joueurs pour bloquer la combinaison. Mais le simple fait de varier va introduire un doute pour la défense et équilibrer un peu le rapport de force. »

Une question de génération

En Ligue 2, depuis la saison 2014-2015, 3,5 % des corners ont accouché d'un but, souvent dans la douleur, après un cafouillage ou une partie de flipper. « Et très rarement grâce à un corner à deux », constate Damien Januel, analyste vidéo et performance, passé par Clermont et le Red Star. Sous les ordres de Régis Brouard, alors coach des Audoniens, Junel a analysé en 2017-2018 l'origine de tous les buts du Championnat. « Très peu provenaient d'un corner à la rémoise. Une demi-douzaine, pas davantage. C'est une question de génération. Face à une défense en zone, en le jouant en deux contre un ou en trois contre deux dans la largeur, tu fixes

« IL SE DÉVELOPPE ÉNORMÉMENT CAR IL PERMET DE SEMER LE DOUTE DANS LA SURFACE, SURTOUT AVEC UNE DÉFENSE EN ZONE »

l'attention des défenseurs, les attaquants les déstabilisent par du mouvement et tu crées une supériorité. » Si l'innovation existe, elle concerne surtout les corners rentrants, tirés fort au premier poteau. Face au Mans, en février 2020, Sochaux place quatre de ses joueurs sur la ligne de but afin de gêner le gardien en profitant de la confusion. À la trêve, le Paris FC avait déjà marqué cinq fois ainsi. « En fait, avant de statuer sur la façon de tirer les corners, il faut faire une étude comportementale des adversaires. Étudier leur organisation défensive, la taille des joueurs, leurs failles dans le jeu aérien, la position du gardien, les espaces qui se libèrent selon la façon dont est tiré le corner. Le défenseur lâche-t-il le marquage lors d'un corner à deux ? Attiré instinctivement par le ballon, il libèrera des espaces et sa zone. » Le pragmatisme doit décider de la stratégie choisie, et non les traditions. Autre facteur à prendre en compte : la qualité du tireur, évidemment.

Environ 18 % des corners (109 sur 598) ont été joués courts lors de la Coupe du monde 2014. Le savoir-faire rémois gagne du terrain. David Guion, nommé entraîneur du club en mai 2017 : « Il se développe énormément car il permet de semer le doute dans la surface, surtout avec une défense en zone. On le voit surtout au très haut niveau, à Barcelone ou Manchester, avec parfois trois ou quatre joueurs qui touchent le ballon avant de centrer. Ajouter deux ou trois temps de passes permet de faire sauter certains marquages rudes qui favorisent la défense sur un corner direct. »

La généralisation des données statistiques est le meilleur allié du corner à la rémoise. La nouvelle génération d'entraîneurs est plus à l'écoute. Heureusement, des variantes existent pour les réfractaires de la vieille école. Tirer avant que les défenseurs ne se mettent en place en est une. Tenter d'envoyer le ballon dans les cages en est une autre (1 % des tentatives). Kuchly voit encore plus loin : « Avec l'évolution de la règle sur les fautes de main, je suis persuadé qu'il n'est pas si difficile d'aller vers l'angle de la surface et de frapper fort à mi-hauteur en espérant obtenir un penalty. En tout cas, quitte à marquer tous les dix matchs, autant essayer d'exploiter les limites des modèles défensifs. »

2

LES PLUS CAPÉS

La Ligue 2 est leur maison. Ils ont posé leurs valises et ont leurs petites habitudes.

BESANÇON, LE MAUDIT

Besançon détient le record de matchs disputés en D2 (1 466) grâce à une présence ininterrompue de 1945 à 1986. Ce n'est pourtant pas faute d'avoir essayé de monter.

Y-a-t-il une échelle devant l'entrée du stade Léo-Lagrange? Un chat noir sur l'écusson du club? Non, simplement un aigle rouge. Le malheur semble pourtant s'abattre sur le Racing depuis sa première saison en D2, en 1945-1946. Le début d'un long bail jusqu'en 1986. Quarante et une saisons de poisse et de déceptions. Le premier derby contre le rival sochalien, perdu 7-0 en 1946, met déjà dans l'ambiance: il faudra souffrir pour supporter Besançon.

→ 0-0 cruel à Angers pour Besançon en 1978.

L'illusion de la Coupe

Élu ville la plus sportive de France par *L'Équipe* en 1951, Besançon est éliminé en barrages par Sète et Lens. Le club se contente longtemps du ventre mou mais finit par rejouer la montée lors de la saison 1958-1959. Lors de la dernière journée, il doit battre Toulon pour accéder à l'élite. Neuf mille spectateurs se déplacent, pleins d'espoir, à Léo-Lagrange. Leurs protégés s'inclinent 3-2 et repartent pour une quinzième saison en D2. Survient alors un quiproquo: la victoire en Coupe Drago, compétition réservée aux clubs éliminés de la Coupe de France. En 1962, les Bisontins sortent Nice, Bordeaux, Lens, le RC Paris (2e de D1), Sedan et le Monaco de Michel Hidalgo (champion de France en titre) pour s'offrir une finale face au Havre. Les jambes tremblent, le 0-0 ne tient qu'à un fil, mais Jean Bonato, pourtant blessé, délivre les siens à la 118e minute. Portés en triomphe, les joueurs défilent dans la ville dans de splendides voitures. Mais ce titre est un piège. Il rend les supporters plus exigeants, l'équipe dirigeante plus ambitieuse. La décennie suivante, Besançon ne s'extirpe pas du milieu de tableau en dépit des arrêts du gardien Jean-Pierre Roset (351 matchs au club). Meilleur joueur de D2 1963-1964, Roset reste fidèle à son club formateur en dépit des sollicitations extérieures. Sa sélection avec l'équipe de France Espoirs puis ses matchs avec l'équipe de France B, la même année, démontrent sa qualité. Devenu bon gré mal gré un assidu de la D2, Besançon acquiert une bonne réputation et parvient à attirer de plus en plus de joueurs talentueux, tel l'attaquant uruguayen Diego Bessonnart. Un phénomène, sur et en dehors du terrain, habitué des nuits bisontines, individualiste et souvent à court de condition physique... mais beau à voir jouer. N'est-ce pas tout ce que l'on demande, au fond?
Reste que le club demeure englué en D2. Il est difficile d'exister à l'ombre du voisin sochalien, comme le rappelle le revers (5-0) subi en 1964. La saison 1968-1969 est véritablement humiliante avec des défaites 11-1 contre Cannes et 11-0 contre Angers. Le nouveau président a beau promettre «l'accession à la division supérieure», les supporters sont gagnés par la résignation. Alors que le club occupe la dernière place, une lanterne rouge est accrochée dans les filets du stade. Au début des années 1970, des recrues redonnent l'espoir: l'Argentin José Balducci, Eddy Dublin, puis l'ancien capitaine des Bleus, Claude Quittet. Formé à Sochaux,

→ *Le 0-0 face à Toulouse en 1981 ? Une bavure arbitrale…*

LA DÉFAITE À DOMICILE CONTRE SAINT-DIÉ (1-0) EST SI AHURISSANTE QUE CERTAINS SUPPORTERS ACCUSENT LES JOUEURS DE SABOTAGE

le défenseur central retrouve sa région nationale pour encadrer un effectif juvénile. Pour son premier match, en 1974, Quittet envoie deux coups francs dans la lucarne contre Tours. La foule est en délire, la victoire (4-0) en annonce beaucoup d'autres, se dit-on ! Cette fois, c'est sûr, c'est la bonne ! Eh non : le Racing terminera 9e.

Angers, le choc

Champion d'automne 1976, Besançon enchaîne par 7 matchs sans marquer le moindre but et voit s'éloigner la première division. L'année suivante, il est à nouveau champion d'automne. Sa défense de fer (9 buts encaissés en 17 matchs) l'autorise à rêver plus grand. Les journées passent, le club tient bon et occupe toujours la tête du classement devant Angers, Toulon, Auxerre et Cannes. À 5 journées de la fin, le 22 avril 1978, il dispute la montée à Angers. Sous une pluie battante et devant 16 000 spectateurs, Jacques Raymond envoie un missile sur la transversale ! Côté angevin, Pascal Janin est sauvé par ses poteaux sur des tirs de José Sanchez et Patrick Dralet. Patrick Gonfalone a lui aussi une balle de match à la 88e… En vain. 0-0, rien n'est joué. À 3 journées de la fin, Besançon possède encore un point d'avance sur son rival. Et si… ? Vous connaissez la suite. La défaite à domicile contre Saint-Dié (1-0) est si ahurissante que certains supporters accusent les joueurs de sabotage : ils auraient volontairement perdu, de peur de ne plus être titulaires en cas d'accession. Une légende urbaine qui témoigne d'un vrai traumatisme. Battu à Melun et par Arles, le RCFC perd les barrages face au Paris FC devant un public dépité. Le train est passé. Les blessures de titulaires et la faiblesse quantitative de l'effectif – seulement 14 joueurs utilisés – ont empêché Besançon de composter son billet pour l'élite. Sans oublier le stress d'une fin de saison sous pression.

→ Besançon après
la claque toulousaine.

Voir l'ASSE et partir

Le 10 mars 1979, la réception de l'AS Saint-Étienne en 16e de finale de Coupe de France redonne le sourire aux supporters. Les joueurs s'inclinent courageusement 2-1 (buts de Bialas, Lacombe et Zimako) face aux anciens finalistes de la Coupe d'Europe des clubs champions 1976. Au retour, autre défaite encourageante : 1-0. La marche entre la D2 et la D1 ne semble pas si haute. Et pourtant... Malgré les recrues onéreuses, des salaires de plus en plus élevés, Besançon ne trouvera jamais le Graal. Pourquoi l'arbitre refusa-t-il le but sur corner de Luc Bruder à la 88e minute de la rencontre contre Toulouse (0-0), en 1981 ? À cause des protestations toulousaines ? Ou de cette foutue malédiction ? Une victoire aurait emmené l'équipe en barrages.

En novembre 1981, le club est au bord de la banqueroute. Un trou de 7 millions de francs dans la caisse. Jean Michel, un industriel local ayant fait fortune dans l'immobilier et la boulangerie industrielle, sauve le Racing. Il promet « la première division en trois ans ». Les supporters sont fatigués. Les recettes de billetterie sont trop faibles pour réduire le déficit. Quand la ville retire sa subvention, en 1986, le dépôt de bilan est inévitable. Après 41 saisons en seconde division, Besançon doit repartir de zéro. Retombé dans les rangs amateurs après un bref passage en L2 en 2003-2004, le club peut tout de même être fier de son passé. En février 2020, quand Châteauroux annonça précipitamment prendre possession du record de nombre de matchs disputés, le site Internet du Racing publia un communiqué pour rétablir la vérité. « Entre 1945 et 1986, le Racing Besançon a disputé en tout 1 428 matchs en D2. Se rajoutent les 38 matchs de la saison 2003-2004, ce qui porte le total à 1 466 matchs. Il faudra donc à la Berrichonne de Châteauroux disputer une saison supplémentaire en L2 si elle veut égaler et dépasser ce record. » Na !

CHÂTEAUROUX

•

La Berrichonne de Châteauroux. Nom féminin. Club de foot qui symbolise la deuxième division. 40 saisons.

VICTOR ZVUNKA : « TOUTE LA VILLE NOUS ATTENDAIT À L'AÉROPORT »

1992-1998, 2003-2005. Avec une montée et une finale de Coupe de France, Victor Zvunka est l'entraîneur emblématique de la Berrichonne.

Victor, repensez-vous parfois à ce titre de champion de D2 en 1997?

Bien sûr. Une image me revient: le retour d'Épinal après notre succès 3-0 qui nous assurait la montée. L'accueil à l'aéroport était incroyable! Toute la ville ou presque nous attendait. Cette montée n'était pas du tout programmée. Notre ambition était de titiller les équipes du haut du classement. On savait que ce serait difficile dans ce Championnat à vingt-deux clubs et seulement deux promus.

Comment l'arrivée de Yann Lachuer a-t-elle modifié le visage de votre équipe?

Il a apporté de la technicité et de la confiance, car il pouvait garder le ballon et faire jouer l'équipe. Dans un premier temps, il évoluait faux ailier droit, son poste à Auxerre. Il était à l'aise sans y être, donc je l'ai replacé en 10 dans notre 4-2-3-1. Et il a explosé. Contre Saint-Étienne (5-3), Lachuer a inscrit un doublé et a éclaboussé la rencontre. On est mené 2-0 à la mi-temps, puis Frédéric Adam marque d'une frappe de vingt-cinq mètres en lucarne. L'équipe est définitivement sur les rails pour la montée. On avait perdu à Toulouse *(2-0)* au début des matchs retours, puis on n'a plus perdu jusqu'à la fin de la saison.

Quel attaquant était Laurent Dufresne, votre meilleur buteur?

Toute équipe doit posséder un avant-centre décisif dans les matchs importants. On l'avait recruté à Valenciennes, où il était en grande difficulté. Il s'entendait très bien avec Lachuer. C'était un joueur physique, toujours en mouvement, avec un excellent jeu de tête. Il formait la paire avec Jason Mayélé, mon protégé. Un hiver, on me dit: « Voici un

LES BAROUDEURS DE LA L2

Victor Zvunka a entraîné 21 clubs dans sa carrière, dont plusieurs de Ligue 2 (Châteauroux, Nîmes, Arles-Avignon, Guingamp ou encore Gueugnon). Il a gagné la Coupe de France 2009 avec Guingamp et en fut finaliste en 2004 avec Châteauroux, 7 ans après le titre de champion 1997. Il figure évidemment dans notre top - dans le désordre - des entraîneurs baroudeurs du Championnat : Victor Zvunka, Thierry Froger, Didier Notheaux, Alex Dupont, Thierry Goudet, Jean-Marc Furlan, Jacky Bonnevay, Robert Nouzaret, Jean-Louis Garcia, Philippe Hinschberger, Albert Rust, Roland Gransart, Albert Cartier, Denis Troch…

petit jeune de Paris, il va faire un essai. » Au premier entraînement, je suis allé voir Patrick Trotignon (manager général puis président délégué) pour lui dire de le signer tout de suite. C'était un dribbleur, il allait vite.

« JE N'AI PAS REVU LA FINALE DE 2004 »

Y a-t-il un type de joueurs à recruter pour réussir en D2?

Nous, on allait chercher des gars avec un vécu ou dans des clubs en-dessous de nos ambitions. J'allais voir des joueurs qui commençaient à percer dans des petits clubs, à La-Roche-sur-Yon, Nevers, Grenoble, Beauvais, Saint-Brieuc... Je lisais tout *France Football*, je connaissais tout jusqu'en D4. On se servait aussi dans les centres de formation de Monaco et de Paris. Denisot nous apportait des solutions: Roméo Calenda, Vincent Fernandez, Jimmy Algerino. En 1992-1993, Patrick Mboma arrive du PSG. On descend, mais c'était un joueur exceptionnel. Il était souvent blessé et voulait se faire opérer. Tous les deux, nous sommes scorpions. On a la tête dure. Je lui ai dit ses quatre vérités: « Écoute, tu vas faire une saison entière avec nous et marquer des buts. » On a terminé champion de National.

Une seule promotion en L1... Comment l'expliquez-vous?

Sans doute par un budget insuffisant qui nous empêchait de garder nos meilleurs éléments. Quand tu regardes tous les joueurs de L1 qui sont venus à Châteauroux... À mon arrivée, en 1993, le club était ambitieux. Un groupe de dirigeants, de chefs d'entreprises – Trotignon, Denisot et les autres – se sont investis. Ils se côtoyaient, étaient amis. On a toujours fonctionné à l'affectif. Denisot venait à tous les matchs, nous parlait de temps en temps mais laissait travailler Trotignon.

Qu'y-a-t-il à faire à Châteauroux, hormis le foot?

Je suis comme tout le monde, j'aime boire un petit coup de temps en temps, mais pas traîner de gauche à droite. J'apprécie la pêche: là-bas, il y a tout ce qu'il faut! Quand le foot était fini, on s'invitait les uns chez les autres, on organisait des soirées ensemble. C'était familial.

Vous revenez au club en 2003... et vous allez en finale de la Coupe de France 2004 face au PSG. Incroyable, non?

Au premier tour, on gagne 1-0 à Grenoble, en marquant à la 85e minute. On affronte ensuite Valence *(2-2, 5-4 t.a.b.)*, Créteil *(2-0)* puis le Monaco qui ira en finale de la Ligue des champions. On fait un grand match et on sort les Monégasques chez eux *(1-0)*. En demi-finale, on reçoit Dijon *(National)*. Il ne faut pas se rater. Je suis allé les voir cinq fois, je n'ai rien laissé au hasard *(2-0)*. Le match d'après, on perd deux joueurs sur blessure à Istres. Notre équipe est remodelée en finale. On perd 1-0, but de Pauleta. Je n'ai jamais revu le match. J'en ai revu plusieurs de 1997, mais pas celui-là.

ÉQUIPE TYPE **CHÂTEAUROUX**

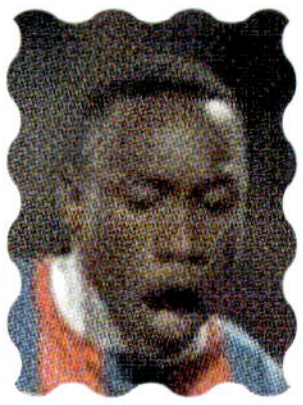

Jason **MAYÉLÉ**
1993 - 1999

Patrick **MBOMA**
1992 - 1994

ATTAQUANTS

MILIEUX

Florent **MALOUDA**
1996 - 2000

Djibril **SIBIDÉ**
2002 - 2004
2005 - 2008

Yann **LACHUER**
1996 - 1997
2007 - 2008

Sébastien **ROUDET**
1998 - 2004
2014 - 2015

Ferdinand **COLY**
1996 - 1999

Teddy **BERTIN**
2003 - 2007

Jimmy **ALGERINO**
1993 - 1996
2002 - 2004

DÉFENSEURS

Nicolas **WEBER**
1995 - 1998

GARDIEN

Raymond **OLEJNIK**
1970 - 1981

Jason
MAYÉLÉ

Un sens du dribble hors du commun qui tourmente les défenses de D2. Arrivé en 1993, le Congolais met deux ans à s'adapter avant d'exploser puis de réaliser son rêve : partir en Italie, à Cagliari. Un titre de champion de Division 2 en 1997 avec Châteauroux.

Patrick
MBOMA

Après avoir brillé en National, l'international camerounais (56 sélections, 33 buts) mène son pays à la médaille d'or aux JO de Sidney. La même année, il est élu joueur africain de l'année et remporte la CAN. Deux ans plus tard, Mboma gagne à nouveau le tournoi, en terminant co-meilleur buteur !

Florent
MALOUDA

Parole à son premier entraineur en professionnel, Victor Zvunka : « Avec le Variétés, on devait disputer un jubilé en Guyane. En lever de rideau, jouait la sélection régionale de Guyane. Platini me dit : ‹ Il est pas mal, celui-là. › » Effectivement. Malouda débutera en L2 à même pas 17 ans.

Sébastien
ROUDET

Le milieu offensif gaucher ouvre le score en demi-finale de la Coupe de France 2004 face au Dijon de Rudi Garcia, quelques mois avant son départ à Nice. Un enfant du club, élevé à l'école Roger Fleury, patron du centre de formation inauguré en 1995.

Djibril
SIDIBÉ

150 matchs pour le Malien, repéré à Monaco… contre qui il marque le but de la victoire en quart de finale de la Coupe de France 2004. Giuly, Plasil et Prso se consolent trois semaines plus tard en éliminant le Real Madrid.

Yann
LACHUER

Quand Guy Roux l'envoie s'endurcir à Châteauroux, Yann a un doute. Puis, il inscrit 9 buts, repart avec un titre et une belle montre en cadeau. Quelle saison ! Suivront deux Coupes de France avec l'AJA, en 2003 et 2005.

Ferdinand
COLY

Repéré à Poitiers, Ferdinand Coly devient titulaire en défense chez les champions de D2 1997, puis un international sénégalais respecté. « Il manquait d'un peu de rigueur, mais il a beaucoup progressé chez nous », se souvient Zvunka.

Teddy
BERTIN

Venu de Strasbourg, Bertin est capitaine lors de la finale de la Coupe de France 2004. La saison suivante, le club termine 5e du Championnat, avec un effectif qui comprend notamment Rod Fanni, Kamel Chafni, Sylvain Marchal et Florian Maurice.

Jimmy
ALGERINO

La légende de Jimmy démarre dans le Berry avec le titre de champion de National 1994. Il souhaite rallier Bordeaux mais doit filer au PSG, connexion oblige. Il ne le regrettera pas : doublé Coupe de France-Coupe de la Ligue en 1998.

Nicolas
WEBER

Capitaine, éducateur, entraineur adjoint : Weber a tout fait à Châteauroux, même la cuisine et le repassage. Il a l'honneur de perdre (2-0 face au PSG) le premier match de l'histoire du club en D1, le 2 août 1997, avec ses compères Debrosse, Verschuère et Dufresne.

Raymond
OLEJNIK

Onze années, une seule absence et le record d'apparitions du club (355 matchs). Olejnik était de la première ère castelroussine en D2 (1970-1985), marquée par une régularité sans faille dans le ventre mou.

BERRY GOOD TRIP

Le 17 février 2020, Châteauroux disputait contre Lens son 1 441e match de deuxième division. Une performance seulement contestée par Besançon.

Août 1970

Le premier match

Tout a commencé à Limoges avec un match nul 1-1. Les joueurs travaillent tous à côté, s'entraînent le soir mais assurent leur maintien sans trembler. Avec 6 000 spectateurs de moyenne à Gaston-Petit, l'équipe peut compter sur le talent de Raymond Olejnik dans les cages, mais pas sur celui de… Gérard Depardieu, ancien licencié du club au poste de gardien. « Ma technique était simple : je poussais des cris tellement forts que les petits attaquants en face n'osaient même plus tirer au but. »

11 avril 1981

Lille-Châteauroux

Septuple champion de France avec l'ASSE, Hervé Revelli devient l'entraîneur de Châteauroux en 1980. Il signe coup sur coup le meilleur classement alors jamais obtenu par le club (5e de la D2B) puis son plus beau parcours en Coupe, un huitième de finale perdu contre Lille. Dans l'effectif : Denis Mérigot et Christian Verrier, deux légendes du club.

2 avril 1989
Arrivée de Michel Denisot

« Désolé... » Ce 2 avril 1989, jour de défaite à Bourges en D3, Michel Denisot laisse ses blagues au vestiaire. Il va devenir président de la Berrichonne et former un tandem d'enfer avec Patrick Trotignon, manager. À lui le recrutement. « Négocier, c'est une autre forme d'interview, où il faut sentir l'autre. » Un costume sur-mesure pour celui qui disait aimer « monter sur un tracteur et labourer son potager en fumant un cigare » dans sa résidence secondaire de Heugnes.

9 mai 1997
Épinal-Châteauroux

C'est fait ! Châteauroux assure ce soir-là sa montée sur un score net et sans appel (buts de Dufresne, Lachuer et Chavrondier). Martigues et Gueugnon, relégués de D1 l'année précédente, ne peuvent plus rejoindre les Berrichons, qui rentrent le soir même dans le Berry. Denis Mérigot, l'entraîneur adjoint, garde le même souvenir que tous les témoins : « Les pelouses de l'aéroport, qui étaient noires de monde. »

17 décembre 2004
Troyes-Châteauroux

Quelques jours avant ce match de folie, les Castelroussins découvrent Razak Boukari à l'entraînement et supplient leur coach de le titulariser. « Mettez-le, coach, il va foutre le bordel ! » Zvunka fait bien d'écouter : Boukari, 17 ans, inscrit le premier but des siens. Issa Ba croit marquer le but de la victoire à la 87e, mais Benjamin Nivet égalise une minute plus tard ! Le coach est fou : « Ils étaient dans les premiers. Si on les battait, on les rattrapait. À 5-4, fallait fermer ! »

14 mai 2010
Châteauroux-Strasbourg

Le perdant descendra en National. Entraînée par Jean-Pierre Papin, la Berrichonne a l'avantage de recevoir des Alsaciens n'ayant pas l'habitude des matchs couperets. Le capitaine Titi Buengo motive ses troupes (parmi lesquelles Rudy Haddad et Damien Da Silva) et c'est le jeune Amara Baby (photo) qui inscrit les deux buts synonymes de survie ! Mais, à force d'évoluer sur un fil, le club finira par descendre, en 2015.

CANNES

41 saisons de D2 et autant de joueurs légendaires : Micoud, Lemasson, Luis Fernandez ou encore Ruud Krol…

→ Mickaël Madar.

« EN 1993, ON SE BAGARRAIT À CHAQUE ENTRAÎNEMENT »

Relégué en 1992, privé de Zidane – parti à Bordeaux –, Cannes va retrouver l'élite au terme d'une saison pas comme les autres...

Eliminés par le Dynamo Moscou en 16es de finale de Coupe de l'UEFA 1991-1992, les Cannois s'effondrent en Championnat. Direction la deuxième division. L'effectif est bouleversé. Zinédine Zidane quitte La Bocca, tout comme Alen Boksić et Jean-Luc Sassus. L'AS Cannes enregistre de nombreux renforts, comme Mickaël Madar, William Ayache, Patrice Lestage ou encore Patrice Sauvaget. Mais l'aïoli a du mal à prendre, malgré Erick Mombaerts aux fourneaux. « On avait une équipe de bras cassés, assène Mickaël Madar. Il y avait de la qualité, mais pas d'équipe. Chacun faisait son numéro de son côté. Le coach avait du mal à se faire respecter car il était trop gentil. Ce qu'il s'est passé ensuite est miraculeux parce qu'on ne mettait pas un pied devant l'autre. » L'ASC patine entre coups d'éclats à domicile (4-0 face à Nancy, 4-1 face à Alès) et lourdes défaites à l'extérieur (3-1 à Sedan, 3-0 à Épinal). Lors de la 21e journée, le déplacement sur l'île de Beauté face au Sporting Club de Bastia est un tournant de la saison, même si les Cannois vont voir rouge.

→ *Mickaël Madar.*

« Micoud s'est battu avec tout le monde »
Menée 2-0 à la mi-temps, la bande à Mombaerts arrache un point grâce à un doublé de Franck Priou. « On a pris conscience que l'on avait une très grosse équipe, explique le buteur. Après Bastia, on est devenus injouables. » Une révolte en terres corses alors que les Dragons ont terminé la rencontre à 9 après les expulsions d'Adick Koot et Johan Micoud. « Johan s'est battu avec tout le monde ce jour-là. Il était dans le rond central et les Bastiais l'ont encerclé et ont commencé à le frapper. Il n'a pas eu peur et il a mal répondu », se souvient Madar. Un déclic psychologique, mais une nouvelle contre-performance. Le 23 janvier 1993, le club occupe une 12e place synonyme de relégation (7 descentes cette saison-là à cause de la mise en place de la Super D2 à 22 équipes pour l'exercice suivant). Exit Mombaerts, c'est Luis Fernandez qui s'assoit sur le banc, lui, le joueur de... l'AS Cannes !

Luis Fernandez : le pote, le coach et l'arnaqueur
« Je n'étais pas programmé pour être entraîneur, avoue Luis. J'ai 34 ans quand le président Borelli me demande de reprendre l'équipe. Je me suis très bien entouré, avec Pierre Alonzo, mon premier formateur au PSG, et Charly Loubet. J'avais joué avec les gars et je me suis attaché à créer une bonne ambiance. » Premier match : le derby face à Nice lors de la 22e journée. Une victoire 1-0 grâce à la crinière brune de Madar. « Luis nous a remis d'aplomb parce que c'était notre pote. Sa nomination est le déclic de la saison, assure Franck Priou. C'était un mec très attachant et vraiment abordable. Il a su rester naturel avec nous. » Après seulement 7 victoires en 21 matchs, les Dragons cannois vont faire feu de toutes parts. Onze succès lors des 12 dernières journées, dont quelques fessées (5-1 face à Epinal, 7-2 contre le Gazélec Ajaccio avec un triplé de Priou, 4-1 contre Perpignan). Avec 36 buts inscrits après l'arrivée de Luis, la D1 est en ligne de mire. La clé de cette réussite ? Une vraie bande de potes qui se sont (re)mis à bien vivre ensemble. Un peu trop, parfois... « On jouait tout le temps aux cartes avec Luis et, le soir, on allait au casino avec nos femmes. La veille des matchs, on faisait des jeux réduits pour se mettre dans le bain et on se bagarrait à chaque entraînement, se marre Mickaël Madar. Il y avait tout le temps une embrouille, sans compter les arnaques de Luis. Il jouait avec nous et on ne terminait pas la séance sans qu'il ne gagne le dernier jeu. On pouvait commencer l'entraînement à 17 heures et terminer à 21 heures... La veille du match ! » Luis Fernandez ne connait qu'une seule défaite en 13 rencontres (face à Martigues, leader) et se place en chef d'orchestre d'une armada offensive époustouflante avec un duo insaisissable : Madar-Priou.

« On était la meilleure attaque de France ! »
Trente-huit buts en 34 matchs. C'est le nombre de pions cumulés par Franck Priou et Mickaël Madar. Le premier termine meilleur buteur avec 21 buts, le second boucle l'exercice avec 4 unités de retard. « Avec Mika, on avait une vraie complicité. Chacun avait compris qu'il avait besoin de l'autre pour avancer. On était la meilleure attaque de France ! », s'enflamme Priou, touché par la grâce divine cette saison-là. « Il pouvait frapper de n'importe où, il marquait, s'émerveille son compère d'attaque. Un jour, un ami à nous est parti à Lourdes et a ramené de l'eau bénite. Il en a mis sur les deux pieds de Franck. » Une bénédiction bienvenue face aux tactiques hasardeuses de l'entraîneur. « Avec Luis, c'était compliqué, admet Madar. Il se prenait

→ *Johan Micoud, Luis Fernandez et Pascal Bedrossian: HEU-REUX.*

pour Guardiola! Il pouvait aussi bien jouer avec quatre attaquants qu'avec zéro. Je me souviens d'un match où Franck et moi plantons chacun un doublé et, la rencontre suivante, on était tous les deux sur le banc… » Le stratège s'explique: « Je n'ai jamais eu d'équipe-type. Comme ça, tout le monde se bougeait à l'entraînement. » Malgré des choix incompris, l'arrivée du héros de Guadalajara est décisive pour le meilleur duo de France, qui double son rendement par rapport à l'ère Mombaerts et propulse l'ASC en barrages.

Un défilé sur la Croisette en… camion-benne!

Et un gros casting attend Cannes pour espérer retrouver l'élite. Le 2e de D2 écarte d'abord Rouen (2-1) et Rennes, balayé après une confrontation aller-retour (4-0 au total), pour s'offrir une « finale » face à Valenciennes. L'équipe entraînée par Boro Primorac, ancien joueur de la maison azuréenne, est embourbée dans l'affaire OM-VA. Elle plie à domicile lors du match aller (2-0), sur une frappe de Capoue et un but de Priou. Au retour, « il y avait beaucoup de tensions, rembobine Luis Fernandez. Quand on est coach, on cherche cet état de grâce et cette dynamique de victoires, et c'est ce que j'ai réussi à faire ». L'élan ne se brise pas. Les Cannois ne peuvent faire mieux qu'un nul (1-1). L'ASC file en D1 et, à l'aide d'un camion-benne, sur la Croisette pour communier avec une ville en délire. « On avait l'impression d'avoir gagné la Coupe du monde », fantasme Madar. Toujours sur son nuage, Cannes termine 6e de D1 l'année suivante. Une équipe est née. Merci Luis.

LE ONZE TYPE DE LA MONTÉE

ÉQUIPE TYPE **CANNES**

Franck **PRIOU**

1991 - 1994

Mickaël **MADAR**

1992 - 1994

Paul **BAHOKEN**

1979 - 1982

ATTAQUANTS

MILIEUX

Gilles **RAMPILLON**

1982 - 1985

Franck **DURIX**

1988 - 1995
2001 - 2002

Johan **MICOUD**

1992 - 1996

Julien **ESCUDÉ**

1998 - 1999

Ruud **KROL**

1984 - 1986

Bernard **CASONI**

1978 - 1984

Jean-Luc **SASSUS**

1986 - 1992

DÉFENSEURS

GARDIEN

François **LEMASSON**

1992 - 1997
2000 - 2001

Mickaël MADAR

L'homme de la montée en 1993, c'est lui : 17 buts en 27 matchs. Il explose au club avant de filer à Monaco. Coach de l'ASC en 2015, il rate la montée en CFA 2 pour avoir fait entrer en jeu Charles Lyah Bi Irie… qui était suspendu. Merci et au revoir !

Franck PRIOU

Une descente en 1992 sous les ordres de Primorac, qui « ne comprenait rien », et Mombaerts, puis la montée un an plus tard. Priou, c'est un but tous les deux matchs avec Cannes. Il aurait même mérité les Bleus, selon Madar… C'est un bon, « Francky » !

Paul BAHOKEN

Sa dernière saison de deuxième division à Cannes lui permet de disputer la Coupe du monde de football avec le Cameroun, en 1982. Éducateur à Grasse, il veille à la bonne tenue de la carrière de son fils Stéphane.

Gilles RAMPILLON

Premier épisode de la trilogie Zizou : directeur du centre de formation de l'ASC, « Gilou » a façonné le plus beau dégarni de France. Il a planté 27 buts en trois saisons, en voyageant entre les groupes A et B de deuxième division.

Franck DURIX

Il a tout connu avec Cannes. La D2, la première division, la Coupe de l'UEFA (en 1991-1992 et 1994-1995) et même le National en fin de carrière. Surtout, c'est lui qui a offert à Zidane son premier but en pro. Pour l'amour Durix !

Johan MICOUD

Le successeur de Zizou ! En 1993, il permet à l'ASC de retrouver l'élite après une première saison chez les pros pleine de promesses. Un maestro devenu président du club et surtout… de « L'Équipe du Soir » !

Julien ESCUDÉ

Une seule saison à Cannes (12e de D2). Titulaire par défaut dans ce onze. « Aurait dû signer à Manchester United en 2002 mais trébucha sur son chien et se rompit les ligaments du genou », selon l'encyclopédie libre.

Ruud KROL

La flemme de répéter ce qui est (merveilleusement) raconté dans les pages suivantes. Mais on va quand même insister sur le fait qu'un double finaliste de Coupe du monde a signé en D2, à Cannes.

Bernard CASONI

Cannois de naissance. Six ans avec les Rouge et Blanc. Champion d'Europe et de D2 avec l'OM. Entraîneur d'Évian Thonon Gaillard et Videoton (Hongrie). Sélectionneur de l'Arménie, 30 sélections en équipe de France et 2 en A'. Kamoulox.

Jean-Luc SASSUS

Presque 200 matchs au compteur avec Cannes pour celui qui a démarré sa carrière à Toulouse. Cet ingénieur en chimie a trouvé la bonne formule pour hisser l'ASC en D1 dès sa première saison sur la Côte d'Azur, en 1986-1987.

François LEMASSON

L'ancien mur de l'OL permet aux Cannois de retrouver la D1, en 1993, mais entraine aussi leur chute en National, en 2001. Quelques fissures qu'il comble entre entraineur des gardiens à l'ASC et… vendeur de matériel médical.

KROL, YES WE CANNES !

À l'été 1984, Cannes écrit l'un des plus beaux scénarios du mercato de D2. Dans le rôle principal, le Batave Ruud Krol. Une arrivée sans tapis rouge pour la légende oranje qui va marquer les esprits sur la Croisette.

KROL, UN MONSTRE EN D2

Triple vainqueur de la Ligue des champions (1971, 1972 et 1973) avec l'Ajax Amsterdam

Double finaliste de la Coupe du monde en 1974 et 1978 avec les Pays-Bas

Troisième au Ballon d'Or en 1979

83 sélections (4 buts) en équipe nationale des Pays-Bas

Six titres de champion des Pays-Bas avec l'Ajax Amsterdam

Gabriel Obertan à Manchester United, Julien Faubert au Real Madrid ou encore Papy Djilobodji à Chelsea : des transferts invraisemblables, mais surtout à ranger dans le rayon flops de l'histoire du mercato. La signature de Ruud Krol à l'AS Cannes, lors du mercato estival 1984, n'a provoqué aucune raillerie. Scotché en deuxième division depuis 1966, le club cannois cherche un second souffle après une frustrante sixième place au terme de l'exercice 1983-1984. Baisser de rideau pour Teitür Thórdarson (9 buts en D2 la saison précédente), Ibrahim Aoudou, l'espoir Bernard Casoni ou Patrick Revelli. Jean-Marc Guillou, l'entraineur ascéiste, va devoir improviser pour renforcer toutes les lignes de son équipe, à commencer par la défense. Deux noms sont envisagés : le voisin monégasque Thierry Ninot, mais, surtout, Nenad Stojković, stoppeur du Partizan Belgrade, qui poussera coach Guillou à se rendre en Serbie, avant de déprimer face au prix du futur joueur… de Monaco. Malgré l'arrivée de Gérard Bacconnier, Cannes a besoin d'un taulier. Mais le club a surtout besoin de rêver. Et, quitte à fantasmer, autant voir les choses en grand. En orange, même.

« Quand Ruud Krol signe, je ne comprends rien ! »

Le mercato avance et les dirigeants cannois veulent tenter un gros pari. Celui de recruter Ruud Krol, double finaliste de la Coupe du monde, triple vainqueur de la Ligue des champions, troisième au Ballon d'Or 1979, l'un des meilleurs défenseurs de la planète et dieu vivant à l'Ajax, mais surtout à Naples. « Tout part d'un ami commun : Dick van Dijk, note Richard Conte, directeur général de l'AS Cannes à l'époque. Ils ont joué ensemble à l'Ajax Amsterdam *(1969-1972)* et il lui a conseillé de rallier la Côte d'Azur *(van Dijk a porté les couleurs de l'OGC Nice*

entre 1972 et 1974). Il m'appelle et me dit : ‹ Ruud va quitter Naples. › » Le Batave est une idole au pied du Vésuve, mais l'arrivée de Diego Maradona pousse le club napolitain à trouver une porte de sortie à son défenseur en raison du quota autorisé de joueurs étrangers dans les clubs. Mais comment cette gloire du ballon rond, même à 35 ans, va-t-elle s'engager dans un club de deuxième division française ?
Si Richard Conte esquisse une légère grimace lorsqu'on lui souffle le tuyau de van Dijk, l'homme à tout faire du club cannois ne va pas lâcher l'affaire. Et tout s'accélère… Après un premier entretien dans les locaux de la SEREL, l'entreprise du président Francis Guillot, et une récolte de fonds auprès de certains supporters, deux questions sont au centre des tractations : combien coûte « Rudi » Krol et vient-il profiter des belles Françaises et du soleil pour terminer sa carrière avec ses Ray-Ban sur le nez ? Fin juin, un contrat de trois ans est signé. Le Néerlandais touchera environ 15 000 francs par mois et quelques primes. L'heure est à la satisfaction, mais également à la stupéfaction. « Quand Krol signe, je ne comprends rien ! », se souvient Éric Goiran, alors secrétaire général adjoint délégué au sportif de l'AS Cannes. « C'était une vraie surprise. J'ai croisé Jean-Luc Lagardère quelques jours après lors d'un match face au Matra et il avait l'air admiratif. C'était un événement. Aucun joueur de ce standing n'avait porté les couleurs de l'ASC jusqu'ici… », se félicite Richard Conte.
Dans le cadre de ce transfert, Cannes affronte Naples, en Sicile, pour célébrer l'arrivée d'El Pibe de Oro et remercier Ruud Krol. Pendant que « Jeannot » Fernandez se décarcasse pour museler Diego Maradona, le Néerlandais soigne une otite en France et est incapable de prendre l'avion. Pas de bol. Biberonné aux débauches de la bande à Johan Cruyff, Ruud Krol est un ange sur la Croisette. *Oranje qualität* !

« CE N'ÉTAIT PAS LA ROCK STAR ANNONCÉE, CELLE DE LA GÉNÉRATION REBELLE DE CRUYFF. ET C'ÉTAIT SURTOUT UN BON ET BEAU MEC »

Des Italiennes se peignent « Ruud, reviens ! » sur le corps

Latéral gauche reconverti stoppeur, Ruud Krol fait partie du carré magique de l'Ajax Amsterdam aux côtés des Cruyff, Neeskens et Rep. Dans une période bercée par la génération pop rock, Rudi est un canon de beauté, un esthète aux cheveux mi-longs qui réinvente son poste. Roc en temps voulu, relanceur émérite et adepte des chevauchées envoûtantes, c'est une star complète qui enchante la Côte d'Azur. Krol portera les couleurs de l'AS Cannes à 63 reprises en D2. Suffisant pour replacer le club cannois dans le paysage de la deuxième division, mais pas assez pour retrouver l'élite (objectif atteint en 1987, un an après le départ de Rudi). Une pige de deux ans qui a permis au Batave de charmer tout un club, une ville, et d'impressionner Gilbert Chamonal, dirigeant historique de l'ASC : « Ce n'était pas la rock star annoncée, celle de la génération rebelle de Cruyff. Et c'était surtout un bon et beau mec… Les filles l'aimaient bien. » Mais, avant de charmer les Françaises, ce sont les Italiennes qui sont nostalgiques de la crinière de Ruud Krol. Certaines se pointent même au vieux stade Maurice-Chevalier, où s'entraînent les Cannois, avec des « Ruud, reviens ! » peints en italien sur le corps…
Mais le défenseur n'est pas à la retraite. L'homme est concerné. Investi. Un tombeur au comportement toujours irréprochable et qui a contaminé tout un club. « Il parlait déjà trois ou quatre langues et a rapidement appris le français, ajoute Gilbert Chamonal. Sur le terrain, c'était un patron *(la patte dure de Rinus Michels sûrement)*, dans le vestiaire également, aucun état d'âme, pas un mot plus haut que l'autre. Le pauvre, lui qui a connu les plus beaux stades du monde, il se déplaçait en bus à Louhans-Cuiseaux, Montceau-les-Mines ou Saint-Dier… Douze ou quatorze heures de route, on jouait le match, on prenait la douche, on rentrait à cinq ou six heures du matin à Cannes. » Sans jamais broncher ni jouer les starlettes, Krol a surtout montré l'exemple, loin d'une réputation qui aurait pu nuire au vestiaire. À son arrivée, il déclare à *Nice-Matin* : « J'ignore ce que la Division 2 représente, même si je crois que ce sera beaucoup plus dur. C'est évident, la différence sera énorme. Là-bas *(à l'Ajax)*, on évoluait devant

60 000 spectateurs. Il ne faut pas que les gens puissent m'accuser d'être ici en vacances.» Et personne ne pourra le prétendre. Son charisme dépasse largement les limites du rectangle vert. «Dans le bus, il était assis à côté du chauffeur, avec son walkman de l'époque vissé sur la tête, chemise impeccable et sa veste toujours soignée. C'était toujours le premier à descendre du bus, à se déshabiller et partir en décrassage», sourit Éric Goiran, la voix admirative.
Et sa vie privée, alors? Lui, l'idole des femmes et star mondiale dix ans auparavant avec la sélection néerlandaise. Quelle était l'adresse de son palace avec vue sur la mer? Détrompez-vous, Krol est un modeste.

«IL ENFILAIT UN PEIGNOIR ET IL SE SIFFLAIT UNE OU DEUX BIÈRES»

Sa seule exigence était simple: un appartement meublé de minimum 100 m². Point barre. Ruud Krol ne souhaitait pas se prendre la tête à rapatrier ses meubles de Naples: le confort et le pratique avant tout. Le joueur déniche la perle rare au Cannet, village situé à quelques encablures du centre-ville cannois. «Il adorait la vie de centre-ville. Tous les matins, avant l'entraînement, on allait boire un café, raconte Éric Goiran. Il voulait un endroit calme, sécurisé, pour pouvoir accueillir sa femme quelques mois plus tard.» Si la génération Cruyff pouvait rimer avec «teuf», Ruud Krol détonne. C'est un grand solitaire qui sait mener sa barque, tranquillement. «Rudi, c'était café, entraînement, maison. Rien de plus. Il ne squattait pas les restaurants à la mode, on ne le voyait jamais dehors. Il avait un rituel après chaque entraînement ou match: avant d'aller à la douche, il enfilait un peignoir et il se sifflait une ou deux bières. Et la petite sœur suivait après la douche. Pour le reste, rien à signaler.»
Au volant de son Audi Quattro, Ruud Krol laissait voler sa crinière blonde aux yeux du grand public le temps d'allers-retours à la banque pour quelques placements financiers. Le Néerlandais n'aura donc pas secoué la Croisette ni enflammé les nuits azuréennes.

À Cannes, il nage dans le bonheur. Sans faire de vagues. Deux années avec « une attitude irréprochable, respectée et saluée par tous les adversaires », insiste l'ancien secrétaire général de l'ASC. Au terme de la saison 1985-1986, bis repetita pour Rudi. Le défenseur est sommé de partir car la direction souhaite engager le Bosnien Boro Primorac, ancien joueur du LOSC, en D1. Clap de fin pour l'homme aux trois Ligues des champions (1971, 1972 et 1973 avec l'Ajax), resté deux ans en Rouge et Blanc. Vingt ans plus tard, le « Roc » néerlandais retrouvera ces mêmes couleurs sur un banc de Ligue 2 : celui de l'AC Ajaccio (2006-2007).

SUR LE BANC, KROL

Alors entraîneur adjoint de l'Ajax Amsterdam, « Rudi » Krol va retrouver le sud de la France lors de l'été 2006. La Corse - le banc de l'AC Ajaccio plus précisément - lui tend les bras. Après une saison 2005-2006 compliquée en Ligue 1 et une relégation à la clé, le club acéiste tente le pari batave pour retrouver rapidement l'élite du football français. Le CV de Krol l'entraîneur est nettement moins clinquant que son passé de joueur. Après une expérience en Belgique (au FC Malines) et en Suisse (Servette Genève) et plusieurs aventures en Égypte, le Néerlandais est donc de retour sur les terrains de deuxième division française. « Nous voulions un staff en mesure de tenir un autre discours, de porter un autre regard sur le groupe », déclarait Michel Moretti, alors président de l'ACA. Mais rien ne bouge. Cela empire même. Avec un effectif amputé par douze départs (Stéphane Trévisan, Kaba Diawara, André Luiz, Rafik Saïfi, entre autres), les stars ne se bousculent plus. Au rayon des têtes connues, Kamel Chafni a planté ses cinq buts en deux ans, Grégory Lacombe parvient à se faire remarquer par Montpellier, qui le recrute en fin de saison, et Yohan M'Vila, le frère de Yann, vient chatouiller notre curiosité. Après avoir voyagé entre la 9e et la 13e position au classement, l'ancien Cannois devra se contenter d'une ennuyeuse 12e place sans relief en fin de saison (et deux défaites face au Sporting Club de Bastia dans les valises : 1-0 à domicile, 4-1 à Bastia) malgré les 14 buts de Jean-Jacques Mandrichi. L'héritage de Krol sur le banc ajaccien est quasi néant. La montée loupée, le feu oranje passe logiquement au rouge. Son contrat de deux ans sera rompu après quelques mois seulement sur le banc de l'ACA. Gernot Rohr débarque à l'été 2007, sans grande réussite.

ANGERS

Le SCO – 38 saisons en Ligue 2 – a sustenté sa légendaire « dalle angevine » en se hissant à six reprises en première division, avec notamment deux sacres, en 1969 et 1976.

LES LETTRES DE MON MOULIN

Six saisons comme joueur. Quatre comme entraîneur. La Ligue 2 et le SCO d'Angers ont un point en commun : le poète Stéphane Moulin.

A
comme **Angers**

« Je suis arrivé très jeune à Angers. J'avais été recommandé par mon entraîneur de l'époque à Plaisir *(en banlieue parisienne)*. J'étais ramasseur de balles. Le SCO était en D1 et jouait face à Saint-Étienne. J'ai rendu le ballon à Platini. C'est un merveilleux souvenir. À l'époque, les installations étaient catastrophiques. Le club n'avait rien à lui, tout appartenait à la ville. On s'entraînait au Parc des Sports de La Baumette sur un terrain de rugby et on se changeait dans des préfabriqués. »

H

comme
Henri Atamaniuk

« C'est Henri Atamaniuk qui m'a lancé dans le grand bain comme joueur lors de la saison 1984-1985. Mon arrivée chez les pros a été très atypique. J'étais scolarisé au lycée Chevrollier. Je ne m'entraînais jamais avec les pros, mais je partais jouer les matchs avec eux. Aujourd'hui, ce serait impensable. Henri venait me chercher en voiture au lycée pour m'emmener sur les terrains. En D2, le SCO était en difficulté et il a décidé de me donner ma chance. À 17 ans. »

C

comme
Châteauroux

« Mon premier match en pro, le 24 novembre 1984 *(2-0, buts de Melhi et Falette)*. Quand j'ai su que j'allais jouer, ce n'était que du bonheur. Mes parents avaient fait le déplacement. C'était un rêve. Le coach prenait un risque en lançant un gamin, mais l'équipe allait tellement mal que ça ne pouvait pas faire de mal. Le match suivant, il a voulu redonner confiance aux anciens et ça s'est très mal passé. Défaite 9-0 face à Mulhouse. *Le Courrier de l'Ouest* avait titré : ‹ Avec du 9, on fait du vieux. › J'avais trouvé ça drôle… Au match retour, on en a passé six à Châteauroux, doublé de Patrick Rey. C'était mon premier carton. »

G

comme
Guillou

« On m'a beaucoup comparé à l'époque à Jean-Marc Guillou *(ancien joueur du SCO entre 1966 et 1975)*. J'étais un numéro 10 à l'ancienne qui jouait juste derrière l'attaquant. Un meneur de jeu assez technique et pas très grand. Précoce. J'étais capable de dribbler et faire marquer les autres. C'était ça, mon registre. »

S

comme
Sauvaget

« En 1985, le club n'avait pas d'argent et a lancé des jeunes de la région comme Patrice Sauvaget, Pascal Grosbois et moi. Ça n'a pas été de belles années, mais on a eu le mérite de sauver le club dans un Championnat très compliqué. Patrice, c'est mon meilleur pote. On a démarré ensemble. Aujourd'hui, et depuis de nombreuses années, il bosse avec moi. C'était un attaquant malin, bon finisseur, mais qui n'était pas très rapide. Un joueur très rusé. Il tirait profit de chaque situation et la moindre opportunité finissait au fond des filets *(Sauvaget termine meilleur buteur du club de 1986 à 1989)*. »

D

comme
Découverte

« En 2011, je deviens coach du SCO. Tous les joueurs de L2 qu'on recrute à l'époque, comme Charles Diers, ont de gros caractères. Pour réussir dans ce Championnat, il en faut. Ma première saison est particulière. Pendant la préparation, on est rétrogradés en National… Quinze jours plus tard, on est réintégrés mais avec interdiction de recruter. Pour des débuts, ce n'est pas évident. On a un creux terrible après la trêve et, au club, on se demande si je suis l'homme de la situation. Sur les dix derniers matchs, on prend vingt points et ça valide ma première saison de coach sans avoir pu construire mon groupe. »

K

comme

Keserü et Kodjia*

« Deux buteurs complètement différents. Claudiu *(Keserü)* était un joueur fin, très bon dans le jeu combiné et qui sentait le football grâce son intelligence et son anticipation. Il avait une frappe de balle délicieuse avec un super pied gauche. Jonathan *(Kodjia)* est un intuitif. Très puissant et capable de faire des différences. Un joueur d'instinct. En 2015, il a gagné des matchs à lui tout seul. Après la trêve, on gagne 3-1 contre Nancy... Triplé de Jonathan. Il prend le ballon et il part marquer tout seul... Tu ne le revois jamais. Il pouvait faire des choses extraordinaires. »

* Claudiu Keserü, meilleur buteur du SCO en 2011 (10 buts) et 2013 (17 buts), et Jonathan Kodjia, meilleur buteur du SCO en 2015 (15 buts).

B

comme

Boufal

« 2014-2015. Avant la trêve, on prend une fessée à domicile contre Troyes *(3-0)*, on se fait sortir en Coupe à Dinan *(2-1)* et Sofiane Boufal part à Lille. Personne ne croit en nous. On est loin du podium. Le club recrute Jean-Jacques Pierre en défense, Thomas Mangani et Axel Ngando. On perd une grosse individualité, mais on récupère trois joueurs qui bonifient notre effectif. La deuxième partie de saison est magnifique et on oublie les six premiers mois qui étaient vraiment durs. C'est pour ça que le football est formidable. Mais, moi, je n'ai pas oublié. »

P

comme

Penthièvre

« Le stage commando à Penthièvre en 2015 ? Un truc de fou. Je ne suis pas forcément chaud au départ, mais je me dis ‹ pourquoi pas ? ›. On récupère tous les portables. Les joueurs ne sont pas au courant de la destination. Ils dorment dans des dortoirs et, pendant 48 heures, nous devenons des militaires. On fait beaucoup d'exercices collectifs et les gars se surpassent. L'idée était de transcender tout le groupe. Et, lors du premier match après la trêve, on explose Nancy *(3-1)*. Déclic. »

N

comme

Nancy, Nîmes et Ngosso

« Avant-dernière journée de la saison 2014-2015, à Nancy. Si on perd ce match, on est cuits. On fait un match héroïque *(0-0)*, plein de souffrance. On a les cartes en main pour la dernière journée face à Nîmes. Je me souviens avoir dit aux joueurs : ‹ Le plus dur est fait. › Je savais qu'on allait gagner ce dernier match et monter. Impossible que ça se passe autrement. Ce jour-là, la ville est en ébullition avec des écrans géants dans la ville. Guy Ngosso nous délivre *(score final 3-0, doublé de Sacha Clémence)*. C'est un garçon très positif, qui croit toujours que tout va bien se passer. Il ouvre le score et ce n'est pas un hasard. Je le revois à genoux, les bras en croix... C'est la force de caractère qui a parlé. J'ai un petit regret sur la fête et le partage avec les joueurs. On est allés dans un endroit bondé à Angers. On n'a pas pu profiter les uns des autres. »

ÉQUIPE TYPE **ANGERS**

ATTAQUANTS

Christophe **LAGRANGE**

1988 - 1994

Raymond **KOPA**

1949 - 1951

Marc **BERDOLL**

1968 - 1976
1980 - 1982

MILIEUX

Jean-Marc **GUILLOU**

1966 - 1975

Albert **POLI**

1965 - 1974

Olivier **AURIAC**

2007 - 2016

DÉFENSEURS

Vincent **MANCEAU**

2008 - ...

Romain **THOMAS**

2013 - ...

Patrick **BRULEZ**

1972 - 1980

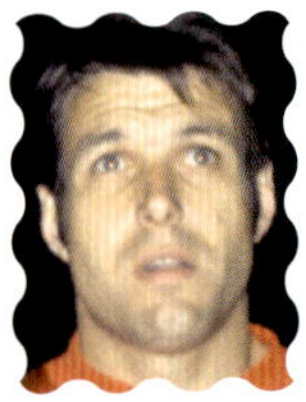

Pierre **BOURDEL**

1963 - 1975

GARDIEN

Ulrich **RAMÉ**

1991 - 1997

Christophe LAGRANGE

Meilleur buteur de l'histoire du SCO (125 buts) et meilleur buteur du groupe B en 1990-1991 – dans une D2 à deux groupes « où tous les matchs étaient des combats » – au sein d'une équipe de potes (Laurent Viaud, Cédric Daury…) qui retrouva la D1 en 1993, après douze ans d'absence.

Jean-Marc GUILLOU

Si Angers détient le record de buts marqués en un Championnat tous clubs professionnels confondus (128 en D2 1968-1969), il le doit notamment à Guillou. Avec Dogliani et Deloffre, il réalise une saison extraordinaire… suivie de bien d'autres, récompensées par le trophée de « joueur du siècle » du SCO, en 2009.

Raymond KOPA

Deux saisons suffisamment marquantes pour mériter un stade à son nom. Le Ballon d'Or 1958 fit ses débuts professionnels à Angers, marqua un doublé pour son premier match à domicile, puis réalisa son rêve : rejoindre Reims. Avec le Real Madrid, il devint le premier Français vainqueur de la Coupe d'Europe des clubs champions.

Albert POLI

Complément idéal de Guillou au milieu, le Franco-Italien disputa 286 matchs de Championnat avec le SCO, avant de rejoindre le PSG entraîné par Just Fontaine. Un tir puissant, précis, et la courtoisie incarnée, comme son nom l'indique.

Marc BERDOLL

Cheveux longs, petite moustache, Berdoll a marqué les années 1970. Un prodige, auteur de 29 buts à 21 ans en 1974, meilleur buteur et champion de D2 1976, puis sélectionné pour le Mondial 1978. « Toute ma vie, j'ai été bringueur. Je fumais, j'aimais bien boire. Les entraineurs me comprenaient. » Rock'n'roll, baby.

Olivier AURIAC

L'inventeur de la « dalle angevine ». Après une victoire au forceps (1-0) sur la pelouse du Gazélec, en 2012, Auriac lance son cri de guerre dans le vestiaire : « C'est ça, les gars, on a la dalle, on a la dalle angevine ! » Un buzz sur Twitter fera le reste.

Romain THOMAS

Révélé à Carquefou, Thomas dispute deux saisons pleines en Ligue 2 puis monte en L1 en 2015, une année où Jonathan Kodjia inscrit 15 buts. Il formera avec Ismaël Traoré une défense infranchissable et deviendra capitaine de l'équipe.

Patrick BRULEZ

Angers n'a disputé l'Europe qu'en 1973 : élimination au premier tour de la Coupe de l'UEFA face au Dynamo Berlin. Brulez n'était pas là. Un regret. Il sera en revanche des deux montées, en 1976 et 1978. « Papi » – son surnom, lié à *Papillon* de Henri Charrière, le bestseller de l'époque – a fait de la résistance.

Vincent MANCEAU

Manceau accepte de se décaler à gauche pour les besoins de notre équipe type. Car Vincent, né et formé à Angers, est un serviteur du club, titulaire depuis 2010-2011. En Ligue 1, il n'y a pas plus fidèle. Je comprendrais tout à fait que ma femme me quitte pour lui…

Ulrich RAMÉ

Avec René Gallina (1965-1973), Jean-Marie Aubry (1988-1995) ou Ulrich Ramé, Angers a souvent pu compter sur de bons gardiens. En 1993, contre Gueugnon, Ramé assiste du banc aux buts de Daury et Lagrange, décisifs pour la montée.

Pierre BOURDEL

De ses 471 matchs disputés avec le SCO (un record), Bourdel retient le titre de champion de D2 1969 et les victoires contre Marseille en Coupe de France (au Parc des Princes) et en Championnat sur le même score (5-0), en 1966-1967.

LES MILLIONNAIRES D'ANGERS

→ *Fred Aston et André Simonyi.*

Imaginez une pléiade d'internationaux évoluant sous le même maillot d'un club de deuxième division. Vous l'imaginez, c'est bon ? Ce fut le pari d'Angers durant la saison 1946-1947.

« Fred » Aston : 31 sélections nationales, deux Coupes du monde disputées, un père jockey, une petite taille (1,65 mètre), des dribbles et des feintes qui lui permettent de franchir les obstacles dans un style caractéristique de l'époque. André Simonyi : attaquant de 32 ans à la frappe de balle surpuissante, international français, ne boit pas, ne fume pas et s'entraîne pieds nus. En 1946-1947, ils sont les fers de lance du recrutement angevin, en compagnie de l'attaquant international argentin Randolfo Cisneros et de l'Espagnol « Cheché » Martín. La saison précédente, le stade d'Angers avait reçu la visite de Larbi Ben Barek, membre d'une autre équipe de stars, le Stade Français du mythique coach Helenio Herrera. Une défaite 3-0 mais un succès populaire – 14 000 spectateurs – qui pousse le club à procéder à une campagne de recrutement galactique.

ON CRITIQUE LES LONGS VOYAGES EN TRAIN LA VEILLE DE RENCONTRES IMPORTANTES

Les dirigeants empruntent, lèvent des hypothèques, lancent des souscriptions auprès des entreprises et financent l'arrivée de Fred Aston contre 900 000 anciens francs. Le 2 février 1947, débarque son ami Simonyi pour 1,8 million d'anciens francs, environ l'équivalent de 103 000 euros actuels. Les avants angevins se sont connus au Red Star. Ils inscrivent respectivement 13 et 18 buts en six mois. Ils sont décisifs contre Douai (3-1), Perpignan (7-1) ou encore Antibes (8-2), des scores qui sentent bon le football en noir et blanc.

À Angers, ça sent surtout l'inflation : les places les plus chères passent à 150 francs. Ils sont pourtant 10 400 contre Troyes (3-0, le 9 février, doublé de Cisneros et pion de Martín). Les spectateurs se pressent pour suivre « l'équipe des Millionnaires », comme la surnomment avec ironie les journaux parisiens. Aston et Simonyi vivent à Paris et ne retournent sur les bords de la Maine qu'à l'occasion des matchs. À Angers, les langues se délient. Leurs salaires font parler. Dans la même situation, de nos jours, BFM TV enverrait un stagiaire devant le Parc des Princes et un passant s'écrierait : « De t'façon, les footballeurs, y sont trop payés. » Sous la plume d'Yves Donor, journaliste sportif au *Courrier de l'Ouest*, cela donne : « Les vedettes et les noms ne paient pas si la foi ne les porte pas. » On critique les longs voyages en train la veille de rencontres importantes. Contre Alès, Simonyi manque un penalty, le quatrième de la saison. Angers remporte 14 de ses 22 derniers matchs, mais les nombreuses défaites concédées durant la phase aller, avant l'arrivée des stars, les privent de la montée. Sochaux et Alès, 1er et 2e, détroussent les nouveaux riches.

Troisièmes, les Millionnaires terminent seulement 7es l'année suivante. L'augmentation de la masse salariale a rendu les finances exsangues. Il faut dégraisser. Simonyi rejoint Aston, parti au Stade Français, en décembre 1947 et les vedettes étrangères migrent vers d'autres cieux, laissant la place aux jeunes. La roue des Millionnaires a fini de tourner.

LE ONZE DES PLUS GROS TRANSFERTS DE LIGUE 2

ATTAQUANTS

Silas
WAMANGITUKA

Tino
KADEWERE

MILIEUX

Lucas
OCAMPOS

Bryan
MBEUMO

Alexis
CLAUDE-MAURICE

Mattéo
GUENDOUZI

DÉFENSEURS

Harisson
MARCELIN

William
BIANDA

Ferland
MENDY

Nabil
DIRAR

GARDIEN

Brice
SAMBA

Silas **WAMANGITUKA**

La Bundesliga aime les attaquants jeunes et rapides. Marcus Thuram (Guingamp) ou Wamangituka (Paris FC) ont migré en Allemagne. Le Congolais s'éclate à Stuttgart.

8 M€

Tino **KADEWERE**

Le joueur le plus cher de l'histoire du Championnat est zimbabwéen. Meilleur buteur de la saison 2019-2020, le Havrais Tino Kadewere a opté pour Lyon. L'ancien joueur de Djurgårdens avait rejoint le HAC pour 2 M€, une belle somme à l'échelle de la L2.

14 M€

Lucas **OCAMPOS**

En 2012, l'AS Monaco recrute Ocampos à River Plate en échange de 13 M€, record de transfert pour un club de L2. Au bout: le premier titre de champion de l'histoire de l'ASM dans cette compétition.

13 M€

Alexis **CLAUDE-MAURICE**

Claude-Maurice a mis six mois à s'adapter à la Ligue 1. L'ancien Lorientais avait rejoint Nice en 2019 après une saison à 14 buts, récompensée par une sélection dans le onze type de l'année.

13 M€

Mattéo **GUENDOUZI**

Arsenal n'a pas hésité à débourser 8 millions d'euros pour s'offrir le milieu de Lorient en 2018. Un canular? Non, non: les Gunners savent parfois bien recruter. Guendouzi a depuis été appelé en équipe de France.

8 M€

Bryan **MBEUMO**

My tailor is rich. Very Rich. Remercions les droits TV du football anglais de sauver financièrement la plupart de nos clubs français: le Troyen Bryan Mbeumo, acheté par Brentford en 2019, en est l'exemple.

6,5 M€

Ferland **MENDY**

Le centre de formation du Havre a vendu cher Rafik Guitane à Rennes et Lys Mousset à Bournemouth mais 5 M€ pour un défenseur, c'est rare, même lorsqu'il se nomme Ferland Mendy. Le Lyonnais est désormais au Real Madrid.

5 M€

Harisson **MARCELIN**

Un investissement. Acheté par Monaco en janvier 2019, l'ancien Auxerrois Marcelin n'a pas encore percé en équipe première, mais il est encore trop tôt pour en faire tout un fromage.

10 M€

William **BIANDA**

Varane n'ayant jamais joué en L2 avec Lens avant son départ au Real Madrid, c'est William Bianda qui intègre ce onze grâce à son transfert à la Roma, en 2018. Formé à la même école que Duverne, Bellegarde et Chouiar.

6 M€

Nabil **DIRAR**

En 1984, Diego Maradona signait au FC Barcelone pour 5,6 millions d'euros (selon l'Observatoire du football CIES). Pour 400 000 euros de plus, les Catalans auraient pu s'offrir Nabil Dirar. Frustrant. Le polyvalent monégasque fut acheté à Bruges en 2012.

6 M€

Brice **SAMBA**

Ça Samba et ça revient: après avoir connu la L1 avec Caen, Brice démarre la saison 2019-2020 à l'étage inférieur, plus de trois ans après ses débuts en Ligue 2 avec Nancy. Mais Nottingham Forest obtient finalement sa signature au mois d'août.

2,1 M€

GRENOBLE

Au pic de la D2 dans les années 1960, le club des Alpes tient le choc malgré quelques avalanches.

NASSIM AKROUR : « AU STADE DES ALPES, ON TUAIT TOUT LE MONDE ! »

Meilleur buteur grenoblois entre 2005 et 2008, Nassim Akrour a amené le club des Alpes jusqu'au sommet : la Ligue 1.

JAMAIS AKROUR DE BUTS…

2005-2006
12 BUTS

2006-2007
12 BUTS

2007-2008
13 BUTS

Comment s'est passée votre arrivée dans les Alpes?

C'est Thierry Goudet qui m'a fait venir. Je ne savais pas situer Grenoble sur la carte. Je ne connaissais rien de la ville *(rires)*. Je marque dès mon premier match *(le 11 janvier 2005)* face à Niort *(victoire 5-1)* sur un centre de Gaël Danic. Je ne m'attendais vraiment pas à un tel engouement de la part des supporters. Je plante deux buts lors de mes deux premiers matchs, alors que j'étais en galère au HAC, avec qui j'en avais marqué autant tout au long de la phase aller. David De Freitas, Gaël Danic, Bertin Tokéné, Egutu Oliseh, le capitaine Julien François…: tout le monde m'a bien accueilli. David était tellement fort techniquement, très à l'aise avec le ballon et un super passeur. Que ce soit sur le terrain ou en dehors, c'était un très bon mec.

En 2006-2007, vous manquez la montée de peu sous les ordres d'Yvon Pouliquen…

J'ai été blessé deux mois. Ça m'a tué. On était dans les trois premiers et perdre son attaquant, ça fait mal. Et même Yvon *(Pouliquen)* l'a avoué. Il y avait une équipe type et quand tu fragilises son ossature pendant deux mois, c'est difficile. Avec lui, j'avais une relation exceptionnelle. Il était proche de ses joueurs et, tactiquement, c'était beau à voir. C'est dommage d'avoir raté la montée.

C'est finalement Mecha Bazdarević qui vous y conduit la saison suivante. Quel était son style?

De la technique. Toujours. Mais, contrairement à son passé de meneur de jeu, il voulait mettre en place une rigueur défensive. Je pense qu'il a profité du travail d'Yvon Pouliquen. Les patrons du vestiaire comme Grégory *(Wimbée)*, Kamissoko ou moi, nous sommes restés et c'était très important. Mecha a eu l'intelligence de construire l'équipe autour de ces cadres. Les nouveaux ont apporté ce qui avait sûrement manqué la saison précédente.

Vous êtes sixièmes à la trêve, à un point du podium, mais en ayant perdu face aux gros du Championnat…

On n'était pas bien lors des matchs allers. Mais le déclic, c'est le nouveau stade, personne ne peut dire le contraire! On n'a pas perdu un match au stade des Alpes. On tuait tout le monde. Même le maillot a changé. On gagne 2-0 face à Clermont pour le premier match. Je marque, Franck *(Dja Djédjé)* aussi, toujours les deux mêmes *(23 buts cumulés)*, devant presque 20 000 personnes. Clermont était une grosse équipe, mais la pelouse était toute neuve. Désolé pour eux, mais on leur a marché dessus! Méconnaissables. C'est le déclic… Il y a aussi eu ce match à Reims. On mène 3-0; puis ils égalisent à l'heure de jeu et Larsen *(Touré)* marque le but de la victoire. On a pris conscience de nos qualités et prouvé que l'on avait une grande équipe.

LES HÉROS DE 2008

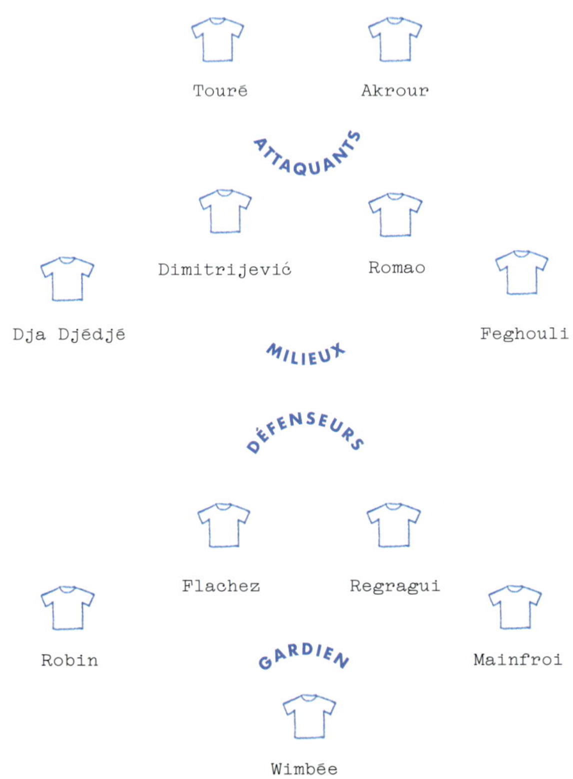

« JE NE SAVAIS PAS SITUER GRENOBLE SUR LA CARTE »

33e journée : vous grimpez sur le podium après une victoire face à Niort (3-1).

Je m'en souviens très bien. Je marque trois minutes avant que Denis Tsoumou me fasse un gros trou dans le mollet sur un tacle. Deux journées avant, j'avais marqué contre Troyes *(2-0)*, un de mes anciens clubs, et on était revenu à deux points du podium. On les avait défoncés alors qu'on avait douze points de retard ! J'ai joué les deux derniers matchs de la saison, notamment le 0-0 face à Châteauroux qui nous assure la montée.

Quels souvenirs gardez-vous de ce match face à la Berrichonne ?

C'était n'importe quoi. On avait un point en poche, Châteauroux était sauvé. Plus personne n'allait chercher le ballon. Le coach a insisté sur notre solidité à domicile. Ce n'était pas un gros match, mais tout le monde s'en fout finalement. C'était jackpot et guinguette toute la semaine suivante. On allait à Sedan pour le dernier match *(défaite 2-1)*, j'ai marqué rapidement, mais on était éclatés. On n'avait pas dormi de la semaine, on ne faisait que des jeux à l'entrainement. Il ne fallait pas nous parler de séances physiques. Greg' *(Wimbée)* jouait dans le champ avec nous... Au niveau émotionnel, je n'oublierai jamais cette saison.

ÉQUIPE TYPE **GRENOBLE**

Olivier **GIROUD**
2005 - 2007

ATTAQUANTS

Zdenek **NEHODA**
1984 - 1986

Nassim **AKROUR**
2005 - 2010
2013 - 2016

Gustavo **POYET**
1988 - 1990

Plamen **MARKOV**
1987 - 1990

MILIEUX

Sofiane **FEGHOULI**
2006 - 2010

Youri **DJORKAEFF**
1984 - 1989

Louis **DESGRANGES**
1956 - 1969

DÉFENSEURS

Milivoje **VITAKIĆ**
2007 - 2010

Gérard **FOSSOUD**
1958 - 1967

GARDIEN

Bruno **GUIGUET**
1977 - 1989

Olivier
GIROUD

Deux champions du monde 2018 ont évolué à Grenoble : Florian Thauvin, l'espace de 3 rencontres, et Olivier Giroud, régional de l'étape. Il gagna la confiance de son formateur-entraineur Bernard Blaquart et entra régulièrement en jeu, même s'il dut rallier Istres pour exploser.

Zdenek
NEHODA

Un monstre : 90 sélections en équipe de Tchécoslovaquie et un Championnat d'Europe remporté en 1976. En fin de carrière, Nehoda se laisse convaincre par son coéquipier Anton Ondrus (Thonon) : lui aussi veut découvrir la France ! Le Platini tchécoslovaque marquera 24 buts en D2.

Nassim
AKROUR

Le meilleur buteur de l'histoire du club (110 buts) était de la victoire 4-0 face au PSG, le 27 avril 2010. Une saison où Grenoble perdit consécutivement ses 12 premiers matchs. On était mieux en L2. Après la descente, l'international algérien signa à Istres, avant de retrouver les gradins dauphinois en CFA. Avec la patate.

Gustavo
POYET

Ceux qui suivent la carrière de l'ex-entraineur bordelais ne seront pas étonnés de ce 3-4-3 bancal mais riche en talents offensifs. Avant de briller à Saragosse puis Chelsea, l'Uruguayen rencontra des difficultés en Isère : « Les huit premiers mois ont été les plus durs de ma vie. J'ai marqué quelques buts, mais je n'ai pas été bon. »

Plamen
MARKOV

Un leader technique et mental, qui deviendra entraineur-joueur du club. Dans les années 1980, avec l'international bulgare en 10, Grenoble a obtenu plusieurs places d'honneur dans une D2 très relevée, avec notamment l'OM ou l'OL : 8e en 1983, 7e en 1984, puis 9e en 1988.

Sofiane
FEGHOULI

Sa deuxième saison en L2, celle de la montée, a révélé l'Algérien de 18 ans. Ses passes décisives dans le jeu et sur coups francs ont permis à Grenoble de refaire son retard sur Troyes à partir d'avril 2008 et de la victoire (2-0) contre les Aubois.

Louis
DESGRANGES

Grenoble remporta deux titres de champion de D2 dans les années 1960. Les deux fois avec Louis Desgranges. En 1960 et 1962, cette légende du club – 403 matchs disputés, un record – écrivit les plus belles pages du football isérois.

Youri
DJORKAEFF

« The Snake » a disputé 91 matchs de L2 au début de sa carrière, 56 avec Grenoble. « Il avait 16 ans, tirait les coups francs et les pénos. On se doutait qu'il deviendrait un très bon joueur, raconte Bruno Guiguet. Il portait le brassard, même si ce n'était pas un meneur d'hommes. »

Milivoje
VITAKIĆ

L'international serbe (2 sélections) prit part à la montée en 2008 avec ses compères Maxence Flachez, Sandy Paillot et Jimmy Mainfroi, avant d'enchainer sur une belle 13e place en Ligue 1. Une division fréquentée quelques années plus tôt sous les couleurs lilloises.

Bruno
GUIGUET

177 matchs en deuxième division, dont une symphonie contre Martigues : quatre arrêts à bout portant, un penalty arrêté, la baraka de la 1re à la 90e minute et une victoire 2-1. « À la fin du match, les adversaires me félicitent. »

Gérard
FOSSOUD

Novembre 1960 : alors que Dalida s'apprête à conquérir le hit-parade avec « Itsi bitsi, petit bikini », Fossoud enfile son maillot et décroche un succès de prestige face au Stade de Reims (3-2, doublé de Charles Vidal). Il compte 277 apparitions et deux titres de champions de D2.

LAVAL

**Jamais sacré en
31 saisons, le club tango
et noir alterne danses
enflammées et dérapages.
Laval de travers.**

MICHEL LE MILINAIRE, LE GUY ROUX DE MAYENNE

Nous sommes en 1968, à l'aube du nouveau Milinaire. La révolution est en marche. Michel, 37 ans, devient entraîneur de Laval. Faute de moyens, il s'appuie sur la formation et accède à la D2 en seulement deux ans. En 1971, s'élève le stade Francis-Le-Basser. En 1975, débarque Raymond Keruzoré, venu du Stade Rennais. « À l'époque, raconte le meneur de jeu, il y avait une grosse rivalité entre Laval et Rennes. D'ailleurs, quand on monte en D1, c'est la période où le Stade Rennais retrouve la D2. C'était un joli pied de nez de l'histoire. » L'histoire, Le Milinaire l'écrit en remportant le barrage aller-retour face au Red Star. « La D1 ? C'est une folie ! », lance le comité directeur. Son entraîneur craint que l'esprit amateur du club se perde à l'étage supérieur. Il est rassuré par son président Henri Bisson : « Que peut-il nous arriver de pire que de monter en D1 ? » L'argument fait mouche.

Laval se maintient en développant un jeu offensif attrayant puis participe à la Coupe de l'UEFA 1983-1984, éliminant à la surprise générale le Dynamo Kiev d'Oleg Blokhine. Michel Le Milinaire s'impose dans le paysage français. Aimé Jacquet dit de lui qu'il est le meilleur entraîneur du moment ; *France Football* lui décerne le titre de meilleur coach du Championnat en 1980 et 1984. Mais Laval, au budget limité, voit son centre de formation régulièrement pillé. Michel Le Milinaire reconstruit son équipe avec des bouts de ficelle mais finit par être relégué en 1989. Il reste pourtant fidèle au club jusqu'en 1992.

ÉQUIPE TYPE **LAVAL**

Georg **TRIPP**
1973 - 1976

Guilherme **MAURICIO**
1999 - 2006
2008 - 2009

Samuel **LOBÉ**
1994 - 1996

ATTAQUANTS

MILIEUX

Patrick **DELAMONTAGNE**
1978 - 1980
1984 - 1987

Raymond **KERUZORÉ**
1985 - 1991

Pierre **AUBAMEYANG**
1975 - 1979

DÉFENSEURS

Lionel **LAMY**
1968 - 1978

Frank **LEBŒUF**
1988 - 1991

Patrice **CARTERON**
1992 - 1994

Mickaël **BUZARÉ**
1998 - 2010

GARDIEN

Arnaud **BALIJON**
2006 - 2013

Georg TRIPP

Cet Allemand rejoint Laval en 1973 sur la demande de Le Milinaire. Avec Tripp en pointe, c'est une boucherie dans la surface : 17 buts dès sa première saison, puis un titre de meilleur buteur du groupe A la suivante (25 buts) Il participe à la montée en 1976, avant d'être poussé à la retraite, à 35 ans.

Guilherme MAURICIO

Le Gabriel Batistuta de Laval, meilleur buteur de l'histoire du club avec 96 buts, dont 80 rien qu'en Ligue 2 ! Avec, en point d'orgue, un incroyable triplé contre Amiens en 2004, lors d'un match décisif pour le maintien.

Samuel LOBÉ

En 1996, le Laval de Denis Troch échoue à 4 points de la montée en D1. Cette 4e place de D2, le meilleur classement de l'histoire récente du club, doit beaucoup aux 20 buts de Samuel Lobé. Avec 101 réalisations, le Camerounais est le 3e buteur le plus prolifique de l'histoire de la D2.

Patrick DELAMONTAGNE

Encore plus impressionnant que le mont des Avaloirs (416 m), Patrick Delamontagne (1,75 m) fut le point culminant du milieu mayennais. Un meneur de jeu à l'ancienne et aussi l'un des trois internationaux du Stade Lavallois, avec Keruzoré et le gardien Jean-Pierre Tempet.

Pierre AUBAMEYANG

International gabonais, le milieu défensif fut également... recruteur de l'AC Milan à la fin de sa carrière. Yoann Gourcuff chez les Lombards ? C'est grâce à lui. Son fils Pierre-Emerick a évolué dans la Primavera du club et revient régulièrement à Laval pour s'y ressourcer.

Raymond KERUZORÉ

Élu joueur du siècle par les supporters, le capitaine des Tangos récolte deux sélections en équipe de France mais est barré de la route du Mondial 1978 par un certain Michel Platini. Y'a pire.

Patrice CARTERON

Deux saisons pleines, tremplin d'une riche carrière passée en Ligue 1, à Rennes, Lyon et Saint-Étienne. En 1993-1994, Laval termine 7e du Championnat avec Carteron et le jeune Mickaël Pagis, formé au club, dans ses rangs.

Lionel LAMY

Capitaine du Laval époque Le Milinaire, ce libéro au fort caractère était un vrai meneur d'hommes. Il intégra le club en CFA et le mena jusqu'en première division.

Frank LEBŒUF

À 17 ans, alors en D3, Lebœuf passe une annonce dans *France Football* pour attirer l'attention des clubs pros. Trois ans plus tard, il convainc Laval de le recruter sur la foi d'une cassette vidéo. Lebœuf ne lâche rien et deviendra le leader défensif des Tangos au poste de libéro.

Arnaud BALIJON

Arnaud pose son Balijon à Laval en 2006, à 23 ans. Il en deviendra le capitaine et le gardien le plus capé (264 rencontres disputées). Vice-champion de National 2009.

Mickaël BUZARÉ

Douze années à Laval, voilà qui pose un homme. Le latéral droit détient le record du nombre de matchs professionnels joués au club (358, dont 233 en Ligue 2).

BUT À LAVAL !

Les meilleurs buteurs de Laval (D1 et D2 confondues).

Stars des multiplex radios, les attaquants du Stade Lavallois ont régulièrement figuré parmi les meilleurs buteurs des Championnats de deuxième et première division. En D2, l'Allemand George Tripp a fini en tête du groupe A en 1975 et l'Ivoirien Hamed Diallo (1999) a remporté le trophée. En 2014, le Camerounais Christian Bekamenga termine 4e à égalité avec Emiliano Sala (Niort) avec 18 buts chacun, derrière des noms prestigieux : Diafra Sakho (Metz), Andy Delort (Tours) et Mathieu Duhamel (Caen). En Mayenne, on cultive le but avec amour, saison après saison, pour en faire une spécialité locale.

1

GUILHERME **MAURICIO**

80 buts

1999 – 2006
2008 – 2009

2

UWE **KRAUSE**

55 buts

1980-1983

3

GEORG **TRIPP**

54 buts

1973-1976

PATRICK
DELAMONTAGNE

39 buts
1978 – 1980
1984 – 1987

SAMUEL
LOBÉ

32 buts
1994 – 1996

SOULEYMANE
CAMARA

30 buts
1975 – 1979

FRANCK
VANDECASTEELE

30 buts
1991 – 1994

FRANCK
BONORA

27 buts
1992 – 1994

FRANÇOIS
OMAM-BIYIK

26 buts
1987 – 1990

THIERRY
GOUDET

25 buts
1980 – 1986
1993 – 1994

JULIEN
VIALE

23 buts
2011 - 2013
2015 - 2017

DEUTSCHE QUALITÄT

Un attaquant allemand, c'est bien, c'est beau, c'est rarement moche. Outre Georg Tripp, deux Teutons flingueurs ont fait vibrer le stade Francis-Le-Basser : Uwe Krause et Erwin Kostedde (photo). Le premier marque à 55 reprises en 103 rencontres de D1 entre 1980 et 1983. Le second possède une particularité étonnante. Entre les matchs, il rejoint ses proches restés près de Hanovre et ne revient en Mayenne que pour marquer des buts, 21 au total, en une seule saison (1979-1980). Sa femme s'ennuie à Laval. Co-meilleur buteur de D1, Kostedde s'entraîne en semaine avec des amis footballeurs évoluant à Herford, en deuxième division allemande, fait Francfort-Paris en avion et se débrouille pour arriver à l'heure au coup d'envoi… avec des kilos en trop. Ex-international, le « Balotelli des Tangos » est soutenu par des coéquipiers compréhensifs qui acceptent ses passe-droits. Une autre époque.

VAFC 5 - 6 asb

LE JOUR LE PLUS **FOU !**

19 avril 2019. Valenciennes (12e) reçoit l'AS Béziers (19e), promu en détresse. Aucune promesse de spectacle sur le papier. Et pourtant…

À quelques journées de boucler sa cinquième saison consécutive en Ligue 2, le VAFC accueille l'AS Béziers, qui galère pour son baptême du feu au niveau professionnel : une victoire sur ses 18 derniers matchs et la plus mauvaise attaque de Ligue 2 (20 buts marqués en 32 rencontres). Tous les feux sont au rouge pour les Blaugranas biterrois de l'entraîneur Mathieu Chabert, ancien conseiller Pôle emploi. En face, VA est englué dans le ventre mou. Morose. Le décor est planté. Rien d'appétissant. Mais la magie de ce Championnat va s'occuper du reste…

Le début de match présage d'une nouvelle déroute pour Béziers quand Johann Ramaré, le milieu valenciennois, claque une belle volée du droit dans le petit filet de Magno Novaes. En deux minutes, Aboubakary Kanté, l'attaquant vedette de l'ASB, claque un doublé à Konaté, le portier nordiste, peu inspiré. Deux ficelles illusoires. Gaëtan Robail et Florian Raspentino renversent les Biterrois (3-2 à la mi-temps), le premier du droit, le second d'une belle panenka. En tribunes, la dizaine de milliers de courageux n'est qu'au début d'une soirée inoubliable.

À l'heure de jeu, Simon Gbegnon égalise de près. Un but qui réveille encore une fois le VAFC. Les Rouge et Blanc placent deux banderilles avant le dernier quart d'heure. À 5-3 pour les locaux, le Hainaut imagine l'affaire bouclée. C'est mal connaître son équipe, deuxième plus mauvaise défense du Championnat. En onze minutes, trois nouveaux buts sont inscrits et, de la tête, Ibrahima Savane donne un avantage définitif aux promus (5-6).

Onze buts ! C'est le match le plus prolifique de l'histoire de la deuxième division depuis l'instauration de la poule unique, en 1993, Cannes-Besançon (11-1) en 1968-1969 étant la rencontre la plus dingue de toute l'histoire de la Ligue 2. Béziers glissera en National au coup de sifflet final de la 38e journée. Tout ça pour ça ! Merci quand même…

HOLLYWOOD À BÉZIERS !

13' | 1 - 0
Johann Ramaré

18' | 1-1
Aboubakary Kanté

19' | 1-2
« Bouba » Kanté pour le doublé

23' | 2-2
Gaëtan Robail

29' | 3-2
Florian Raspentino

61' | 3-3
Simon Gbegnon

64' | 4-3
Julien Masson

74' | 5-3
Florian Raspentino

79' | 5-4
Robin Taillan

85' | 5-5
Aboubakary Kanté (pen) : le triplé !

90' | 5-6
Ibrahima Savane

ON REFAIT LE MATCH AVEC MEHDI MOSTEFA (Béziers)

Mehdi, il valait mieux le gagner ce match de dingue, non?

À un quart d'heure de la fin, c'était très dur dans les têtes. On était mené de 2 buts. Impossible de penser à la victoire. On marque l'histoire, donc tant mieux pour nous *(rires)* et tant pis pour eux. Je préfère les victoires 1-0, je vous le dis de suite… Il y avait de la joie après cette victoire, mais surtout une grosse remise en question pour nous, les défenseurs. Comprendre pourquoi on avait pris 5 buts dans la tronche. Ce n'était pas normal, surtout dans notre situation.

Que vous dit le coach Mathieu Chabert à la mi-temps, quand vous êtes menés 3-2?

Il tient un discours clair: « C'est un match fou et ça peut se terminer sur un gros score! » Le coach Chabert ne voulait plus prendre de but et égaliser rapidement. La philosophie de Valenciennes était simple: on s'en fout de prendre des buts, il suffit d'en planter un de plus. Et ça, on l'avait bien compris. Le coach savait que ça allait partir en couilles. Ça nous a souri cette fois-ci…

Quelle était l'ambiance dans le vestiaire après le coup de sifflet final?

Dans le vestiaire, on avait le sentiment que le maintien était possible. On est vraiment allés chercher cette victoire avec le cœur, alors qu'à 5-5, on aurait pu fermer la baraque. Chaque joueur racontait les buts à son voisin et ça a pris du temps. Le coach était fier de nous, mais il n'était pas dupe. Il souriait: « Bravo, vous l'avez fait, vous avez prouvé que vous êtes capables de belles choses, mais il faut vite passer à autre chose. »

Aboubakary Kanté inscrit un triplé ce soir-là. Que peux-tu nous raconter sur ce joueur?

Le coach Chabert sentait les choses et « Bouba » en est la preuve. Avant le match, il nous sort: « Qui vous dit que Kanté ne va pas marquer 6 ou 7 buts d'ici la fin de saison pour nous sauver? » Ça a commencé ce soir-là. Il n'avait marqué que 3 buts et il en plante 7 en 6 matchs. Ce match lui a donné confiance. Il a failli nous sauver, on rate les barrages d'un seul point.

Un moment d'histoire qui est arrivé trop tard, selon toi?

J'aurais en effet vraiment voulu que ce match intervienne plus tôt dans la saison, je suis persuadé qu'on aurait accroché le maintien.

LES CLICHÉS SONT DANS LA PLACE !

L'antichambre du foot français est victime de clichés qui polluent la bonne santé de notre Championnat préféré. Mais sont-ils tous véridiques ?

C'est un championnat de bourrins !

VRAI

Sur les cinq dernières saisons, 0,26 carton rouge par match a été distribué sur les pelouses de L2. À qui la faute ? Nous ne sommes évidemment pas là pour polémiquer sur les arbitres, mais vous pouvez écrire à l'éditeur pour obtenir leurs adresses.

Moyenne de cartons rouges par match des deuxièmes divisions des quatre grands Championnats

2. Bundesliga
0,07

LaLiga 2
0,10

Championship
0,09

Serie B
0,17

Source *Transfermarkt*

Y'a que des vieux en Ligue 2.

FAUX

Ce n'est pas un centre de formation à la maison de retraite ! Bien que certaines gloires viennent lâcher leurs derniers coups de tatanes à l'étage inférieur, la L2 n'affiche pas plus de rides que ses voisins.

Moyenne d'âge des joueurs des deuxièmes divisions des cinq grands Championnats en 2019-2020

Ligue 2
24,72 ans

Serie B
26,71 ans

2. Bundesliga
25,6 ans

LaLiga 2
27,1 ans

Championship
26 ans

Source
Transfermarkt

Y'a vraiment rien à faire dans les villes de Ligue 2.

FAUX

La Ligue 2 est l'assurance de (re)découvrir le patrimoine français et de profiter de nos belles sous-préfectures. Dans le top 50 des villes avec au moins vingt édifices protégés aux monuments historiques figurent plusieurs « incontournables » de la Ligue 2 : Nancy (260 édifices), Strasbourg (224), Dijon (213), Clermont-Ferrand (178), Orléans (156), Metz (122), Caen (90), Le Mans (82), Nîmes (80)…

Y'a toujours égalité ou 0-0 à la mi-temps.

PRESQUE FAUX

Une vieille rengaine émanant de la bouche rageuse d'un parieur désabusé : les matchs de L2 se soldent automatiquement par un score nul à la mi-temps. Vraiment ?
De l'instauration de la poule unique, en 1993, jusqu'à la fin de l'année civile 2019, 32 % des matchs disputés en deuxième division ou en Ligue 2 se sont soldés par un score nul à la mi-temps, dont 1 229 0-0 à la pause sur 10 480 matchs.

La Ligue 2 est bien moins spectaculaire que la Ligue 1 !

VRAI

Le fameux complexe d'infériorité. Dans l'ombre de l'élite, la Ligue 2 n'arrive pas à se défaire de cette étiquette d'un théâtre sans grand intérêt.

- Buts marqués par match de Ligue 2 depuis 10 saisons : **2,39**
- Buts marqués par match de Ligue 1 depuis 10 saisons : **2,52**

Source
LFP

À seulement trois reprises, la L2 a été plus prolifique que sa grande sœur : en 2010-2011 (891 buts contre 890), en 2013-2014 (939 contre 931) et en 2017-2018 (1 035 contre 1 033).

Les stades sont toujours vides !

PEUT MIEUX FAIRE

Merci « Les Corons » ! En 2019-2020, seul Lens figurait dans le top 20 européen des meilleures affluences des deuxièmes divisions… mondiales.

Moyenne de spectateurs par match sur les cinq dernières saisons dans les deuxièmes divisions des cinq grands Championnats

Sources
LFP et Transfermarkt

Serie B
6 890
SPECTATEURS

LaLiga 2
8 824
SPECTATEURS

2. Bundesliga
19 641
SPECTATEURS

Ligue 2
7 040
SPECTATEURS

Championship :
19 387
SPECTATEURS

La Ligue 2 ne rime pas avec spectacle !

VRAI

0-0. Ce résultat colle à la peau de ce Championnat. En 2019-2020, la Ligue 2 enregistrait le triste record de 18 0-0 lors des 120 premiers matchs (dont 6 rien que lors de la 6e journée). Et alors ? On peut aussi aimer les moches.

Pourcentage de 0-0 sur les quatre dernières saisons dans les deuxièmes divisions des cinq grands Championnats

Ligue 2
11 %

Serie B
9,94 %

LaLiga 2
10,24 %

Championship
8,11 %

2. Bundesliga
7,35 %

Sources
LFP et Transfermarkt

La moitié des joueurs sont des papys !

FAUX

Depuis 1999, seuls 46 joueurs âgés de plus de 37 ans ont disputé au moins un match. Certains ont dépassé la date de péremption. Ils sont cinq à avoir joué en L2 à plus de 40 ans :

Benjamin Nivet
(42 ans et 4 mois, le 17 mai 2019, avec Troyes face à Ajaccio)

Grégory Malicki
(40 ans et 5 mois, le 6 mai 2014, avec Angers face à Nîmes)

Jérôme Leroy
(40 ans et 4 mois, le 9 mars 2015, avec Châteauroux face à Brest)

Cédric Barbosa
(40 ans et 2 mois, le 13 mai 2016, avec Évian Thonon Gaillard face à Nîmes)

Ulrich Ramé
(40 ans et 2 mois, le 23 novembre 2012, avec Sedan face au Havre)

3

C'EST QUOI, FAIRE L'ASCENSEUR ?

Ils ne tiennent pas en place.
Trop forts pour la Ligue 2.
Trop faibles pour la Ligue 1.

JEAN-MARC FURLAN : « LA L2 PEUT DONNER UN SENS À TA VIE »

LA L2 ET FURLAN
À LA FIN DE LA SAISON 2019-2020

379
matchs
175 victoires, 93 nuls, 111 défaites

4
montées en L1
2005, 2012 et 2015 avec Troyes, 2019 avec Brest

3
descentes en L2
2007 et 2013 avec Troyes, 2008 avec Strasbourg

190
Matchs avec Troyes

114
matchs avec Brest

38
matchs avec Strasbourg

28
matchs avec Auxerre

9
matchs avec Nantes

4 montées. 3 descentes. Le roi de l'ascenseur, c'est lui : Jean-Marc Furlan. L'homme qui compte le plus grand nombre de matchs sur un banc de Ligue 2 se livre sur ses hauts et ses bas.

Savez-vous que vous êtes l'entraîneur le plus capé de ce Championnat ?

Je crois que mon fils me l'a dit il y a quelque temps... Je ne fais pas attention à ça. Je cherche à donner un autre sens à mon métier. Je ne vois pas la vie avec l'idée d'étaler des records à la télévision. Ce n'est pas mon truc, même si on me rabâche que je suis à l'aise dans cet exercice. Mon but a toujours été d'être proche de mes joueurs et leur donner une direction. La carrière d'un footballeur est très courte et je veux faire en sorte, avec chacun d'entre eux, qu'elle soit la plus belle possible. Surtout en Ligue 2, où ce n'est pas simple.

Comment expliquer une telle longévité ?

Ce record m'est tombé dessus un peu par hasard. Pleins de présidents ne voulaient pas de Furlan parce que j'avais une grande gueule ou que je n'étais pas un entraineur de Ligue 1. Ce qui est merveilleux avec ce Championnat, c'est que de nombreux coachs viennent chercher une base de travail à l'étage inférieur plutôt que se griller rapidement en Ligue 1. Ils viennent se refugier en L2. Ce championnat peut donner un sens à ton travail et à ta vie. Ce qui me fait tenir, c'est de donner un vrai sens à ma mission. Et, dans un vestiaire de Ligue 2, la transmission est importante et ça m'intéresse.
Un jour, je suis allé jouer à Strasbourg avec Brest. Après le point presse, je croise Éric Marester. Il court dans les couloirs, me serre dans les bras et me dit : « Si je suis footballeur professionnel et que j'ai fait douze ans de carrière, c'est grâce à vous. »
C'est exactement ce que je ressors de ma carrière, en plus de pratiquer un football... attrayant. Comme disait Michel Onfray, « la vie n'est intéressante que si elle est esthétique. » Et, dans le foot, il faut que ce soit esthétique, il faut remplir les stades. C'est un challenge en L2. Au départ, je ne voulais pas être entraîneur. C'est Aimé Jacquet qui m'a donné envie de faire ce métier. À cette époque, j'étais peinard en CFA et National avec Libourne, à la fin des années 1990. Je faisais des études à Clairefontaine et Jacquet m'a forcé à envoyer mon dossier pour devenir entraîneur professionnel. Je voyais tous mes copains du foot s'adapter à des styles, à leurs adversaires, etc. Et je trouvais ça chiant. Je ne voyais

pas du tout ce métier comme ça. Si tu me donnes un groupe, il faut qu'il applique MON football. Ça te plaît ou ça ne te plaît pas, peu importe...

« QUAND TU DÉMARRES DANS CE MÉTIER, TU AS UN GROS MELON »

Vous étiez quel genre de joueur en Ligue 2 ?

Quand tu es joueur, tu ne veux absolument pas jouer en Ligue 2. C'était mon cas. J'ai démarre dans ce Championnat à Montpellier, après avoir joué en D1 avec Bordeaux. J'étais un stoppeur à l'ancienne. J'ai passé ma vie de joueur à courir après un mec pour le couper en deux et, aujourd'hui, je donne des leçons de beau jeu *(rires)*. Vers la fin de ma carrière, je suis revenu en deuxième division parce que j'en avais marre de jouer le maintien. Ça m'épuisait. J'ai joué en D2 pour être champion et j'y suis parvenu *(en 1984 avec Tours et en 1987 avec Montpellier)*.

Vous êtes le roi de l'ascenseur, ça vous dérange ?

J'ai toujours entendu ça *(rires)*. « Oh Jean-Marc, quel étage la saison prochaine ? » Je l'ai entendu toute ma vie... Pendant un temps, ça me contrariait. Vraiment. Mais là, je me rends compte qu'il y a une culture différente qui s'installe. Beaucoup d'observateurs et de journalistes me disaient : « On est partisans pour que vous alliez à l'OM... » Les mêmes qui pensent que je suis un entraineur qui ne fait que descendre. Il faut arrêter les conneries. Les faits sont là. Mais, chaque fois que j'ai entraîné en Ligue 1, c'était avec le plus petit budget. Quand j'étais jeune, ça pouvait me faire chier. Aujourd'hui, je m'en bats les couilles.

Première année d'entraîneur chez les pros, en 2004-2005, à Troyes, et déjà une montée. Est-ce que vous étiez déjà trop fort pour ce Championnat ?

Quand tu démarres dans ce métier à cet âge *(46 ans)* et que ça marche, tu as un gros melon. Tu as un ego surdimensionné, tu veux tout de suite tout éclater en Ligue 1. Il faut savoir prendre du recul. Je l'ai fait avec l'âge. Quand je suis monté en 2004 avec l'ESTAC, j'ai eu l'impression que j'allais tout maîtriser et que j'allais faire une carrière en Ligue 1.

Quels souvenirs gardez-vous de vos premiers matchs ?

À Troyes, je gagne le premier match, puis je fais un nul et je perds les quatre suivants. Un nouveau président débarque au club *(Thierry Gomez)* et on va jouer à Nancy. On se bat comme des morts de faim, on termine à dix contre neuf, mais on perd encore. Je rentre dans le vestiaire et je dis : « Bon, les gars, je crois que c'était mon dernier match. » Et le nouveau président me coupe : « Ah non, pas du tout, je n'ai pas prévu ça comme ça... » Lors de la 8e journée, on va jouer à Niort et on gagne sur une frappe exceptionnelle de Nivet en pleine lucarne. Je me retrouve dans les couloirs du stade et tous mes joueurs m'attendent, espacés de trois ou quatre mètres. Chacun leur tour, ils me tapent sur l'épaule et me disent : « Coach, à partir de maintenant, on ne perd plus. » Et ils n'ont plus beaucoup perdu.

Comment ce Championnat a-t-il évolué depuis votre première saison en 2004 ?

Depuis plusieurs années, ce Championnat a une culture de contres, de transitions et pas forcément de possession. Certaines équipes viennent me défier sur la possession, mais ce n'est pas pérenne. Les coachs ont compris qu'il fallait avant tout bien défendre dans ce Championnat. Et c'est le plus simple dans le football : se mettre le cul devant le but et contrer. Au niveau amateur, si tu fais ça, tu es tranquille. Cette division est très mouvante.

À vous entendre, votre envie de proposer du « beau jeu » n'était peut-être pas adaptée à ce Championnat. Et pourtant...

Je refuse d'utiliser l'expression « beau jeu ». Je préfère parler d'émotion. Et je m'en fous que mon jeu soit adapté ou non ! Personne ne peut prétendre qu'il va gagner des matchs en attaquant ou en défendant. Ce que je veux, c'est gagner. Le mot « projet » signifie avant tout « réussir ». Je veux gagner tous les matchs, il faut juste savoir comment je veux les gagner. Nos philosophies ne nous offrent aucune garantie. C'est une affaire cyclique de personnalité, d'identité et de ce que tu veux offrir aux gens.

« EN LIGUE 2, IL FAUT VIVRE AVEC L'IMPRÉVISIBLE »

Et la Ligue 2 ne vous a jamais fait douter dans votre philosophie de jeu ?

Jamais. Quand *(Francis)* Graille me contacte *(pour devenir l'entraîneur d'Auxerre, à l'été 2019)*, je mets tout de suite les choses au clair : « Moi, vous n'allez pas me faire défendre. Soit vous acceptez Furlan avec ses idées, soit vous allez vous faire voir. » La difficulté de ce Championnat ne m'a pas empêché d'avoir quelques bons résultats.

Aujourd'hui, dans ce Championnat où les joueurs vont et viennent, construire un projet durable est-il la chose la plus compliquée ?

Dans mes causeries, je ne martèle pas à mes joueurs de bien jouer au foot, je donne des bases, des sécurités. Ils ne sont créatifs que lorsqu'ils appliquent parfaitement mes principes. Le « beau jeu » est un vrai débat philosophique et qui peut être très controversé. Bâtir un projet est très compliqué, pour tout le monde. Le FC Nantes, l'AJ Auxerre d'il y a vingt ans me manquent. Aujourd'hui, après dix matchs de Ligue 2, le joueur peut se barrer pour dix millions… Les clubs sont devenus des fonds de pension. Comment construire un projet identitaire qui va séduire les gens ?

Les consommateurs de la Ligue 2 identifient ce Championnat comme le plus imprévisible. Vous êtes d'accord ?

Exactement. C'est ce qui caractérise ce Championnat depuis plus de quarante ans. Et c'est ça qui est génial. À Brest, en deux ans, on a construit une équipe qui était presque invincible. C'est tellement imprévisible, pour les observateurs comme pour les acteurs. En Ligue 2, il faut faire avec. J'ai eu honte de certaines victoires. En Ligue 2, il y a une uniformité. Il y a moins de joueurs qui cassent les couilles à dribbler et à en planter deux en cinq minutes. Tout se nivèle dans ce Championnat.

Est-il possible de maîtriser ce côté imprévisible ?

La réussite est systémique. Il faut donner de la qualité à tout un club, du jardinier au directeur sportif en passant par les intendants. La réussite de ta méthodologie dépend de ça. Si je suis monté quatre fois, c'est parce que je maîtrisais mes structures et mes méthodes de A à Z. Tout le monde est important. Et ça, on peut le faire en Ligue 2.

Quel est le critère majeur pour jouer la montée en Ligue 2 ?

Il faut créer un ADN. Un groupe. Il est là, le secret. Il y a des équilibres à trouver partout. En ce moment, je lis un livre sur les All Blacks qui explique que les connards sont interdits. Eh bien, c'est exactement pareil dans le football. En Ligue 2, pour monter, c'est impossible d'avoir un mec qui ne pense qu'à sa gueule. Il faut créer une façon de vivre.

Il y a des périodes clés à ne pas manquer ?

Ce qui est décisif, en Ligue 2, ce sont les dix dernières journées. Pour fédérer un groupe et le public, c'est important de bien démarrer sa saison, pour créer un élan. Si c'est dur jusqu'au mois de février ou mars, ce n'est pas grave parce que tu as accroché ton public et ton groupe dès le début. Ils vont te pardonner. Mais, pour les joueurs et entraîneurs, il ne faut surtout pas rater le money time. La moindre petite série est décisive.

« LE TITRE DE 2015 ? C'EST MOINS FORT QUE LE QUOTIDIEN DU VESTIAIRE »

Existe-t-il une réelle différence à jouer à domicile ou à l'extérieur en Ligue 2 ?

Les matchs à domicile sont très compliqués. Je suis très attentif aux datas. Il y a seulement 40 % de victoires à domicile depuis une dizaine d'années. C'est vital de se poser cette question en Ligue 2 : « Comment être invincible à domicile ? » À l'extérieur, tu iras toujours gratter quelques points à droite à gauche, ce n'est pas le souci. Les équipes qui sont fiables sont celles qui sont performantes à la maison. Il faut savoir gérer les contres et se frotter à des équipes qui jouent très bas, surtout quand on prône la possession.

D'un point de vue psychologique, que représente une descente pour un joueur et un entraîneur ?

Beaucoup de clubs savent qu'ils jouent le maintien. Et c'était mon cas quand j'étais joueur. Dans le temps, on gardait nos entraîneurs durablement. Aujourd'hui, celui qui joue le maintien n'est là que depuis quelques mois, il est donc moins impacté. D'un point de vue personnel, c'était dur à vivre, mais on s'y attendait. Ce qui est important, c'est de savoir comment ton président te gère. Cette relation est vitale. Si tu es maintenu après une descente, c'est qu'il est passé au-dessus de l'idée de te licencier… Aujourd'hui, c'est de moins en moins le cas. Pour les joueurs, c'est très difficile. Mais c'est pareil quand tu montes. À de nombreuses reprises, j'ai dû dire à mes joueurs : « Comment, en deux mois, vous avez fait pour devenir aussi cons ? L'année dernière, vous étiez des gens merveilleux, et aujourd'hui, en Ligue 1… » Mais ce n'est pas de leur faute. L'environnement est très important. Aujourd'hui, il faut être un expert en ressources humaines. Après une descente, le joueur rêve de la Ligue 1 pour des raisons très personnelles. Il y a un vrai choc psychologique à gérer au quotidien et des valeurs intrinsèques profondes à retrouver au club. En France, on est les derniers de la charrette en ce qui concerne le travail mental. Il faut donner de la cohérence aux joueurs et qu'ils lisent de la compétence dans tes yeux, sinon ils vont te chier dessus.

Quelle est votre plus grosse fierté ?

La considération de mes joueurs. Créer des aventures de montée, c'est quelque chose de fabuleux. Le titre de 2015, c'est moins fort que le quotidien du vestiaire.

Votre carrière d'entraîneur de Ligue 2 vous a-t-elle aidé dans votre vie d'homme ? En vous tenant écarté des lumières de la Ligue 1…

Oui, la Ligue 2 m'a aidé à vivre dans la réalité des choses. J'ai connu des joueurs exceptionnels qui sont devenus des stars, mais, dans ce Championnat, on se sent beaucoup plus utile. Il y a un travail de profondeur et d'enseignant qui est très important car on n'entraîne pas tous les jours des Matuidi ou des Gomis… Avec le simple joueur de Ligue 2, il faut insister pour le faire grandir et gommer tous les gestes parasites. Ce Championnat est d'une grande richesse car il faut être très près de ses joueurs. Et j'adore ça. La Ligue 2, c'est la réalité. Dans les stades, il y a une tout autre ambiance et j'ai adoré partir à la rencontre de la France profonde. Il y a beaucoup moins de clinquant et, dans certains stades quasi vides, ce sont les tripes qui parlent pour les quelques supporters présents. En Ligue 2, tu viens crever pour ton club.

TROYES

●

Après Otis, l'ESTAC
est le deuxième fournisseur
d'ascenseurs en France.
35 saisons en Ligue 2.
9 montées… et 8 descentes.

L'EMPIRE CONTRE ATAC !

→ *Alain Perrin, coach de Troyes de 1993 à 2002.*

Bouté hors de la D1 depuis 1978, le club de l'Aube tient sa revanche vingt ans plus tard.

À l'été 1998, l'ESTAC n'existe pas. L'Association Troyes Aube Champagne attaque sa troisième année consécutive en D2 après la remontée du club de National en 1996. L'Empereur du vaisseau troyen se nomme Alain Perrin, qui dirige sa flotte depuis 1993. À 3 points de la montée lors de la bataille précédente, l'ATAC retrouve un Championnat à 20 équipes. Maître Perrin accueille de nouveaux padawans dans ses rangs pour jouer les trublions dans une D2 dont les favoris se nomment Saint-Étienne, Lille et Sedan. Richard Jézierski revient du côté obscur et retrouve ses anciennes couleurs. Richard Akiana, attaquant congolais, quitte Créteil pour l'Aube.

Victoire (2-1) à Cannes puis un triomphe à Beauvais (3-0) signé Jean-Noël Cabezas pour commencer : l'Empire troyen règne sur sa division. Un statut assumé au Red Star, co-leader balayé 3-1 et, surtout, face à l'ogre stéphanois (1-1). Alain Perrin se sent pousser des ailes et mise sur son buteur croate, Sladjan Djukić (12 buts), pour guider son armée.

À la trêve, l'ATAC accuse une longueur de retard sur le futur maître de la galaxie D2 : l'AS Saint-Étienne de Patrick Revelles. Des Troyens qui perdent Djukić sur blessure puis Cabezas, qui file à Amiens. Au rayon des bonnes nouvelles, Samuel Lobé pose ses valises au bord de l'Aube et Alain Perrin est élu meilleur entraineur de deuxième division.

L'ASSE s'envole au classement. La force semble avoir choisi son camp. Les coéquipiers de Laurent Weber, gardien de la co-meilleure défense du Championnat, sombrent totalement lors des dernières journées. Tout se joue lors de l'ultime bataille, à Cannes. Alors que Lille mène à la mi-temps à Guingamp, Troyes n'est plus sur le podium. Laurent Tomczyk et Samuel Lobé font de la résistance et gonflent le tableau d'affichage en deux minutes. Score final : 0-2 pour l'ATAC, qui file en D1. La paix est enfin de retour dans l'Aube.

UN ONZE D'ATAC

Weber - Jézierski, Thomas, Hamed, Adam - Rival, Rivenet, Morisot, Tomczyk - Lobé, Djukić

LE TOP TROYES !

Basile, fondateur du média *Stadito*, est un fidèle supporter de l'ESTAC. Ce globe-trotteur des stades nous livre son podium des plus beaux matchs du club troyen.

TOP 1

Troyes-Châteauroux (4-1)

Saison 2014-2015, 38e journée

« C'est le point final d'une saison complète avec Furlan sur le banc, la plus belle de l'histoire du club, avec ce premier titre. Troyes a maitrisé la rencontre malgré l'ouverture du score de Tait. Darbion plante un but magnifique après un jeu à trois avec Nivet et Bienvenu, qui a marqué le but de la montée à Angers alors qu'il n'avait rien fait de la saison. C'est LE but qui symbolisait la philosophie de jeu troyenne et de Furlan. Tous les joueurs avaient les cheveux bleus pour l'occasion et portaient un maillot collector pour ce match. C'est l'apothéose de nombreuses années de supporterisme. »

TOP 2

Sochaux-Troyes (2-3), saison 2016-2017, 38e journée

« Avant cette ultime journée, on ne savait pas qui allait être champion ou monter en L1. J'étais dans le parcage visiteurs, après quatre heures de bus. 2-0 pour Sochaux à la mi-temps... Je me demandais ce que je foutais dans les tribunes *(rires)*. On revient fort en seconde période et Nivet puis Darbion égalisent. Grandsir, un jeune du centre, marque le but de la victoire qui devait nous envoyer en L1. Les joueurs étaient dans le rond central avec leurs téléphones pour suivre la fin de match d'Amiens, qui marque à la dernière seconde. Direction les barrages, alors que tout le monde chantait : ‹ On est en Ligue 1 ! › On passe par la désillusion, l'espoir, la joie puis les doutes à la fin du match, mais Nivet, à 40 ans, nous fait gagner les barrages. »

TOP 3

Troyes-Angers (3-3), saison 2013-2014, 8e journée

« Il ne devait rien se passer de spécial lors de ce match en semaine. L'équipe était en transition. Le stade était presque vide. Yattara *(photo)*, qui venait de nous quitter après une très mauvaise saison *(4 buts)*, plante un triplé. 0-3. C'est la seule fois où j'avais envie de quitter les tribunes avant la fin. Prendre trois buts d'un mec qui n'a rien fait chez nous, ça fait mal ! La remontée *(doublé de Gimbert et but de Pereira)* n'en est que plus belle. Ce match m'a vraiment marqué. »

UN ULTRA DE TROYES, ÇA EXISTE VRAIMENT ?

« Je suis né à Troyes et mes premières émotions foot, c'était au stade de l'Aube. Mon premier match, c'était en avril 2003, j'avais 5 ans. Depuis, j'y suis allé plus de 200 fois. C'est une fierté d'être fan d'un club qui n'a pas beaucoup de supporters. J'aime entretenir cette différence. L'ESTAC m'a permis de ressentir des émotions fortes, plus intenses qu'un mec qui supporte une équipe à 500 kilomètres de distance. À chaque fois que je rentre à Troyes le week-end, je passe par le stade pour me promener quelques minutes. C'est comme une seconde maison pour moi. »

PÈRE NIVET, RACONTE-NOUS TA L2

Top !
Légende retraitée en 2019 après un barrage perdu avec Troyes. On me surnomme « Capi », « Benj » ou encore « Fartas » (« Chauve » en arabe). J'ai joué 316 matchs de L2 et marqué 63 buts.

Je suis ?
Benjamin Nivet !

À 42 ans, je suis devenu le joueur le plus âgé à disputer un match de Ligue 2 et…

Je ne le savais même pas ! C'est toujours un titre à prendre. C'est une fierté. J'ai tout fait en dehors des terrains pour durer le plus longtemps possible. Être le joueur le plus âgé en L2 est une récompense de tous les sacrifices que j'ai dû consentir.

Je dispute mon premier match de Ligue 2 face à…

Valence, avec Châteauroux. Pas le souvenir d'un grand match de ma part malgré le score *(3-3, le 31 juillet 1999, La Berrichonne était menée 1-3 à la 82e minute)*.

Je plante mon premier but en L2 contre…

Guingamp. Il y a un cafouillage et je pousse le ballon au fond avec le genou *(le 3 septembre 1999, défaite 3-2)*. Un vrai but Ligue 2. J'étais comme un gamin. C'est certainement le but le plus moche que j'ai inscrit, mais c'est celui qui m'a le plus marqué.

Quand je démarre ma carrière, ce Championnat, c'est…

Mon enfance. Je suivais la D2 groupe A avec Orléans. J'avais l'image d'un Championnat physique, athlétique. J'ai commencé en D1 avec Auxerre et je ne le suivais plus trop, honnêtement. Quand j'ai signé à Châteauroux, j'étais dans le flou total, je découvrais chaque fois les clubs et les joueurs.

« ÊTRE LE JOUEUR LE PLUS ÂGÉ EN L2 EST UNE RÉCOMPENSE »

Je suis un numéro 10 et…

J'aurais pu être incompatible avec la Ligue 2. J'ai toujours fait gaffe de choisir des clubs où j'allais jouer au ballon. Les joueurs qui évoluaient dans ma zone étaient moins athlétiques qu'en Ligue 1. Ils avaient plus de mal à récupérer le ballon, donc j'ai moins souffert du différentiel physique.

Avant de disputer mon premier match après une descente, je suis…

Traumatisé. C'est dur de se remettre dedans. J'ai souvenir d'une descente avec Caen *(2009)*. Les premiers jours de vacances avaient été très compliqués. Il fallait se remotiver. La passion du foot a toujours été plus forte. Monter et descendre, c'est le film de ma carrière. Il faut savoir rebondir. Le plus simple ? Partir très vite en vacances. Acheter rapidement ses billets pour oublier tout ça et décompresser.

« J'AURAIS PU ÊTRE INCOMPATIBLE AVEC LA LIGUE 2 »

Mon pire souvenir de voyage, c'était…

En bus, à Grenoble, avec Troyes. C'est la pire mission que j'ai pu faire. On est rentrés après le match, heureusement qu'on avait gagné ! Le retour est plus sympa, mais, moi, j'adorais le bus. J'ai toujours joué dans des clubs avec des grands joueurs de cartes. Et les six heures de bus sont plus… appréciables, on va dire.

Je me souviens d'un stade champêtre à…

Bourg-en-Bresse ! On s'est changé dans des préfabriqués. J'ai trouvé ça un peu bizarre. En revanche, j'ai souvenir qu'ils avaient une super pelouse.

Mon coéquipier le plus impressionnant, c'était sans aucun doute…

Stéphane Darbion. C'était le plus fort. On se trouvait les yeux fermés.

Et comme adversaire…

Bakari Koné, à Lorient. Il avait une taille assez… particulière ! Il était vraiment très petit. Balle au pied, il allait tellement vite. Il me semble qu'il avait marqué une trentaine de buts, une saison *(24 en 2004-2005)*.

UN CHAUVE GARNI

196 matchs de L2 avec Troyes, **44 buts**

36 matchs de L2 avec Caen, **6 buts**

84 matchs de L2 avec Châteauroux, **13 buts**

Deux fois champion de L2, avec Caen (2010) et Troyes (2015)

« LE PLUS FORT ? STÉPHANE DARBION »

Mon coach le plus « atypique », c'était…

Franck Dumas, je pense. C'était assez folklorique avec lui. Il fonctionnait énormément à l'instinct. Il était joueur, proche de nous. Je n'ai pas été très marqué par son travail, il ne préparait pas grand-chose. Franck, c'était un instinctif.

Le match le plus fou que j'ai disputé, c'était face à…

Châteauroux. 5-5 ! C'était juste avant les fêtes *(le 17 décembre 2004)* et le stade était bien rempli. On est menés 4-5 dans les dernières minutes. Et c'est moi qui égalise à 5-5. Sentiment de folie dans les tribunes. C'était vraiment impressionnant. À la fin du match, tu fais plutôt la gueule quand tu as encaissé 5 buts, mais on avait l'impression d'avoir assisté à un truc exceptionnel.

Je suis fier d'avoir récupéré le maillot de…

Alexandre Dujeux, mon super pote. On avait joué l'un contre l'autre quand il portait les couleurs de l'AC Ajaccio. C'est souvent les maillots des amis que je récupérais à la fin des matchs.

Si je devais retenir une seule image en Ligue 2, ce serait…

Ma première montée, en 2004-2005, avec l'ESTAC. La fête avec les supporters et entre nous. On a terminé dans la fontaine de la ville. Et, dans ces moments-là, le premier souvenir reste cette incroyable aventure humaine.

ÉQUIPE TYPE **TROYES**

Sladjan **DJUKIĆ**

1997 - 2001

Sébastien **GRAX**

2004 - 2006
2010 - 2014

ATTAQUANTS

Benjamin **NIVET**

2002 - 2007
2012 - 2019

MILIEUX

Blaise **MATUIDI**

2004 - 2007

Frédéric **ADAM**

1998 - 2006

Gharib **AMZINE**

2001 - 2008

Richard **JÉZIERSKI**

1995 - 1997
1998 - 2001

Mohamed **BRADJA**

1988 - 2003

David **HAMED**

1998 - 2003

DÉFENSEURS

Djibril **SIDIBÉ**

2009 - 2012

GARDIEN

Stéphane **CASSARD**

2001 - 2004

Sladjan
DJUKIĆ

Le Serbe débarque en 1997, plante 17 buts la première année et 12 la deuxième – celle de la montée – en L2. Dernière minute de l'avant-dernière journée : Troyes doit marquer à Niort pour continuer à rêver. Qui provoque le but contre son camp du Chamois Pascal Braud ? Djukić, évidemment.

Sébastien
GRAX

Le culte à Sébastien Grax s'est propagé dans tout l'Aube après les 16 buts de l'attaquant en L2 2004-2005. Les fans se réunissent chaque dimanche à l'église Sainte-Madeleine pour prier le retour de l'ancien Messi.

Benjamin
NIVET

Impossible de présenter Benjamin Nivet. Nous ne le ferons donc pas.

Blaise
MATUIDI

Blaise a démarré en équipe première en novembre 2004, lancé par Jean-Marc Furlan. Un coach qu'il surnommait « Papa ». Avis aux intéressés : le maillot troyen du numéro 20 se vend 100 € sur les sites spécialisés.

Frédéric
ADAM

Deux accessions avec Troyes : 1999 et 2005. Mais aussi deux prénoms, comme Marco Simone, mais en plus viril quand même.

Gharib
AMZINE

International marocain, ce milieu défensif (204 matchs de Championnat avec l'ESTAC) eut un rôle important dans la montée en L1 lors de la saison 2004-2005. Il est revenu au club en tant qu'entraîneur de l'équipe réserve.

David
HAMED

Hamed a connu les folles soirées européennes de l'ESTAC : la Coupe Intertoto, Ružomberok, Newcastle… Il marque même lors de la victoire contre Leeds (3-2) au deuxième tour de la Coupe de l'UEFA 2001-2002 !

Richard
JÉZIERSKI

Richard était présent au tout début de l'aventure, dès 1995. Après sa retraite, il travaillait « habituellement de 9 h à 20 h » en tant que vice-président de l'UNFP, précise Wikipédia. C'est moyennement intéressant.

Mohamed
BRADJA

Pourquoi partir de l'Aube alors que l'on peut faire toute sa carrière à Troyes, puis en devenir l'entraîneur adjoint ? Le défenseur central algérien passerait même ses vacances d'été là-bas.

Djibril
SIDIBÉ

Né à Troyes, l'international français a participé à la promotion en L1 en 2012. Ce fut l'acmé de sa carrière, ex-aequo, peut-être, avec une demi-finale de Ligue des champions et un titre de champion du monde.

Stéphane
CASSARD

Un vrai poissard : Stéphane Cassard a connu six relégations dans sa carrière, avec Sochaux (1995), Montpellier (2000), Troyes (2003) et Strasbourg (2006, 2008, 2010). Ne prenez pas l'avion avec lui.

METZ

Dans le rétro de Troyes, Metz – 20 saisons – aime monter et redescendre illico pour remplir l'armoire à trophées.

PHILIPPE HINSCHBERGER : « QUAND LE PRÉSIDENT M'APPELLE, JE SUIS SUR LE CUL ! »

En décembre 2015, la légende Philippe Hinschberger vient secourir le club de son cœur.

Philippe, qu'avez-vous ressenti en vous asseyant sur le banc de votre club ?

Une grande fierté. Quand le président Serin m'appelle, je suis sur le cul ! Je sortais d'un an de chômage et j'ai remplacé José Riga, un entraîneur belge. Le club avait besoin de retrouver de la stabilité et de renouer avec son histoire. J'ai pensé que ma carrière se bouclerait là. J'ai fait toute ma carrière de joueur à Metz *(de 1977 à 1992)*. Je suis parti pendant vingt ans pour entraîner ailleurs et c'était symbolique de revenir ici.

Racontez-nous votre arrivée rocambolesque dans le vestiaire…

J'étais dans le train avec ma femme pour aller voir mes parents quand j'ai reçu l'appel du président. Bernard Serin voulait me voir pendant les fêtes de Noël. On a mangé ensemble. Il voulait changer de coach après une élimination en Coupe de France, à Wasquehal. Quand je suis arrivé, ça faisait quatre ans que le FC Metz n'évoluait pas dans la même division d'une année sur l'autre, entre la Ligue 1, la Ligue 2 et le National. Avec mon parcours, je n'imaginais pas le club faire appel à moi. À mon premier entraînement, quand j'ai vu le stade et tout cet univers, je me suis pincé pour savoir si c'était réel. Il y avait 500 personnes qui s'étaient déplacées au centre pour me saluer. Je suis arrivé avec beaucoup d'enthousiasme et ça a apporté de la simplicité à un club qui en manquait. Le vestiaire était un gros bordel. Il y avait 33 joueurs de 14 nationalités différentes. Il fallait retrouver de vraies valeurs.

« LA DÉFAITE À LENS M'A DÉCLENCHÉ DES ULCÈRES PENDANT QUATRE JOURS »

Lors de la 30e journée, vous gagnez face à Ajaccio (3-2), encore une fois à dix contre onze, grâce à un doublé d'Habib Diallo. Le déclic ?

C'était la deuxième fois que M. Gautier expulsait un de nos joueurs dès la première mi-temps. Ce match a fait basculer les choses. Quand je suis arrivé, le club

était à un point du podium, mais avant ce match, 5 points nous séparaient des trois premiers... Le président Serin m'a mis un peu la pression. Il y a eu une prise de conscience de toute l'équipe.

Tout se joue lors de la dernière journée. Vous êtes 3es avant d'aller à Lens, avec 3 points d'avance sur Le Havre, qui reçoit Bourg-en-Bresse. Et là, soirée de folie...

On avait également 6 buts d'avance au goal-average. Tout le monde nous disait que c'était plié, mais on n'était pas tranquilles. On a fait un non-match à Lens *(défaite 1-0)*, alors que les supporters faisaient la grève. Pas un bruit dans le stade. C'était très tendu, et Le Havre menait 3-0 à la mi-temps... Puis 5-0 à 10 minutes de la fin. Encore un but et c'était eux qui montaient en Ligue 1. Ils n'ont pas réussi à planter ce 6e et on a filé en Ligue 1 car nous avions une meilleure attaque.

Comment avez-vous vécu ce stress sur le banc?

C'était horrible. On se tenait au courant des autres résultats. Je me disais: « Voilà, on ne va pas y arriver, c'est écrit. » À 56 ans, c'était la chance de ma vie de découvrir la Ligue 1 comme entraîneur, avec mon club de cœur. L'histoire était trop belle. Au coup de sifflet final, tout le monde me fonce dessus. Je n'y croyais pas. Cette défaite à Lens m'a déclenché des ulcères pendant quatre jours, je crachais du noir, j'avais des remontées gastriques... Un truc de malade.

Ces six mois sont-ils les plus importants de l'histoire récente du club?

Peut-être. Je suis très fier que ce soit avec moi que le club soit monté. L'équipe était morcelée à mon arrivée. Il n'y avait pas de dynamique de groupe. C'était un vrai chantier, et avoir réussi à mettre un peu d'ordre là-dedans, c'était une grande réussite.

LE ONZE TYPE DE LA SAISON

Didillon - Reis, Balliu, Milán, Rivierez - Udol, Mandjeck, Candeias - Bekamenga, Diallo, Ngbakoto

METZ QUE UN CLUB

Qui est le plus fort ?
L'hippopotame ou l'éléphant ?
Metz ou le FC Barcelone ?
Bilan comparatif des deux clubs les plus prestigieux du monde.

→ Sadio Mané.

→ Miralem Pjánic.

Centre de formation

avantage METZ

Metz

Pjanić à la Juventus, Adebayor au Real Madrid, Saha à Manchester United, Cornet à l'Olympique Lyonnais, sans oublier Mané, qui a débuté en pro avec Metz, à Liverpool : les stars du foot ont été formées au FC Metz. Un centre si élitiste qu'il refusa Michel Platini en 1972 « car il avait un gros cul » (Carlo Molinari).

Barcelone

La Masia a sorti des joueurs corrects (Xavi, Iniesta) mais aux profils similaires : techniciens maigrichons, fragiles des épaules et fébriles de la tête. Lionel Messi serait-il aussi bon sous la pluie du stade Le-Basser un soir de mars ? Pas sûr. En tout cas, c'est ce qu'on dirait si on était supporters messins.

Confrontations directes

avantage

METZ

En trois briques: Remontada, Barcelone, France. En 16es de finale de la Coupe d'Europe des vainqueurs de Coupes 1984-1985, le FC Metz l'emporte 4-1 au Camp Nou, après avoir perdu l'aller 4-2. Michel Ettorre sauve les siens en première période, les Espagnols fanfaronnent et mènent 1-0, puis se font prendre en contre, piégés par la lenteur de leur défense. Le Barça compte dans ses rangs le meneur de jeu allemand Bernd Schuster, deuxième du Ballon d'Or 1980. Metz possède le rapide Tony Kurbos (photo), auteur d'un triplé (38e, 55e, 85e). Sonnés, les Catalans sont éliminés. Un scénario irrationnel.

Gastronomie

avantage

METZ

Metz

Qui peut sérieusement rivaliser avec une quiche lorraine accompagnée d'une liqueur de mirabelle? Personne. Saucisse, terrine, pâté… La finesse de la cuisine locale n'a que peu d'égal en Europe. Les végétariens opteront pour la fameuse potaye, une potée aux légumes, en fermant les yeux sur le lard et le porc.

Barcelone

Une tomate, du chorizo Monoprix, une baguette de pain: la recette magique pour un tapas à 8 € dans n'importe quel bar branchouille. Pour encore plus de marges, n'hésitez pas à promettre de la truffe en la remplaçant sournoisement par de l'huile de truffe, plus économique.

A déjà accueilli les JO

avantage

BARCELONE

Metz

Non.

Barcelone

Oui, en 1992.

Palmarès en D2

avantage

METZ

Metz

Avec 4 titres de champion de D2 – un de moins que Nancy et le Havre –, Metz n'a pas à rougir de son palmarès. La culture de la gagne fait partie de son ADN: le club n'a plus terminé second de L2 depuis 50 ans. La victoire ou rien.

Barcelone

Gagner des Coupes d'Europe contre le Fortuna Düsseldorf (1979), le Standard de Liège (1982), la Sampdoria (1989, 1992), le PSG (1997) ou Arsenal (2006) n'a rien d'exceptionnel. Mais n'avoir jamais remporté la deuxième division espagnole est vraiment gênant.

ÉQUIPE TYPE **METZ**

Diafra **SAKHO**

2010 - janvier 2012
2012 - 2014

Emmanuel **ADEBAYOR**

2001 - 2003

ATTAQUANTS

Yeni **NGBAKOTO**

2009 - 2016

MILIEUX

Grégory **PROMENT**

1997 - 2006
2012 - 2013

Renaud **COHADE**

2016 - 2020

Sadio **MANÉ**

2011 - 2012

Gaëtan **BUSSMANN**

2010 - janvier 2012
2012 - 2015

Guido **MILÁN**

2012 - 2017

Kalidou **KOULIBALY**

2010 - 2012

Romain **MÉTANIRE**

2008 - 2016

DÉFENSEURS

GARDIEN

Johann **CARRASSO**

2012 - 2016

Diafra
SAKHO

« Mon meilleur souvenir à Metz, ce sont évidemment les deux montées successives. » Formidable athlète, le Sénégalais inscrit 19 buts en National, puis 20 en Ligue 2. Suffisant pour convaincre West Ham de l'acheter 5 millions d'euros.

Emmanuel
ADEBAYOR

Jean Fernandez et deux attaquants exceptionnels font remonter Metz en 2003: Mamadou Niang et Emmanuel Adebayor. Le Togolais marque 13 fois puis rejoint Monaco. Arsenal, Manchester City, le Real Madrid: le plus beau CV du club?

Sadio
MANÉ

Mané, Koulibaly, Delort: en 2011-2012, les jeunes Messins, certes talentueux, se montrent trop tendres. Malgré la descente en National, Mané se démarque dès son premier match: 15 minutes et un penalty provoqué contre Bastia. Fragile mais bosseur, il progressera à la vitesse grand V et filera aussi rapidement à Salzbourg.

Yeni
NGBAKOTO

54 buts avec Metz, mine de rien. En 2013-2014, il inscrit 14 buts et délivre 6 passes décisives. Une descente de L1 plus tard, il frappe encore plus fort: 12 buts et 11 passes décisives! Des stats à exposer dans un musée.

Grégory
PROMENT

Champion d'Europe U18, Proment entame un long bail avec son club formateur en Ligue 1. Sa seule saison en L2 se conclura par une promotion. Geoffray Toyes, Stéphane Morisot, Alexandre Frutos, Franck Signorino: plus qu'une équipe, une dream team.

Renaud
COHADE

Chauve et meneur de jeu. Comme les plus grands. Décisif en L1 pour offrir le but du maintien contre Lille en 2017, il accompagne plus tard le club en L2. Le capitaine réalise une saison pleine et se voit nommé dans l'équipe type du Championnat.

Guido
MILÁN

Guido ne mettra pas Milán pour s'imposer à Metz: dès sa première saison, l'Italo-Argentin obtient la promotion de National en L2 puis enchaîne par le sacre et la montée en L1. Un palmarès qui lui permet de reléguer sur le banc de cette équipe type la paire Boye-Sunzu (titrée en 2019).

Kalidou
KOULIBALY

Recalé du centre de pré-formation puis récupéré à Saint-Dié, le Sénégalais dispute une quarantaine de matchs avant son envol pour Genk. « L'international français » (source: Didier Deschamps) devient titulaire à 20 ans et sert même d'exemple à ses jeunes coéquipiers.

Gaëtan
BUSSMANN

Formé au club, Bussmann part à Mayence un an après le titre de 2014. Nostalgique de ses potes Yeni Ngbakoto, Bouna Sarr, Kalidou Koulibaly et du restaurant *Boogie Burger*. Une génération dorée qui remporta la Coupe Gambardella en mai 2010.

Romain
MÉTANIRE

On a beaucoup parlé du but de Zidane contre Leverkusen. Il y a surtout eu celui de Romain Métanire contre Nancy. En février 2016, le latéral égalise à la dernière minute lors du derby (2-2). Fidèle au maillot grenat, avec lequel il aura disputé 179 matchs (4 saisons en L2).

Johann
CARRASSO

Il guidait la meilleure défense de Ligue 2 2013-2014: 28 buts encaissés et Sylvain Marchal en capitaine de croisière. International Espoirs révélé à Montpellier, Carrasso trouva à Metz le réconfort après son échec rennais.

DESCENDEZ, S'IL VOUS PLAÎT

Pourquoi jouer le maintien en L1 alors qu'on peut gagner des titres en L2 ? C'est la philosophie du FC Metz.

À Metz, tu pleures deux fois : la première en remportant la Ligue 2, la seconde en arrivant en Ligue 1. Champion en 2007 et 2014, le club termine dans le wagon de queue la saison suivante. Ces 20 dernières années, il a vécu 5 relégations et n'est jamais resté plus de 3 saisons sans trembler, comme s'il s'accrochait à un objectif : empiler les trophées en L2 plutôt que de vivoter dans le ventre mou de l'élite. Une stratégie compréhensible, la finalité du football étant de gagner des titres.

À quoi tient cette réussite ? D'abord à un réseau de recrutement pointu. Après le titre de champion 2014, le 3e de son histoire, il devient urgent de ne pas s'éterniser en L1 afin d'égaler un jour le palmarès havrais. Plutôt que d'acheter des joueurs expérimentés, les Messins optent malicieusement pour des Sud-Américains inconnus qui auront besoin d'un temps d'adaptation. Si le défenseur argentin José Luis Palomino réussit quelques matchs honnêtes (2 ou 3), l'attaquant vénézuélien Juan Falcón contribue efficacement aux mauvais résultats. Avec 5 buts marqués en 24 matchs, il termine néanmoins 2e meilleur buteur de l'équipe derrière Modibo Maïga. Un recrutement exotique complété par le Biélorusse Sergueï Krivets. Metz termine 19e, une place de mieux qu'en 2007-2008, la saison de tous les records.

La 4e pire équipe de l'histoire

Flash-back : champion de L2 2006-2007, le FC Metz met les bouchées doubles pour redescendre immédiatement à l'étage inférieur. Les recrues phares sont Cédric Barbosa, Mathéus Vivian et Éric Cubilier. En attaque, Rudy Gestede, Bababar Gueye, Sébastien Renouard et Momar N'Diaye rivalisent d'ingéniosité pour manquer les cages à bout portant. Au bout de 8 journées, le club n'a toujours pas gagné le moindre match. La défense Vivian-Bassong-Diop-Cubilier brille lors de la défaite 5-1 contre l'OL, le 15 septembre, soir de triplé pour Karim Benzema. L'arrivée de l'entraîneur Yvon Pouliquen en remplacement de Francis De Taddeo apparaît comme une erreur de casting, tout comme le redoutable Cyril Chapuis recruté au mercato d'hiver. De la 23e à la 28e journée, le club prend 10 points sur 18 possibles. Mais un sursaut survient au début du printemps et la descente est entérinée le 12 avril 2008. Une équipe de légende est née. Elle sera élue 4e pire équipe de l'histoire par *France Football*, qui recueille le témoignage d'Éric Cubilier : « En arrivant là-bas, j'ai compris tout de suite que ça allait être compliqué. Metz avait peu de moyens et avait effectué un recrutement un peu à la ramasse, fait à la va-vite. Et surtout avec un entraîneur assez catastrophique : Francis De Taddeo. » L'ancien directeur du centre de formation mélange éléments confirmés et jeunes au cours d'entraînements réunissant jusqu'à une cinquantaine de joueurs. Cette dernière place lui doit aussi beaucoup. Avec 24 points, les Lorrains présentent l'un des meilleurs bilans du XXe siècle, à quelques longueurs de Grenoble (23 points, en 2010), de l'AC Ajaccio (23, en 2014) et d'Arles-Avignon (20, en 2011), un classement dominé par la dream tream troyenne de 2016 (18).

Lanterne rouge en 2006 et 2008, Metz réussit la passe de trois en 2018 en dépit des 15 buts de Nolan Roux. Avec 26 points, l'équipe retourne en Ligue 2, où elle s'adjugera facilement la 1re place. L'échec de la saison 2019-2020 (15e) rappelle les difficultés de l'exercice : depuis 2010, seuls 10 promus sur 31 sont aussitôt redescendus. Gageons toutefois que le club, fort de son expérience, reprendra bientôt l'ascenseur afin de conquérir un 5e titre de champion.

ILS N'ONT PAS VOULU MONTER

Le saut économique entre la L1 et la L2 se révèle parfois intimidant. Pris de vertige, Gueugnon refuse l'accession acquise sur le terrain lors de la saison 1978-1979. Champion de D2, le club doit opter pour le statut professionnel s'il souhaite découvrir la première division. Confrontés à des contestations sociales dans l'usine des Forges, ses dirigeants y renoncent.

Deux décennies plus tard, Beauvais se saborde volontairement pour prolonger son bail en D2. Car on n'ose croire qu'un club avec tant d'avance au classement puisse ne pas monter, comme ce fut le cas des Picards lors de la saison 2001-2002. Malgré une place de coleader et un matelas de 10 points sur le 5e (les 4 premiers montaient) à 9 journées de la fin, ils accumulent les revers en fin de saison pour finalement terminer 7es. 4 défaites, 5 nuls, 5 buts marqués : un surplace inimaginable pour une équipe qui compte alors dans son effectif David De Freitas, Yohan Démont, Grégory Thil et Gaël Sanz. Et pourtant… La blessure d'Alexandre Clément, patron de la défense, la méforme de l'attaquant ivoirien Marc-Éric Gueï et le manque de profondeur de l'effectif pourraient expliquer ce scénario catastrophe. Nous préférons évoquer un attachement viscéral à la deuxième division.

GUINGAMP

29 saisons. 3 titres.
Mais la galette saucisse,
ça sent plus la Ligue 2
que l'élite, non ?

LA BANDE À CARNOT

Stéphane Carnot, meneur de jeu de Guingamp, nous fait revivre la première montée du club en Ligue 1, en 1995. La plus belle.

→ Stéphane Carnot.

Il est rare d'enchaîner deux montées successives, de National jusqu'en Ligue 1. Il y a eu Sedan, Valenciennes, Bastia, Évian Thonon Gaillard, Amiens, le Gazélec et Strasbourg. Et avant eux, Guingamp, en 1994 et 1995, grâce à une génération de jeunes joueurs qui deviendront des légendes du club. Parmi eux, Stéphane Carnot, Stéphane Guivarc'h et Lionel Rouxel. Arrivé au club à 13 ans, Stéphane Carnot a d'abord évolué en défense centrale, puis arrière droit, avant de se fixer numéro 10 sous les ordres d'Alain de Martigny. Ancré en D2 depuis les années 1980, régulièrement classé dans la première partie de tableau, Guingamp descend en National en 1993, comme 14 des 36 clubs de la D2 (alors en deux poules). Faire confiance aux jeunes devient une nécessité. Carnot joue meneur de jeu, derrière les deux attaquants. La semaine, ils mangent chez l'un ou l'autre, Guivarc'h et Rouxel habitant le même immeuble. Carnot crèche dans la rue d'en face, à 200 mètres. Ils refont les matchs, regardent des films ensemble. Le midi, après le repas en commun, chacun repart chez soi faire la sieste. « À force de se côtoyer dans la vie, on se connaissait si bien qu'on se trouvait les yeux fermés, se souvient Stéphane Carnot. Les automatismes se sont développés jour après jour, semaine après semaine. Sans regarder, j'étais capable de leur mettre un ballon dans la course. Il y a eu des buts marqués sur des passes aveugles ! » Aujourd'hui recruteur pour les Rouge et Noir, Carnot regarde avec admiration le recrutement effectué cette saison-là : Angelo Hugues, gardien remplaçant à l'AS Monaco, les défenseurs Hubert Fournier (Caen) et Richard Lecomte (Rouen), Ghislain Anselmini, venu de la réserve de Lyon... La mayonnaise prend rapidement.

« On se disait que ce serait plus facile en D1 »

En National, l'EAG entame la saison par une large victoire 5-0 contre La-Roche-sur-Yon, sous les yeux de Bertrand Desplat, futur président. Le club reste invaincu... 33 journées (défaite 1-0 contre Évry), signe qu'il est déjà mûr pour l'étage supérieur. Les joueurs ont bien conscience de leurs qualités. « On démarrait notre carrière, mais on avait l'impression d'avoir le niveau au-dessus, développe Carnot. On se disait qu'une fois promus, on serait prêts. Notre équipe était excellente, capable de jouer le haut du tableau de deuxième division. Quand on regardait les matchs à la télé, on se disait même que ce serait plus facile en D1 qu'en D2, car il y avait plus de place pour le jeu, davantage de changements de rythme. En deuxième division, le rythme était plus régulier, sans accélération. Cela nous convenait moins. » Le Championnat 1994-1995 de deuxième division a son épouvantail : l'Olympique de Marseille, relégué administrativement après l'affaire VA-OM. Dans une poule unique de 22 clubs, Guingamp apparaît comme un outsider, une équipe sérieuse et bien structurée, avec une réputation de beau jeu datant de l'époque de Raymond Keruzoré : en 1985-1986, Guingamp avait échoué en barrage contre Alès. Cette appétence pour le football offensif s'illustre à présent avec le trio Carnot-Guivarc'h-Rouxel. Ils marquent

43 buts à eux trois. Dès la 1re journée, Carnot et Guivarc'h plantent contre Nîmes (2-2). Sur le podium après 4 rencontres et un succès à Beauvais (1-0), les Bretons paraissent inarrêtables. « Quand on démarre bien une saison, mentalement, tout est plus simple. Dès qu'on gagnait un match, on savait qu'on resterait en haut. On prenait peu de buts, on avait la meilleure défense, un bon gardien. Tous les voyants étaient au vert. Quand vous devez gagner 1-0, vous le faites. On avait vraiment le sentiment que rien ne pouvait nous arriver. » Outre Angelo Hugues, l'EAG s'appuie sur Hubert Fournier, Richard Lecomte, Nicolas Laspalles, Didier Combe et Gilles Giuliano. Au milieu, Coco Michel se révèle comme un milieu défensif de premier choix.

« ON AVAIT VRAIMENT LE SENTIMENT QUE RIEN NE POUVAIT NOUS ARRIVER »

→ *Lionel Rouxel.*

Le Mans, Nancy et Saint-Brieuc sont battus. Après 8 journées, Guingamp demeure la seule équipe invaincue. La défaite à Gueugnon – qui sera promu en fin de saison – n'entame pas la confiance de l'entraîneur Francis Smerecki : « Notre match a été bon, les grandes équipes doivent savoir vivre avec la défaite. »

Adoubé par Bernard Tapie

La réception de Marseille confirme la valeur de cette formation, dont émerge le jeune Charles-Édouard Coridon. Le score (1-1, buts de Guivarc'h et Cascarino) et la physionomie du match font dire à Bernard Tapie : « Je ne sais pas quelle équipe finira devant l'autre. Mais vous pouvez vous préparer à casser la tirelire parce que vous serez en D1. » Le retour a lieu le 24 mars 1995, au Vélodrome. Si Tony Cascarino s'apprête à être sacré meilleur buteur, c'est bien le jeune Charles-Édouard Coridon qui marque le seul but du match. Avec cette victoire, plus rien ne semble pouvoir stopper l'EAG. Le club s'illustre même durant la première édition de la Coupe de la Ligue. Après avoir éliminé Rouen, Valenciennes et Le Mans, l'EAG rivalise avec Bastia, club de L1 et futur finaliste de la compétition face au PSG. Les Bretons ne s'inclinent qu'aux tirs au but (1-1, 4-3). Le tournant a lieu lors de la 40e journée, à Charleville, commune des Ardennes. « Un scénario incroyable. Ils mènent 3-1 en marquant des buts fantastiques, des lucarnes. Il reste 20 minutes dans le temps réglementaire. Si on reste sur ce score, on devra jouer une rencontre couperet contre Toulouse la semaine suivante. On revient finalement à 3-3 et on conserve nos 4 points d'avance sur Toulouse. On reste maîtres de notre destin. » Lionel Rouxel signe un doublé. Face au TFC, Guingamp s'impose 1-0 sur un but de Coco Michel (voir pages 150-151). Guingamp accède à la D1 pour la première fois de son histoire ! Vingt-deux journées en tête du Championnat, meilleure défense, plus petit nombre de défaites : la coupe est pleine. Les supporters envahissent le terrain, félicitent ces joueurs qu'ils croisent en ville, la semaine. Ils célèbrent la victoire jusqu'au bout de la nuit, investissent le centre-ville et se baignent dans la fontaine de la Plomée. Avec un onze pratiquement inchangé, Smerecki vient donc d'enchaîner deux montées… et parviendra à maintenir le club pendant trois saisons à l'échelon supérieur. Ancien meilleur buteur de l'EAG en L1 (un record désormais détenu par Jimmy Briand), Stéphane Carnot est fier d'avoir contribué à l'essor d'un club qui compte dans le paysage footballistique français : « La place de Guingamp se situe entre la 10e de Ligue 1 et la 10e de Ligue 2. Au-dessus, on sur-performe. En-dessous, on sous-performe. » Les successeurs de la bande à Carnot sont désormais attendus.

ÉQUIPE TYPE **GUINGAMP**

ATTAQUANTS

Stéphane **GUIVARC'H**

1991 - 1995
2001 - 2002

Andrzej **SZARMACH**

1985 - 1987

MILIEUX

Stéphane **CARNOT**

1989 - 1997
2000 - 2005

Claude **MICHEL**

1993 - 2005

Lionel **MATHIS**

2008 - 2016

Giannelli **IMBULA**

2009 - 2013

DÉFENSEURS

Nicolas **LASPALLES**

1992 - 1998
2003 - 2004

Marek **JÓZWIAK**

1996 - 2000

Yvon **SCHMITT**

1972 - 1980

Jérôme **FOULON**

1995 - 2001

GARDIEN

Angelo **HUGUES**

1993 - 1998

Stéphane GUIVARC'H

Ses buts les plus importants, il ne les a pas marqués en finale de la Coupe du monde, mais avec Guingamp : 66, dont beaucoup décisifs lors de la double promotion, en 1994 et 1995. Avec Rennes et Auxerre, il termina deux fois meilleur buteur de L1.

Stéphane CARNOT

Il fut meilleur buteur de l'histoire du club en L1, même si, dit-il, « cela ne représentait rien pour moi ». Une escapade avec Monaco en Ligue des champions, puis avec l'AJA de Guy Roux, avant de revenir à son premier amour.

Andrzej SZARMACH

33 buts en deux ans pour l'international polonais (demi-finaliste des Coupes du monde 1974 et 1982). Passé par Auxerre, le moustachu fut la première star du club, battu en barrages lors de la saison 1985-1986.

Claude MICHEL

Devenu responsable du Pôle Espoirs Masculin de Ploufragan, l'iconique Coco a toujours préféré l'ombre au soleil. « Quand l'équipe était bonne, j'étais bon. Et inversement. » Modeste avec ça.

Lionel MATHIS

En hommage à la Coupe de France gagnée en 2009 contre Rennes, savourez cette équipe : Gauclin – Koné, Saad, Deroff, Bassila – Colleau, Oruma, Soumah, Mathis – Gilson, Eduardo. Seuls deux clubs de L2 ont un jour soulevé la Coupe : Guingamp et Le Havre (1959).

Giannelli IMBULA

Vice-Champion de Ligue 2 et meilleur joueur du Championnat 2012-2013. Une promesse sans lendemain... Et pourtant, elle était belle, cette équipe de Gourvennec : Yatabaré (23 buts), Giresse (7 passes décisives), Mandanne, Kerbrat...

Marek JÓZWIAK

Marek débarque après avoir disputé la Ligue des champions avec le Legia Varsovie. Place à l'épopée guingampaise en Coupe Intertoto ! Il plante face au Dinamo Bucarest, puis élimine deux équipes russes, dont une remontada héroïque contre le Kamaz Tchelny (0-2, 4-0 a.p.).

Yvon SCHMITT

Parce qu'il a connu les premières saisons en D2 à partir de 1977, après avoir démarré en DHR. Parce qu'il fut, surtout, entraîneur, responsable de formation et découvreur de nombreux talents pour le club.

Nicolas LASPALLES

On décale le chevalier Laspalles à gauche. Buteur lors de la finale de la Coupe de France 1997, il fut de la première montée et des aventures européennes du club. Ah, cette double confrontation avec l'Inter Milan...

Angelo HUGUES

Un excellent gardien, champion de France 1988 avec Monaco, qui décide de se relancer comme titulaire en National. Avec lui dans les cages et Hubert Fournier derrière, Guingamp décolle. L'idole de Dunkerque, formée par Alex Dupont.

Jérôme FOULON

Membre du onze des années fastes, « les plus belles » de sa carrière, Foulon disputa 138 matchs de Championnat avec l'EAG. Il fut auparavant l'un des cadres de Valenciennes, puis de Lille.

CLAUDE MICHEL, CE HÉROS

Pas de doute, Coco, t'as Guingamp qui te colle à la peau.

Tout d'abord, le plus important : d'où vient ce surnom de « Coco » ? De Jean-Jacques Houzé, coéquipier au centre de formation. Les deux hommes sympathisent en cadets – 25 ans plus tard, ils passent toujours le réveillon de la Saint-Sylvestre ensemble – jusqu'à se frayer un chemin vers l'équipe pro. À l'été 1993, alors que Guingamp vient de tomber en National, Francis Smerecki demande à son adjoint, Yvon Schmitt, de trouver des jeunes susceptibles de renforcer le groupe. Schmitt pense immédiatement à Claude Michel, ce garçon repéré à 13 ans dans le village de Rostrenen. Capitaine de l'équipe B, le milieu défensif part en stage à Châtel, se met en évidence lors des séances de footing matinales, à 6 h 30, à jeun, autour du lac. Zbigniew Kaczmarek, international polonais, exaspère le coach avant un match contre Thonon-les-Bains. Coco, lui, applique les consignes. Il ne quittera plus l'équipe. « L'année où il a démarré, ce n'était pas prévu qu'il soit dans le groupe, rembobine Stéphane Carnot, de la même promotion de l'EAG. Francis Smerecki a vu en lui un joueur fiable et Claude a su saisir sa chance. Il a ensuite gravi les échelons et il est devenu un homme-clé dans la vie du club. » Des étapes franchies sans être toujours le meilleur, mais en donnant le meilleur de lui-même. Le style Michel.

Étudiant en STAPS à Rennes, il devient champion de National tout en continuant ses études. Sans le foot, il serait devenu professeur de sport, comme son père. Rattrapé par le monde professionnel, il s'investit à 200 %. Monstre de travail, Coco Michel fait oublier ses lacunes techniques pour s'imposer dans une équipe qu'il ne quittera plus : 438 matchs, 4 saisons en L2, 7 en L1, une finale de Coupe de France perdue en 1997 face à Nice… 438 matchs, mais seulement 6 buts !

Le but de la montée

L'homme sait choisir ses moments. Le 17 mai 1995, contre Toulouse, il récupère la balle dans les pieds de Jacky Paillard, s'avance, dribble Pierre Reynaud, fait mine de centrer pour Guivarc'h, fixe Philippe Montanier et inscrit le but de la montée, à 20 minutes de la fin du match. « Mon plus beau souvenir », dira-t-il avec le recul. Trois semaines auparavant, dans une action similaire, il avait choisi le centre… et le gardien avait anticipé. Pour la première fois de son histoire, Guingamp est en Ligue 1. Retombé en L2 trois ans plus tard, il sera élu meilleur joueur du Championnat 1998-1999 par *France Football*. La seconde montée, en 2000, doit autant à

ÉLU MEILLEUR JOUEUR DU CHAMPIONNAT 1998-1999 DE LIGUE 2

son abattage qu'aux buts du quatuor Abdelhafid Tasfaout-Samuel Michel-Fabrice Fiorèse-Edwin van Ankeren. Coco Michel n'a jamais songé à quitter le club. Sa fidélité en fera un symbole, une rareté dans le football moderne. Les supporters s'en souviendront et lui rendront hommage lors de son dernier match, le 27 mai 2005, contre Grenoble, avec un gigantesque tifo à l'effigie de leur héros.

CAEN

Les Normands se plaisent à camper sur les terrains de Ligue 2. 29 saisons et 2 titres.

LE DERNIER DÉBARQUEMENT

→ *Franck Dumas, coach des champions 2009-2010.*

Après deux années parmi l'élite, Caen est en première ligne pour la saison 2009-2010 de Ligue 2.

Trahis par l'ancien de la maison Yoan Gouffran à la 38e journée de Ligue 1 2008-2009 (défaite 1-0 face à Bordeaux), le Stade Malherbe Caen retrouve son camp de base : la Ligue 2. Franck Dumas est toujours aux commandes mais perd quelques moussaillons. Fahid Ben Khalfallah, Vincent Planté, Youssef Adnane et, surtout, le buteur Steve Savidan quittent le navire. Pas évident de remplacer « Savigoal » et ses 14 buts de la saison précédente. La solution devait se nommer Kandia Traoré, attaquant ivoirien venu du RC Strasbourg, mais c'est finalement un gamin, Youssef El-Arabi, qui va porter la troupe normande.
Tout commence comme dans un rêve. La victoire face à Nantes (1-0) en ouverture du Championnat sur une demi-volée délicieuse de Toudic lance une série de 12 matchs sans défaite. Caen fait feu de toutes parts. El-Arabi enchaîne les « bastos » dans les filets adverses, le général Nivet coordonne (11 passes décisives pour l'« Ultimo Diez »), le chef Sorbon va au charbon et le solide Thébaux rassure dans sa surface. Un régiment sublimé par le sourire et la grinta de l'ailier argentin Juan Eduardo Eluchans. « Elu », l'homme qui disait être « tombé amoureux des fromages normands », fait mouche à 5 reprises et s'impose comme un homme fort du système Dumas. Rapidement, le destin de la Ligue 2 semble avoir basculé. Le SM Caen ne s'incline qu'à 5 reprises, faisant du stade Michel-d'Ornano un véritable bunker (1 défaite, 12 victoires). Ses gardes du corps du Normandy Kop sont prêts à frissonner, comme lors de la 28e journée et un retourné acrobatique légendaire de Kandia Traoré face à Clermont. Cinq journées plus tard, les Caennais valident la montée en Ligue 1 après un match nul et vierge face aux Crocos nîmois. Le titre est en ligne de mire. Il sera validé à La Beaujoire lors de la 38e journée. Une victoire 3-1 (Traoré, Toudic, Eluchans pour les buteurs) face à des Canaris qui ont déposé les armes depuis longtemps. La quille pour les Normands.

UN SACRÉ ATTIRAIL

Thébaux - Barzola, Leca, Sorbon,
Tafforeau - Seube, Langil, Nivet,
Eluchans - Toudic, El-Arabi

FRANCKY, C'EST BON !

1 saison (1995-1996) avec Caen

37 matchs, 24 matchs en D2

Élu meilleur joueur du Championnat par *France Football*

FRANCK PRIOU RACONTE… LE SACRE DE 1996 !

Avec 24 buts, l'attaquant fut l'homme fort du premier titre de champion de D2 du SM Caen.

Pierre Mankowski, l'entraîneur

« Franck, reprends des cartons, c'est mieux »

« Il aimait le jeu, la possession était très importante à ses yeux. On avait une équipe pour jouer l'attaque. Il avait toujours la bonne parole et aimait rassurer ses joueurs. Il m'avait convoqué au lendemain d'un carton rouge stupide. Il m'avait dit : ‹ Ce genre de choses, c'est terminé. Tu ne peux plus refaire ça… › J'avais besoin d'être agressif et de râler pour être compétitif, et il m'a interdit de prendre des cartons. Je l'ai écouté. Deux matchs plus tard, nouvel entretien : ‹ Franck, reprends des cartons s'il te plaît, c'est mieux. › Il a senti que j'étais sur la réserve et que j'avais la hargne. »

Le vestiaire

« Quand il fallait pousser un coup de gueule, j'étais là »

« On était tout le temps ensemble. Il y avait beaucoup de complicité et c'est ce qui nous a permis d'aller aussi loin. Je faisais partie des plus anciens, j'étais un des plus écoutés dans le vestiaire. Il y avait des mecs posés, comme Raphaël Guerreiro, Pascal Vahirua ou Yvan Lebourgeois, qui ne s'emportaient jamais. Un beau mélange avec des anciens et l'éclosion de bons gamins, comme William Gallas et David Sommeil. C'était une bande de copains. Les meilleurs avec un ballon ? Stéphane Dedebant et Jean-François Péron ! Grands joueurs, techniques, capables de marquer et faire marquer. »

Journée 1, Toulouse FC 1-2 SM Caen

« Il faisait 50 degrés »

« La première mi-temps ? Trop chaude, il vaut mieux l'oublier. Il faisait 50 degrés ! Par contre, la deuxième mi-temps avait été exceptionnelle des deux côtés, avec un peu plus de fraîcheur. On marque deux buts en une minute sur deux pertes de balle adverses. Sur le premier, je centre pour Dedebant et, sur le deuxième, c'est Sommeil qui me lance en profondeur pour tromper Philippe Montanier. C'était mérité sur l'ensemble du match. On démarrait bien la saison. »

Journée 8, SM Caen 2-0 Olympique de Marseille

« Les Marseillais sont partis en couilles »

« Un match spécial pour moi car je suis né à Martigues. Je me souviens d'avoir eu une grosse pression avant la rencontre. Le stade était plein à craquer et le match était télévisé. On a marqué rapidement un but exceptionnel. Un cas d'école : déboulé de Lièvre, une-deux avec moi et centre

pour Michel… Incroyable ! Les Marseillais sont partis en couilles ce jour-là. Ils s'en sont pris à l'arbitre, il y avait beaucoup d'accrochages. Ils ont terminé à huit et j'ai marqué sur penalty. On restait invaincus. À la fin du match, j'étais content de les avoir battus, mais je voulais que Marseille monte avec nous. »

Journée 9, Red Star 2-1 SM Caen

« J'ai beaucoup croqué »

« Cette défaite n'est pas méritée. J'ouvre le score en dribblant Forêt, le gardien du Red Star. Puis, je rate la balle de 2-0… J'ai beaucoup croqué ce jour-là. En deuxième mi-temps, l'équipe ne joue plus. On ne pense qu'à défendre notre but et on le paye cash. Mais ça fait du bien de perdre de temps en temps. Le Red Star avait une belle équipe, qui jouait la montée. Le match retour avait été reporté après la 35e journée et on avait gagné sur le même score (*but victorieux de Franck Priou*). Là, on a compris qu'on allait monter en D1. »

Journée 21, juste avant la trêve, Châteauroux 0-1 SM Caen

« Tous les 500 mètres, quelqu'un vomissait »

« On a cinq points d'avance. J'ai le souvenir d'un vestiaire très serein. On a fêté le jour de l'An ensemble dans un endroit qui s'appelle *La Campagnette*. On est rentrés à 9 heures du matin et tout le monde était bien chaud. C'est ma femme qui a ramené tout le monde dans ma grosse voiture, un Frontera sept places, mais on était dix dans la bagnole. Tous les 500 mètres, quelqu'un vomissait. Il y a prescription aujourd'hui. Je m'en rappellerai toute ma vie. Le problème, c'est qu'on a eu un petit trou au début de la phase retour. Coïncidence ? »

Journée 25, SM Caen 3-0 FC Lorient

« Je plante un triplé en dix minutes »

« À l'époque, les effectifs étaient très réduits et, dans cette D2 à 22, c'était logique d'avoir des passages à vide. On s'est bien repris contre Lorient. J'ai planté un triplé en dix minutes, dont le premier but sur penalty. Ce match a nous relancés et m'a fait un bien fou. On avait fait nul 1-1 à Lorient à l'aller. Le Lorient de Christian Gourcuff, c'était l'épouvantail du Championnat, capable de battre tout le monde. »

Journée 28, Olympique de Marseille 1-0 SM Caen

« Tétanisés par le Vélodrome »

« On n'a pas joué, là-bas... Sans faire un grand match, l'OM nous a battus. L'équipe était glacée par l'ambiance. C'était la dernière au Vélodrome avant les travaux pour la Coupe du monde 1998. Comme je connaissais très bien ce club, j'essayais de rassurer mes coéquipiers en leur disant : ‹ Il ne va rien se passer de spécial, ils essaient de nous impressionner. › Ca n'a pas suffi car beaucoup de joueurs n'étaient pas à 100 %, tétanisés par le Vélodrome. C'est dommage. Moi, je m'en tapais. J'en ai vu d'autres, des ambiances chaudes, quand je jouais à Istres, où j'ai joué des matchs beaucoup plus durs que ça. L'OM nous a dépassés au classement, mais on ne s'est pas affolés parce qu'on savait qu'on était juste passés à côté. »

Journée 40, USL Dunkerque 0-1 SM Caen

« Les plus longues minutes de toute ma vie »

« J'étais blessé. Le coach savait que le match contre Toulouse serait décisif lors de la dernière journée, il m'a donc préservé. C'était tellement stressant ! On menait à la mi-temps, grâce à Lemarchand. On maitrisait, mais on avait du mal à se procurer de grosses occasions. Les dix dernières minutes, c'était un truc de malade... Sur le banc, c'était les plus longues minutes de ma vie. Tu ne sers à rien. Heureusement, ça s'est bien fini et on a validé la montée. On a fait la fête, mais on voulait quand même terminer premier car il y avait de plus grosses primes pour les champions. Et un titre, c'est pas dégueulasse, si ? »

Journée 42
SM Caen 2-0
Toulouse FC

« Élu meilleur joueur de D2 »

« Pour ce match, on avait tous les cheveux rouges et bleus. Moi, j'avais une jolie crête rouge. J'ai planté un doublé, mais je n'ai jamais revu les images… On a terminé leader devant Marseille et j'ai été élu meilleur joueur de D2 par *France Football*. Les femmes des joueurs portaient le maillot de leur mari avec le short, les chaussettes, la totale, mais, tout ça, on ne le savait pas. À la fin du match, elles devaient nous rejoindre, mais tous les supporters sont entrés sur la pelouse. Quand elles ont vu tout le monde courir, elles ont rapidement fait demi-tour. On a fêté ça dans le vestiaire et, après, en bus dans la ville et à la mairie de Caen. Ce sacre, c'est un très grand moment de ma vie. »

Sa fin d'aventure

« J'ai dit au président qu'il allait redescendre direct ! »

« Personne n'a essayé de me retenir à la fin de la saison. Si le club avait accepté de me prolonger, je serais resté bien évidemment à Caen.
À la radio, j'ai dit au président Fortin qu'il allait redescendre direct.
S'il préférait se séparer d'un mec comme moi ou Samuel Michel pour prendre ce qu'il a pris… Je lui ai dit qu'il commettait une grosse erreur. S'il avait recruté Cantona ou Papin, ok. Mais si c'était pour prendre moins fort, je ne voyais pas l'intérêt. À chaque fois qu'un club monte, tout le monde pense que les joueurs n'ont pas le niveau.
Il ne fallait pas casser ce groupe !
Les gars me disaient : ‹ Franck, ils nous ont mis dans les pattes un mec qui n'avance pas, on ne sait même pas d'où il vient. › C'est dommage. Toute ma famille était heureuse là-bas, j'ai côtoyé des gens extraordinaires.
À Malherbe, c'était que du bonheur. »

LES ONZE VIKINGS

ÉQUIPE TYPE **CAEN**

Jérôme **ROTHEN**

1997 - 2000
2013

Cyrille **WATIER**

1999 - 2005

Yoan **GOUFFRAN**

2003 - 2008

ATTAQUANTS

MILIEUX

Stéphane **DEDEBANT**

1992 - 1997

Nicolas **SEUBE**

2001 - 2017

Anthony **DEROIN**

1997 - 2012

DÉFENSEURS

Franck **DUMAS**

1987 - 1992
2001 - 2004

Thomas **HEURTAUX**

2009 - 2012

Raphaël **GUERREIRO**

2012 - 2013

Christophe **POINT**

1981 - 1995

GARDIEN

Luc **BORRELLI**

1995 - 1998

Jérôme
ROTHEN

Une trajectoire étonnante. Élu dans l'équipe type de L2 2000, il file monnayer ses talents à Troyes puis à Monaco et au PSG. S'il regrette son come-back de 2013, Rothen préfère retenir ses 98 matchs de D2 sous le mandat de Pascal Théault, grand serviteur du club.

Cyrille
WATIER

Pas le plus sexy ni le plus élégant mais le plus efficace. C'est ce qu'elles disent des auteurs de ce livre. Et ce que disent les statistiques de Cyrille Watier, 63 buts avec Caen, l'attaquant le plus prolifique du club. Goleador pour les uns, Watier-closed pour les autres, il a divisé les supporters mais a marqué sa dizaine de pions, saison après saison.

Yoan
GOUFFRAN

Deux saisons à 8 et 15 buts en Championnat pour la pépite caennaise, lancée chez les professionnels à 17 ans. Élu « all-star » de L2 en 2006-2007 par l'UNFP, Gouffran confirme en L1 mais finit par échouer à Newcastle, comme tous les Français exilés là-bas.

Stéphane
DEDEBANT

Un grand talent et espoir du football français à la carrière freinée par une blessure. Il se montre néanmoins décisif dans le titre de 1996 et totalise 25 buts en 178 matchs. Ses deux coéquipiers les plus forts ? « Xavier Gravelaine et Aleksandr Mostovoï. »

Nicolas
SEUBE

Le Paolo Maldini normand : la même beauté physique, la même classe, la même fidélité (520 matchs, record du club). Seize ans à Caen, comme latéral ou milieu défensif. Seube-ce-héros fut nominé à quatre reprises au « Ballon d'eau fraîche » des *Cahiers du football*. Car, en plus, il est sympa.

Anthony
DEROIN

Avant l'avènement de Nicolas Seube, « Titi » Deroin détenait le record de matchs disputés avec le club. L'homme a tout connu : dix saisons en L2 – les bonnes comme les mauvaises –, trois montées, trois descentes… Il fallait avoir le cœur bien accroché.

Franck
DUMAS

Pas le plus grand des poètes mais une place de choix dans le livre d'or, d'abord comme joueur puis comme entraîneur (champion de L2 2010, deux montées). Champion de France 1997 avec Monaco, Franck garde le sens des priorités : « Caen, ça restera toujours le truc le plus fort de ma vie. »

Thomas
HEURTAUX

En concurrence avec David Sommeil, Milos Glonek et William Gallas pour intégrer cette équipe type, Thomas Heurtaux fut champion de L2 et international espoirs sous le maillot caennais. Sa carrière italienne (Udinese, Vérone) confirma le talent de ce fan d'Eva Longoria (info sourcée et vérifiée).

Raphaël
GUERREIRO

À ma gauche : Grégory Tafforeau, 138 matchs avec Caen. À mon extrême gauche : Raphaël Guerreiro, une saison aboutie en L2. Son entraîneur, Patrice Garande, n'a besoin « que de trois mi-temps » pour devenir fan de ce jeune latéral sûr de lui.

Luc
BORRELLI

Homme et gardien d'exception dont le nom fut scandé par les supporters le soir de la célébration du titre de champion de D2 1995-1996. Buteur sur penalty contre Gueugnon pour son dernier match à domicile avec Caen ! Une tribune de Michel-d'Ornano porte son nom.

Christophe
POINT

Ses débuts en D3, à 16 ans, laissaient présager une belle et longue histoire avec Caen. Et, à la fin, ils eurent 337 matchs ensemble, une montée en D1 (1988) et deux rencontres européennes, face à Saragosse. Témoin de mariage : Yvan Lebourgeois.

BREST

●

**23 saisons. 1 titre (1981).
Mais Brest est quand
même à l'aise en deuxième
division.**

LE COUP DE TONNERRE

En 2010, le Stade Brestois retrouve la L1 après dix-neuf ans d'absence. Sans prévenir.

Maintenu de justesse grâce à Alex Dupont, Brest repart à l'été 2009 sans afficher d'ambitions dévorantes. L'arrière latéral Omar Daf (Sochaux) et le milieu Oscar Ewolo (Lorient) apportent leur expérience de la Ligue 1, Bruno Grougi (Clermont) sa précision sur coups de pied arrêtés et Nolan Roux (Lens) sa fougue. Ce cocktail de recrues confirmées et d'espoirs ayant tout à prouver mène rapidement le club dans les hauteurs du classement.

La montée trotte dans les têtes après un succès (3-1) à Dijon, fin décembre. Après l'ouverture du score de Lesoimier, Ewolo répond à Isabey, puis Nolan Roux parachève la victoire. À Nantes (4-1), le 5 février, Roux et Grougi inscrivent chacun un doublé. Les Bretons restent invaincus de la 15e à la 25e journée. Kantari, patron d'une défense insubmersible – la deuxième du Championnat –, est secondé dans sa tâche par le gardien Steeve Elana, auteur de 15 clean sheets. Organisé en 4-4-2 autour d'un pressing fort, Brest étouffe ses adversaires et fait la différence dans la dernière demi-heure. L'attaque numéro un du Championnat profite de l'éclosion de Nolan Roux, alors âgé de 21 ans. Sa générosité est récompensée par 15 buts, dont l'un inscrit face à Tours (2-0), en avril, lors du match de la montée, sur une passe décisive de l'inévitable Bruno Grougi. « On est en L1, on est en L1 », chantent les supporters brestois, aucunement refroidis par un poteau trouvé par Olivier Giroud, meilleur buteur de la saison (devant Anthony Modeste, excusez du peu).

« C'était quoi ce bordel ? »

Le mérite de la montée revient aussi à ce public, formidable de dévotion. « Dans les moments charnières, j'ai pu compter sur les cadres et sur nos supporters », louait Alex Dupont. Sauf peut-être pour le dernier match, perdu 4-1 à domicile contre Dijon. Il faut dire que, les jours précédents, les joueurs ont fait la fête et n'ont plus forcément la tête à la L2… Ébahi, l'entraîneur brestois rentre au vestiaire à la fin de la rencontre puis lâche : « C'était quoi ce bordel ? » Et Oscar Ewolo de lui répondre : « Vous savez, coach, on monte en L1 ! »

ALEX DUPONT, LA L2 AU CŒUR

Élu entraîneur de l'année 2010 avec Brest, le regretté Alex Dupont avait le Championnat tatoué sur le corps. Logique pour un biker.

Toute sa carrière, Alex Dupont a été catalogué entraîneur de L2. Près de 600 matchs répartis entre Dunkerque, Gueugnon, Laval, Amiens et Brest pour un total de 720 rencontres dirigées dans les championnats professionnels français. Sa réputation, il la devait à sa gouaille, son allure débonnaire, ses blousons en cuir et sa Harley-Davidson, mais aussi à un événement qui influencera le regard que porteront sur lui les présidents: «Le tournant, ce fut l'OM. En janvier 2001, Robert Louis-Dreyfus m'avait contacté. Le contrat était prêt, mais mon président, Pascal Urano, n'a pas voulu me libérer.» Le train est passé. Sedan termine 5e après avoir perdu Nicolas Sachy et Cédric Mionnet sur blessure. Après une défaite 4-0 en Coupe d'Europe à Príbram (République tchèque), Dupont est licencié du jour au lendemain lors de la saison suivante.

Courtisé par l'émir, il s'engage avec la sélection olympique du Qatar pour un contrat de six mois et reste finalement deux ans, en vue des JO d'Athènes. « Puis, Laval me contacte à la trêve et je parviens à les sauver en prenant 26 points lors de la phase retour. » Mais, entre-temps, la Ligue 1 l'a oublié. C'est donc en Ligue 2 qu'il poursuit son bonhomme de chemin. Sans aigreur ni jalousie. « Entraîner en L1 ou ici, c'est pareil. On fait le même travail. La seule différence concerne la qualité de l'attaquant de Ligue 1, où la moindre occasion se paye cash. »

« LE TOURNANT, CE FUT L'OM. EN JANVIER 2001, ROBERT LOUIS-DREYFUS M'AVAIT CONTACTÉ »

Alex Dupont n'a jamais eu d'agent. Il fait confiance aux hommes, comme lorsqu'il préfère rejoindre Ajaccio plutôt que la sélection sénégalaise, conquis par le projet vendu par Alain Orsoni. Des clubs avec des valeurs qui sont les siennes, celles d'un petit-fils de pêcheur et fils de poissonnier dunkerquois. Est-ce un hasard si Boulogne, Dunkerque, Sedan, Gueugnon sont des villes populaires ? « L'aspect humain a toujours été important dans mon parcours. À Brest, lors de la montée, tout le monde se sentait concerné. Il n'y avait pas d'exclus. Je faisais confiance aux gens. » Il aime ses joueurs, qui le lui rendent bien. Bruno Grougi : « Il m'a appris que le foot, ce n'est pas seulement les paillettes et qu'il faut aussi s'investir. » Ahmed Kantari : « Il sait parler aux joueurs, que ce soit au groupe ou à chacun d'entre nous. » Sa seule vérité est l'esprit d'équipe. « En football, l'effort collectif passe souvent par-dessus le talent. » À Sedan, c'est par la solidité défensive qu'il avait emmené l'équipe jusqu'en Coupe d'Europe. On défend tous, un pour tous et tous pour un. En 2000, il avait été élu entraîneur français de l'année par *France Football* pour ses performances à Gueugnon et dans les Ardennes. Cette année-là, les Forgerons remportent la Coupe de la Ligue. « Gueugnon, je m'en souviens comme si c'était hier. Ça a été un moment magique qui nous a sans doute coûté la montée. On avait préparé la demi-finale face au Red Star le plus sérieusement possible, avec trois jours de mise au vert. Un traquenard complet, un lundi soir, à 18 heures. Ça se finit en 2-2 avec une séance de tirs au but interminable. Trivino, le gardien, inscrit le tir décisif. Contre le PSG, alors 2e de Ligue 1, avec Okocha, Benarbia, Christian, on se rend la veille au stade. Je dis : ‹ On joue une finale, c'est pour la gagner. › On a joué à 200 % et gagné non pas sur un but de raccroc, mais après un match plein. »

Bienvenue chez les Ch'tis

Pour autant, ne le réduisez pas à cet aspect défensif, car ce fan d'Alex Ferguson et d'Arsène Wenger – ses modèles – revendiquait « un amour du jeu », de la passe plutôt que du dribble, du plaisir à l'entraînement. Voire du plaisir tout court. Bon vivant, amateur de vin rouge, de foie gras et de fricadelle (évidemment !), il connaissait par cœur les répliques du film *Bienvenue chez les Ch'tis*, tourné à Bergues, à dix kilomètres de Dunkerque. Dupont n'a jamais repris la poissonnerie de l'avenue des Bains car, international junior, il préféra tenter sa chance comme footballeur. Il évolua en D2 avant de se blesser à la jambe, à 28 ans. « Je n'ai pas fait les efforts nécessaires pour aller haut », concédait-il. Il laissera le souvenir d'un entraîneur passionné et passionnant.

ÉQUIPE TYPE **BREST**

David **GINOLA**
1990 - 1991

Drago **VABEC**
1979 - 1983

Roberto **CABAÑAS**
1988 - 1990

ATTAQUANTS

MILIEUX

Bruno **GROUGI**
2009 - 2018

Maurice **BOUQUET**
1985 - 1991

Paul **LE GUEN**
1984 - 1989

DÉFENSEURS

Yvan **LE ROUX**
1977 - 1983

Pascal **PIERRE**
1987 - 1991

Patrick **COLLETER**
1986 - 1990

Jocelyn **RICO**
1978 - 1985

GARDIEN

René **TRÉGUER**
1964 - 1978

David
GINOLA

Il fête sa première sélection alors qu'il évolue à Brest, en novembre 1990. Une histoire d'amour. « En D2, c'était dur pour moi, avec un coach adverse qui disait à son joueur : ‹ Ginola, tu le tiens, tu ne le lâches pas ! Tu le marques à la culotte. › Je remercie encore ce public de m'avoir soutenu ! »

Drago
VABEC

Peut-être le joueur le plus doué jamais passé ici. Le Yougoslave, barré en sélection par Dragan Dzajić, trouva un terrain d'expression plus favorable à Brest. Il refusa le Bayern Munich pour devenir le co-meilleur buteur de l'histoire du club (64 buts) avec Gérard Buscher.

Roberto
CABAÑAS

Le transfert du Paraguayen reste l'un des plus improbables du football français. Cela tombe bien : on vous le raconte dans les pages suivantes.

Bruno
GROUGI

Les coups francs de Bruno Grougi sont devenus une marque déposée depuis la saison de la montée (2009-2010). Capable d'offrir des passes décisives à des attaquants comme Alexandre Alphonse ou Charlison Benschop. Respect.

Maurice
BOUQUET

L'homme aux trois poumons. L'ancien capitaine laissait la lumière aux artistes, mais son rôle fut précieux durant la saison 1988-1989. Un grand monsieur, vraiment (sans lui jeter des fleurs).

Paul
LE GUEN

Une sacrée frappe de balle et des buts en barrages contre Le Havre et Nîmes : avant le PSG et l'équipe de France, Le Guen s'est révélé chez lui, dans le Finistère.

Yvon
LE ROUX

Le Roux dispute 180 rencontres avec son club formateur avant de prendre son envol pour enrichir son palmarès : une Coupe de France avec Monaco, l'Euro 1984 avec les Bleus et le titre de champion 1989 avec l'OM. Un crack.

Pascal
PIERRE

Pierre qui roule n'amasse pas masse de titres, hormis la Coupe de la Ligue 1996 avec Metz. Auparavant, il avait disputé les barrages avec Brest, en 1989. « Une émotion vraiment très forte. Après la victoire chez nous contre Strasbourg, l'ambiance était incroyable ! »

Patrick
COLLETER

La montée en 1989, certes, mais surtout un doublé en équipe nationale… de Bretagne ! En foot en salle… Est-ce que ça compte ? Affirmatif. Le 30 décembre 1988, Colleter, Martins, Pouliquen et Tibeuf pulvérisent 6-2 les USA.

René
TRÉGUER

Malgré son titre de gardien de la saison 2009-2010, Steeve Elana laisse sa place de titulaire à René Tréguer, 309 matchs disputés sous le maillot brestois, record du club. Avec un regret : il n'a jamais connu la première division française.

Jocelyn
RICO

Champion de D2 en 1981, Jocelyn débute en équipe de France olympique en 1983 mais manque de peu les JO 1984 de Los Angeles. En 1989, il perd le titre avec le PSG en toute fin de saison. Poissard.

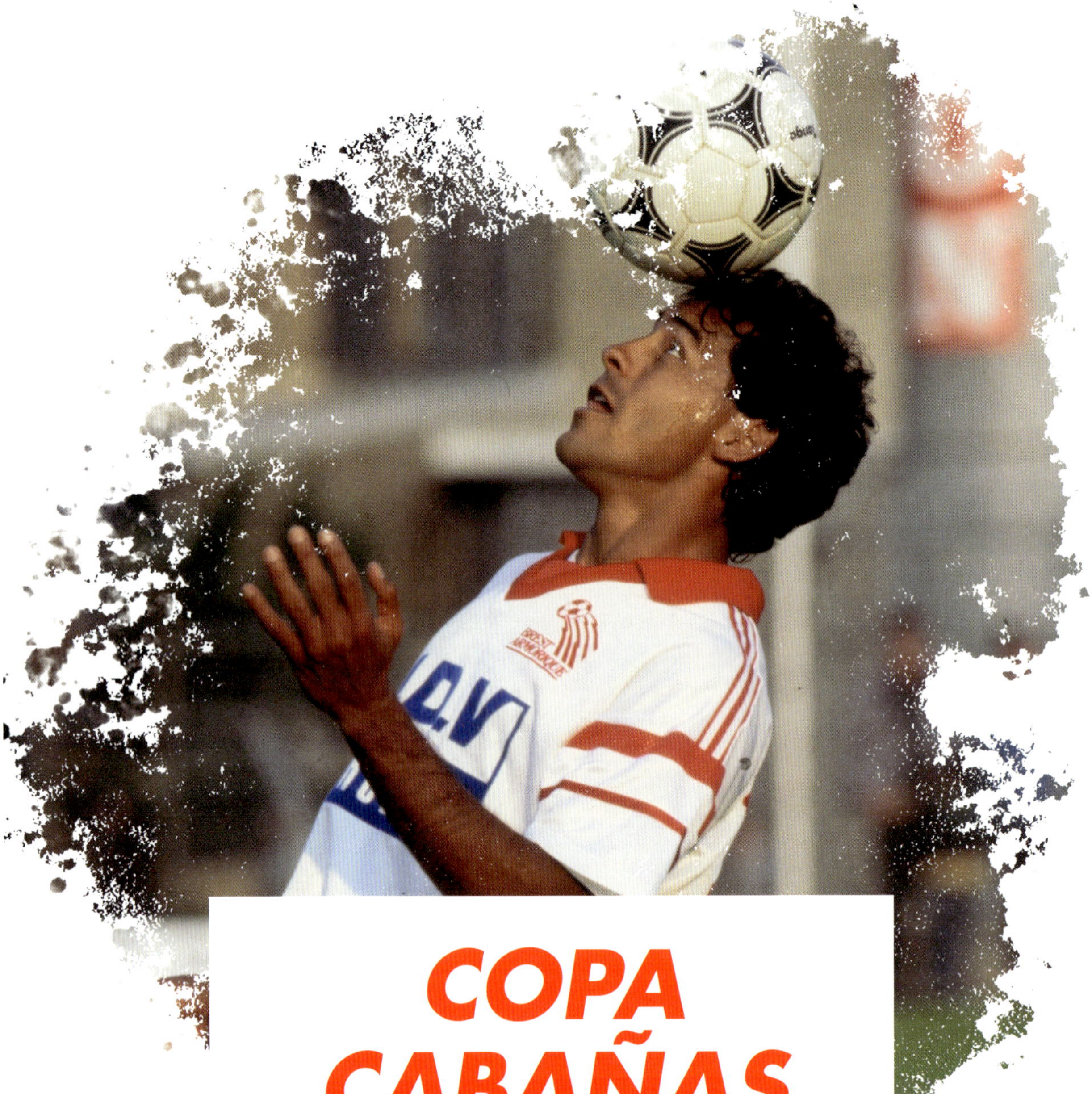

COPA CABAÑAS

Il avait le génie d'un footballeur brésilien, mais Roberto Cabañas était paraguayen. Après un transfert rocambolesque, l'attaquant réalisa une saison 1988-1989 extraordinaire.

Bloqué en Colombie dans un hôtel placé sous surveillance policière, François Yvinec réfléchit à une méthode d'évasion. Le président brestois a interdiction de quitter le territoire. Juan José Bellini, son homologue de l'América de Cali, a porté plainte car il estime que la signature apposée sur le contrat de son joueur Roberto Cabañas est fausse. Yvinec s'est déplacé plusieurs fois en Colombie pour négocier un transfert au montant revu à la hausse. Alors que son nom fait la Une des médias français, il annonce finalement son plan à la radio, en breton : un ribin, un chemin détourné, voilà la solution !
Au matin d'un énième rendez-vous devant le palais de Justice de Cali, François Yvinec quitte l'hôtel, direction l'aéroport. Et Bogota. De là, Yvinec file vers Panama puis atterrit à Caracas afin de retrouver Roberto Cabañas. Nous sommes le samedi 19 décembre 1987, minuit. Après un mois et demi d'imbroglio, les deux hommes rejoignent finalement l'aéroport de Brest-Guipavas à 15 h 25. Le show Cabañas peut commencer.

René Girard lui pète le nez

Le transfert a été rendu possible grâce à l'argent de la SODIBA, un groupement de chefs d'entreprises proches du club. Ils devront attendre plusieurs mois avant de voir évoluer l'international paraguayen, révélé au grand public par son doublé contre la Belgique lors du Mondial 86. Futur relégué de D1, Brest a dépassé son quota de joueurs extra-communautaires. C'est donc en deuxième division que Cabanas fait ses premiers pas. « La Panthère », son surnom au Paraguay, est imprévisible, capable de traverser le terrain à genoux après un but. Au Cosmos de New York, le Paraguayen fréquentait Beckenbauer mais aussi les top models en boîte de nuit. À Brest, il change de monde mais apprécie la ville, et ce groupe revanchard, qui avait terminé 8e de D1 en 1987. Il a beau être une star, il prodigue tout de même ses conseils aux jeunes talents, les Paul Le Guen, Vincent Guérin, Ronan Salaün. Interrogé par *Le Télégramme* en janvier 2017, au lendemain de la mort de Cabañas, Salaün raconte : « Roberto entraînait tout le stade derrière lui et tous les joueurs : c'était vraiment un leader naturel. On ne l'a jamais vu traîner des pieds, même quand on allait jouer au Touquet et que le stade n'était même pas ouvert quand on arrivait... Devant 500 ou 50 000 personnes, il jouait de la même façon, c'était sa passion... »

BLOQUÉ EN COLOMBIE, LE PRÉSIDENT BRESTOIS A INTERDICTION DE QUITTER LE TERRITOIRE

Son association avec Dragisa Binić, venu de l'Étoile Rouge de Belgrade, sème la pagaille dans les défenses adverses. Seconde meilleure attaque du Groupe A avec 62 buts, Brest s'était emparé de la tête du classement dès la 5e journée après une victoire à Gueugnon (1-0) mais avait subi la loi de Mulhouse, leader en fin de saison. Seulement 3 défaites, mais le club doit jouer les barrages. Cabañas ne veut pas laisser passer sa chance : après avoir éliminé Le Havre (4-1), il sort de la double confrontation contre Nîmes (3-0, 0-1) avec un nez cassé par le capitaine adverse René Girard, buteur contre son camp. Le héros brestois doit affronter Strasbourg, 18e de D1, avec un masque, devant 17 757 spectateurs à La Meinau. L'ouverture du score de Cabañas refroidit le public qui se contente d'un nul 2-2. En Bretagne, Strasbourg n'est que l'ombre de lui-même. Les Alsaciens coulent et subissent la loi de Cabañas, à la réception d'une passe décisive de Le Guen. Malgré le faux rebond, son plat du pied fait mouche. Brest est en D1 !
25 buts en 1988-1989, 10 l'année suivante, en D1 : le Paraguayen confirme son talent et écrit la plus belle page de son livre d'or face à l'OM, le 24 mars 1990. Il fait mordre la poussière aux futurs finalistes de la Coupe d'Europe 1991 en inscrivant un but sur coup franc et un autre d'une reprise de volée pour un succès 2-1. « Sur le deuxième, j'ai frappé fort en faisant confiance à Dieu. Et Dieu est sympa avec moi. »

LORIENT

•

Sur les 26 saisons passées en Ligue 2, 10 portent le sceau de Christian Gourcuff. Un Merlu bien frais.

LE FC GOURCUFF

Le monde pro, son jeu, ses succès… Retour sur l'ère lorientaise de Gourcuff, le joueur et l'entraîneur.

Un plan à trois en cinq épisodes. Au casting : le FC Lorient, Christian Gourcuff et la deuxième division. Cinq aventures en D2 au rythme des « Je t'aime... moi non plus ». Mais, pour mieux comprendre cette belle histoire d'amour, un petit point historique s'impose. Après plusieurs voyages entre le CFA et la DH, le dépucelage du club lorientais avec la D2 a lieu entre 1967 et 1977. Mais le final ne sera pas aussi joyeux que prévu. Les Orange et Noir se retrouvent, cinq ans plus tard, en... division supérieure régionale, en conséquence d'un jeu ennuyant et d'un Moustoir déserté. Le club des supporters colmate alors les brèches et rachète le FCL pour un franc symbolique ! Georges Guenoum, propriétaire d'une entreprise d'import-export, est propulsé président. Il convainc certains joueurs de porter le maillot des Merlus en leur trouvant un travail.

Gourcuff, l'entraîneur qui veut toujours jouer

À l'été 1982, Christian Gourcuff évolue en Suisse. Et il veut encore jouer. La D1 suisse francophone ne manifeste pas d'intérêt et l'US Orléans (D2) ne l'intéresse guère : sa femme veut terminer ses études en Bretagne. C'est alors que Guenoum entre dans la danse. Convaincu par des anciens de l'US Berné (club de Gourcuff de 1974 à 1978) et charmé par la réputation de celui qui conjugue football et enseignement, il lui propose un challenge clair : faire remonter le FC Lorient au plus haut niveau. À 27 ans, l'aplomb du nouveau joueur-entraîneur est bluffant : « Le FCL s'efforcera toujours de soigner la manière par respect des joueurs, du public et du football, à l'extérieur comme à domicile. C'est la seule façon de progresser, déclare-t-il à son arrivée. Je voulais jouer en D1. Mais je ne suis pas déprimé : ce qui prime, c'est le plaisir de jouer. Et dès les matchs amicaux, j'ai un plaisir incroyable sur le terrain. »

Le décor est planté. Et le coup de foudre immédiat. Trois ans et trois montées plus tard, le milieu de terrain offre aux Merlus un match décisif face à Évreux pour enfin retrouver la D2.

« Tu seras le plus jeune entraîneur de D2 »

Mai 1985 : le FC Lorient s'impose 4-2 grâce à un doublé et une passe décisive de Jean-Marc Jeffroy, élu joueur du match par *Ouest-France*, devant 3 000 spectateurs proches de l'orgasme au Moustoir. Cette nouvelle montée en D2 est la juste récompense de ce groupe remodelé à petites doses, saison après saison. Christian Gourcuff est un architecte. Sur le terrain, il dirige, guide. Il aiguise sa vision du football en s'appuyant sur des marqueurs forts, même dans les bas fonds du football français : technique individuelle et collective, vitesse de transmission, lignes resserrées et joueurs proches les uns des autres. Lors de son arrivée, Georges Guenoum avait joué au devin : « Tu seras le plus jeune entraîneur de D2 », lui avait-il promis. Promesse tenue.

Après quelques prospections au FC Nantes pour recruter des stagiaires finalement trop gourmands, Lorient doit faire avec les moyens du bord. Le club possède le plus petit budget de la division. Le défenseur Jacques Pérais (Grenoble) et les milieux José Belchior (Vannes), Willem Letemahulu (Valence) et Albert Nelson (Angers) posent leurs valises chez les Merlus. L'entraîneur-joueur demande à des bénévoles de modifier les infrastructures, souhaite de nouveaux terrains et développer les autres équipes du club. La patte Gourcuff se fait les griffes. Titulaire du brevet d'État 2e degré, qui lui permet d'entraîner en D2 une année si l'équipe monte de D3, il ne peut plus être joueur. Inenvisageable. Jean Brélivet arrive au club pour entraîner les jeunes et servir de prête-nom pour que Gourcuff puisse continuer à jouer. On n'oublie jamais sa première fois, mais celle qui va suivre gardera un goût amer.

1985-1986 : à 2 petits buts près...

Dans la poule B, Christian Gourcuff va se frotter à des clubs rodés au niveau professionnel comme le FC Mulhouse, l'En Avant de Guingamp de Raymond Keruzoré et, surtout, le RC Paris, « joujou » de Jean-Luc Lagardère, relégué de D1 et qui compte Maxime Bossis et Alim Ben Mabrouk dans ses rangs. Raynald Denoueix, qui avait croisé avec le FC Nantes la route de Gourcuff (alors en D3) en Coupe, affichait son scepticisme : « Je crains que Lorient ne s'aperçoive que son football n'est pas adapté à la deuxième division : à cet échelon, il y a dix-huit équipes qui entrent sur le terrain pour ne pas prendre de but. Le FCL ne joue pas dans l'esprit de la D2. » Peu importe. Premier match, contre Angers, et première victoire pour Christian Gourcuff, titulaire au milieu de terrain avec le véloce José Belchior, buteur. Le déplacement à Abbeville, la journée suivante, est plus délicat. Défaite 6-0. « Nous ne varierons pas notre façon de jouer, même si ce camouflet m'oblige à reconsidérer certains éléments », lâche l'entraineur-joueur à la fin du match, fidèle à ses idées. L'équipe séduit. Après une défaite 2-0 au Parc des Princes face au Racing Club de Paris en octobre, les journaux locaux commentent : « Les Merlus n'ont pas pris la leçon et l'ont même donnée en plusieurs occasions pendant la première mi-temps. » Seul le talent individuel fait la différence.
En attendant les fêtes, plus personne ne va cartonner la bande à Gourcuff, qui s'offre une honorable 12e place à la trêve. Mais personne ne sortira le champagne à la fin de saison. Lors de la 21e journée, les Guingampais viennent croquer les Merlus au Moustoir (4-0), où Andrzej Szarmach plante un doublé. Une nouvelle défaite dans un derby, face au Stade Quimpérois (1-0), à la 28e journée, va marquer le début d'une série noire. Plus aucun but ne sera marqué par les coéquipiers de Claude Colas (meilleur buteur lorientais de la saison en D2, avec 10 buts) jusqu'à l'avant-dernière et 33e journée, face à Caen (2-0). De quoi s'offrir une finale pour le maintien face au SCO d'Angers, à égalité de points avec Lorient. Au cours du match, une rumeur prétend que Valenciennes et Rouen, également à la lutte pour le maintien, seraient en train de perdre. Deux résultats qui sauveraient Lorient et Angers... Problème : sans téléphone ni télévision, impossible de vérifier la véracité de l'information. Valenciennes s'impose en réalité 2-0 face à Sedan et relègue Lorient à la 16e place. Retour en D3 pour les Merlus.
Pas pour Christian Gourcuff. Le club breton veut conserver un fonctionnement amateur et commence à critiquer le jeu à risques de son entraineur-joueur. Ce même jeu qui a permis au club de battre des records de vente de billets pour les matchs au Moustoir... Un camouflet pour l'enseignant, qui s'emporte face aux médias : « Je suis écœuré ! Quel gâchis ! Dans un tel climat, impossible pour moi de rester. Je fais mes valises. » Direction Le Mans. Toujours comme entraîneur-joueur. Le FC Lorient retrouvera la D2 à deux reprises avant le retour de son messie, en 1991. L'ascenseur est en marche.

1992-1993 : 3 victoires en 34 matchs...

Retour gagnant dans le Morbihan. Un titre de champion de D3 mérité et Lorient (re)devient cette machine à jouer qui impose son style au-delà du Moustoir. Pour sa deuxième saison en D2, Christian Gourcuff change de casquette.
Le corps ne suit plus et le voici uniquement entraîneur. C'est la fin d'une première vie consacrée à jouer. Il va falloir vivre sa passion à travers ses joueurs. Une première mort ? Non. Une naissance pour le stratège. Son adaptation est facilitée par des visages connus (Gilles Hado, Michel Le Lay, Didier Le Tallec). Christian Gourcuff se façonne. Il apprend à diriger ses hommes depuis le banc et affûte son organisation défensive.
Seul hic : la refonte de la deuxième division. Noël Le Graet opte pour une Super D2 la saison suivante et annonce 8 descentes dans chaque groupe. Les espoirs de maintien s'envolent. Et le sort s'acharne. Hervé Guéguan, l'atout technique, est rapidement indisponible à cause d'une rupture des ligaments et rejoint une infirmerie bondée. Gourcuff fait alors appel aux jeunes (13 joueurs issus de la formation) et peut compter sur de nombreux gars de la région (Kerhuiel, Falquero, Menu ou Marenne) pour tenter d'entretenir le lien avec le public. Mais rien n'y fait. Le FCL n'attire pas les foules et boucle la première partie de saison avec une seule victoire, face à Châteauroux (2-1). « C'était dur. On voyait les gars faire de leur mieux. Contre Châteauroux, quelques supporters ont envahi la pelouse pour chambrer. Certains matchs, il devait y avoir 300-400 personnes au Moustoir. J'ai vu des mecs venir au stade avec leur chien. Parfois, on ne payait pas », se souvient,

rieur, Daniel, Merlu fidèle. Les Lorientais terminent derniers (3 victoires), mais l'étiquette d'équipe joueuse ne s'est pas décollée. « Contrairement à ce qui a existé à une certaine époque, les gens n'attachent que fort peu d'importance au style de jeu », s'épanche Gourcuff dans la presse. Il va lui falloir cinq ans pour mettre tout le monde d'accord.

1997-1998 : « Une saison unique dans l'histoire de la D2 »

GOURCUFF EN D1, PREMIÈRE !

Schuth – Montero, Dicanot, Kerhuiel,
Le Lan – Le Bert, Le Grix, Ripoll,
Pédron – Malm, Bouafia

Après un nouveau titre en National 1 en 1995, le FCL s'est stabilisé. Gourcuff et son légendaire 4-4-2 sont reconnus en D2. Après deux saisons dans le ventre mou, c'est l'heure du grand ménage. Le futur ex-enseignant veut des jeunes qui ont la dalle, prêts à dévorer sa méthode (Le Grix, Montero, Pédron ou encore Malm). Ajoutez un zeste d'expérience avec Ali Bouafia et voici un groupe prêt à envisager la D1 ! Le club obtient enfin le statut professionnel et Gourcuff signe un contrat de trois ans.
Avant de démarrer la saison 1997-1998, les Merlus partent s'oxygéner à Vittel. « Tout part de là, selon Robert Malm, alors néo-Lorientais. Je l'ai su longtemps après, mais il avait dit à un médecin du club, après nos matchs amicaux : ‹ Doc', cette saison, il va se passer quelque chose... › Et il avait vu juste. » La symphonie que Gourcuff s'apprête à livrer sera marquée par une révolution, celle de l'ordinateur. La suite logique de la carrière de cet ancien prof de maths. « Je passais des heures chez lui devant son écran. C'est la première fois que je voyais ça », se marre Robert Malm.
À l'aide d'un informaticien, le coach a créé un logiciel qui permet de calculer des mouvements d'équipes en fonction de la position du ballon. L'un des nombreux exercices « made in Gourcuff », qui a suscité des moqueries puis l'admiration, tout comme son fameux 10 contre 0 expliqué par l'attaquant : « L'équipe est en configuration match et lui se met seul en face de nous. Selon ses déplacements, le bloc devait trouver une réponse tactique, avec et sans ballon. On savait toujours quoi faire grâce à ça. » Contrairement aux nombreuses équipes de D2 qui vont souffrir face à des Merlus survitaminés. Dès le premier match de la saison, le SC Toulon dégoupille face aux poètes lorientais et termine la rencontre à neuf (victoire 1-0 du FCL grâce à Bernard Bouger). Et, pour paraphraser un grand philosophe du XXIe siècle, un certain Claude Makelele : « Sochaux, Nice, Saint-Étienne, Nancy... Bats les couilles ! »

« On aurait pu jouer avec un bandeau sur les yeux »

Peu importe l'adversaire, les séances d'entrainements ont un but commun : imposer son jeu. Et c'est exactement ce que va faire le « FC Gourcuff » : une équipe fabriquée à son image. « On sentait qu'on étaient maîtres du jeu. Le tarif maison, c'était 3-0 ! Certaines équipes venaient chez nous avec cinq défenseurs... Mais le résultat était le même. On trouvait toujours la faille », se régale Malm, aujourd'hui consultant BeIn Sports. Résultat : une victoire face à Sochaux à domicile (2-1), un carton contre Martigues (5-1, avec 4 buts dans les 35 premières minutes) et une nouvelle démonstration face au Red Star (5-2). Le FC Lorient est invaincu et leader. « On était presque insolents, avoue le buteur. On aurait pu jouer avec un bandeau sur les yeux et savoir ce que les copains allaient faire. J'ai souvenir d'un match au Havre en Coupe de la Ligue *(défaite 5-3 a.p.)* où Stéphane Cassard *(le gardien havrais)* pourrissait ses joueurs parce qu'ils se faisaient marcher dessus par une D2. Le public de Jules-Deschaseaux lâchait des ‹ Olé ! › à chacune de nos passes... » Le premier couac intervient à Nîmes, lors de la 11e journée. Sans gravité, car l'équipe transpire la sérénité. Avant les fêtes, les Merlus s'offrent à nouveau le scalp de Sochaux sur un but « Ligue 1 » d'Ali Bouafia pour compter 8 points d'avance sur... Sochaux, 4e. La D1 est à portée de crampons. Et c'est une nouvelle fois le buteur algérien qui va offrir la première accession en première division à Gourcuff, lors d'un succès face à Wasquehal, malgré les sifflets à la mi-temps d'un Moustoir pourri-gâté. Le titre échappe à cette bande de potes lors de la dernière journée, contre Toulon (3-1). Un coup de pompe, Robert ? « Si le Championnat avait duré 38 journées comme aujourd'hui, on aurait été champions. Le jeu de Christian demande énormément d'énergie. » Gourcuff élu meilleur coach de D2 par *France Football*, le FC Lorient sacré meilleure attaque du Championnat (68 buts) pour seulement 38 buts encaissés : c'est la consécration pour cet homme qualifié « d'artiste » par Gilles Kerhuiel. « Je pense que c'est sa plus belle période, ajoute Robert Malm. On a tout eu. C'est une saison unique pour la D2. Des supporters et des amis de Lorient me parlent encore de ces moments vingt ans après. Avec Gilles *(Kerhuiel)*, on se remémore souvent des matchs... Christian est alors à l'apogée de ses idées. Son jeu est le plus abouti. Je ne pourrai jamais assez le remercier. » Mais les difficultés financières, les problèmes récurrents sur le marché des transferts et la découverte du très haut niveau auront raison des idées de Sir Gourcuff : retour en D2 quelques mois plus tard.

●

2000-2001 : Gourcuff déjoue les pronostics

À l'été 2000, le FC Lorient vient de boucler une saison sans éclat. Jean-Claude Darcheville, Éli Kroupi, Anthony Gauvin ou encore Ulrich Le Pen ont rejoint le club, mais la mayonnaise n'a pas pris. Il va falloir patienter pour retrouver la D1. Lors du mercato, l'OM envoie Seydou Keita dans le Morbihan, ce qui représente le seul « gros coup » des Merlus. Un cadeau. « Quand les dirigeants marseillais m'ont annoncé que j'allais être prêté à Lorient, je me suis dit : ‹ Pff, ce n'est pas possible ! › Des gens me disaient : ‹ Regarde ! Il fait trop froid là-bas, ça va être terrible pour toi. › Mais, quand je suis arrivé, j'ai été agréablement surpris », se remémorait dans les colonnes de *Ouest-France* celui qui va devenir l'homme à tout faire des Merlus.
Mais le pari malien n'est pas suffisant pour faire de Lorient un favori face à des cadors du foot français (Sochaux, Montpellier, Le Havre, Nancy). Gourcuff va avancer avec un groupe de 13-14 joueurs maximum. Il avouera plus tard avoir du mal avec le terme « concurrence » dans le football. Pour lui, il y a de vrais titulaires et des remplaçants qui doivent assurer un coup de pompe de leurs coéquipiers. La palette du tacticien s'élargit et montre de vrais talents de psychologue. Comme quand, en plein Championnat, il décide d'écarter du groupe Darcheville ou Le Pen pour les relancer quelques jours plus tard, revigorés. Le départ est timide avant une série folle de 14 matchs sans défaite. Le FCL boucle la phase aller sur le podium, derrière le Montpellier de Maoulida et Rui Pataca et les bambins du FC Sochaux (Meriem, Pedretti, Santos...). Les cartons se font rares, sauf contre Angers (3-0) lors de la 10e journée. Les ambitions sont de retour. Et les partitions plus consistantes, même si l'orchestre est moins harmonieux qu'en 1998. La montée sera validée sur la pelouse d'un concurrent direct, Nancy, grâce à un but de Jean-Claude Darcheville (11 réalisations cette saison-là). Les Merlus vont pouvoir nager de nouveau avec les gros poissons de la D1, mais le bocal s'agite en coulisses. Les conflits entre l'association amateur et le président Couëdel gâchent la fête. Nouvelle relégation un an plus tard. Le Moustoir reste en apnée jusqu'à la saison 2005-2006, où il sort la tête de l'eau. Encore une fois.

2005-2006 : cette fois-ci, 2 buts suffisent

GOURCUFF EN D1, DERNIER ACTE !

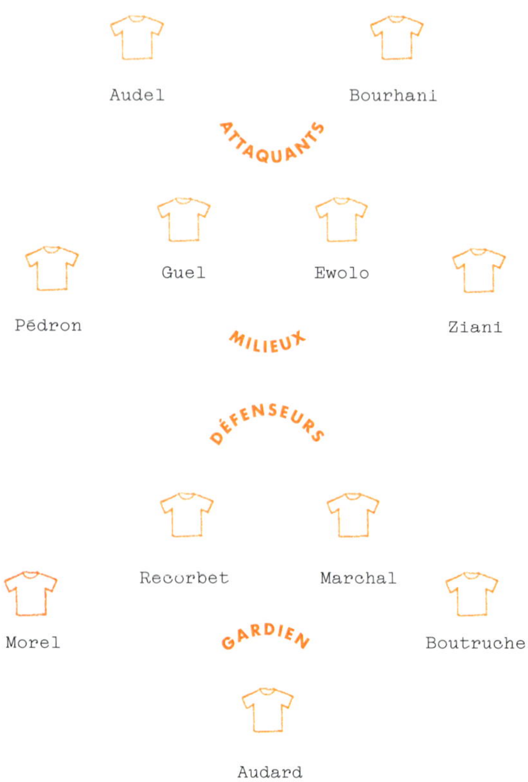

Après une pige mitigée à Rennes et un exil au Qatar, Christian Gourcuff retrouve son ex de toujours en 2003. « Le Real Madrid de la Ligue 2 », selon *France Football*, échoue au pied du podium en 2004 avant de nager en eaux troubles la saison suivante. « On a frôlé la catastrophe, mais ça a servi de base pour le Championnat à venir à de nombreux joueurs », analyse Benjamin Genton. Des Merlus tout frais font leur arrivée. La vente de Baky Koné à Nice (7,5 millions d'euros) a soulagé le portefeuille du président Le Roch. Karim Ziani, prêté par Troyes, décroche un contrat ferme et le club signe Oscar Ewolo, Sylvain Marchal et Kemal Bourhani. Johan Audel est prêté par Lille. Fabien Audard, lui, est de retour après quelques services rendus à l'AS Monaco. Des paris, de la jeunesse, des patrons et une campagne de matchs amicaux réussie : bienvenue en 1998 !
Et cette saison 2005-2006 à venir sent bon la Ligue 1. Le HAC de Jean-Michel Lesage, Sedan avec un N'Diefi de retour en cours de Championnat, Valenciennes et son buteur Steve Savidan, Bastia et Pierre-Yves André... : une véritable « guerre des étoiles » attend Gourcuff et ses joueurs. Pour régner sur l'empire L2, le stratège va porter une attention particulière à son animation défensive. « C'est de la répétition de gammes, encore et toujours. Tout est synchronisé et millimétré. Les défenseurs travaillaient techniquement et étaient concernés. Ça, c'était très important pour moi. J'ai progressé toute l'année. Tout était fait avec la notion de plaisir, même pour nous, les défenseurs », explique Sylvain Marchal. Benjamin Genton avoue même avoir « redécouvert les notions de couverture et d'alignement. Les défenseurs bossaient techniquement comme les autres joueurs grâce à des circuits de passes très précis. Il donnait un sens à notre métier ». C'est toute l'équipe qui va œuvrer pour faire de ce Lorient 2005-2006 une forteresse. « On sentait une vraie force collective, se souvient Genton. On pouvait être mauvais sur certains matchs, mais, avec notre solidité défensive, on savait que ça allait faire la différence. Le coach a dessiné un 4-4-2 très compact, avec deux attaquants qui bossaient énormément. »
Et, au moment de rendre les copies, le verdict est sans appel pour les élèves de Gourcuff : meilleure défense du Championnat avec 26 buts encaissés en 38 journées.

« C'est un miracle que Caen ne gagne pas 10-1 »

C'est à la trêve que les ambitions de Ligue 1 prennent forme. Le FC Lorient est au pied du podium, derrière Valenciennes et Sedan « qui ont marché sur l'eau toute la saison », selon Genton. Mais le véritable ennemi des Tango a un nom : le Stade Malherbe de Caen. Lors de la 28e journée, les Bretons accueillent leur voisin normand avec 7 points d'avance. Les Caennais s'imposent 3-1 et soufflent sur la nuque de Merlus inquiets. « Ils m'ont vraiment impressionné. Ils revenaient très fort et j'ai l'impression que c'est un rouleau compresseur qui est né au Moustoir, s'inquiète alors Genton. Ils reviennent à 4 points de nous. » La claque digérée, les Merlus reprennent leur marche en avant et triomphent dans le derby contre Brest : 5-0, avec un doublé de Sylvain Marchal. « C'est le seul de ma carrière ! On est lancés dans le money time. On voyait que le coach était content, et c'était rare », se marre-t-il avant de gentiment piquer son entraîneur. Lors de l'avant-dernière journée, Lorient rend visite au champion valenciennois. « La défaite à Valenciennes ? C'est à cause de Christian *(rires)* ! Dans la presse, il avait déclaré que VA allait monter en L1 sans jouer au foot. Les Valenciennois nous attendaient au tournant et voulaient nous voler la montée. » Steve Savidan se charge de faire taire Christian Gourcuff et contraint les Lorientais à lutter jusqu'à la dernière seconde pour valider la montée. Le calcul est simple : Lorient est à égalité de points avec Caen avant de recevoir Reims, qui entend bien fêter dignement la der' de Christophe Delmotte. Seulement deux buts séparent les deux équipes. Deux buts ! À quelques centaines de kilomètres, les hommes de Franck Dumas reçoivent Créteil, l'ancien club de Benjamin Genton. « Créteil n'a plus rien à jouer et, toute la semaine, il y avait eu des spéculations selon lesquelles Créteil allait laisser filer le match et prendre une valise. À la mi-temps *(0-0)*, on est tétanisés quand on apprend que Caen mène 3-1. Ce sont eux qui montent à ce moment. » Lorient s'impose finalement 3-1 grâce notamment aux gamins Barry et Reset, brillants remplaçants de Bourhani et Audel, blessés pour la fin de saison. La D1, c'était le destin de Gourcuff et ses hommes. « J'ai revu les images et c'est un miracle que Caen ne gagne pas 10-1, se soulage Genton. C'est un truc de malade, ils tapent trois fois les poteaux... Une véritable boucherie. Et ce scénario décuple les émotions. » Karim Ziani est élu meilleur joueur du Championnat, Antoine Kombouaré (Valenciennes) meilleur entraîneur. Qu'importe pour Christian Gourcuff, qui invite tout l'effectif chez lui pour vivre « 48 heures inoubliables ». Fin du 5e et – pour le moment – dernier acte de ce fabuleux plan à trois. Lorient mettra onze ans avant de reprendre l'ascenseur.

UNE PREMIÈRE PAS COMME LES AUTRES

La 26e saison en L2 aura été la bonne pour le FC Lorient ! Les Merlus ont été sacrés champions lors de la saison 2019-2020. Une édition exceptionnelle. En raison de la crise sanitaire liée à la pandémie de COVID-19, les instances du football français ont décidé d'arrêter les championnats professionnels. Leaders à l'issue de la 28e journée, les hommes de Christophe Pelissier, le nouvel entraîneur, remportent le premier championnat professionnel de leur histoire. « C'est une énorme sensation de bonheur après 90 ans d'histoire, dans un contexte de crise grave qui touche le pays : c'est donc toutefois difficile d'être pleinement joyeux », a reconnu Loïc Féry, le président lorientais, dans *Ouest-France*.

ÉQUIPE TYPE **LORIENT**

Bakari **KONÉ**
2003-2005

Robert **MALM**
1997-1998

ATTAQUANTS

Stéphane **PÉDRON**
1997-1999
2003-2007

Karim **ZIANI**
2004-2006

MILIEUX

Sylvain **RIPOLL**
1995-2003

Seydou **KEITA**
2000-2002

Gilles **KERHUIEL**
1987-1999

Sylvain **MARCHAL**
2005-2010

Jérémy **MOREL**
2003-2011
2020-...

Jean-Louis **MONTERO**
1997-1999

DÉFENSEURS

GARDIEN

Philippe **SCHUTH**
1993-1998

Bakari
KONÉ

Le lutin ivoirien n'a pas connu la montée. Mais ses deux saisons à Lorient sont uniques. Meilleur buteur de Ligue 2 (24 buts), élu meilleur joueur du Championnat en 2004-2005, « Baky » a surtout obtenu le trophée de Merlu d'Or. Et tout ça la même année. Koné Sir.

Robert
MALM

Monsieur Ligue 2 pourrait figurer dans de nombreux onze de cet ouvrage. Mais qui sait où serait Lorient aujourd'hui sans ses 16 buts en D2 1997-1998 ? Buteur hors-pair, il incarnait à la perfection ce que demandait Gourcuff à ses attaquants.

Stéphane
PÉDRON

Élu meilleur joueur de D2 en 1998, Stéphane Pédron est au Hall of Fame du FCL même s'il n'a disputé que 170 matchs sous ses couleurs. Polyvalent, il pouvait aussi bien jouer dans l'axe que sur un côté pour régaler de ses passes léchées.

Sylvain
RIPOLL

La nuque longue la plus célèbre de toute la Bretagne. L'ex-coach des Merlus a connu deux montées avec le Football Club de Lorient. Lui, le Rennais. Véritable soldat au milieu de terrain, c'est sur le banc de Gourcuff que Sylvain Ripoll a appris le métier. Padawan.

Seydou
KEITA

L'OM n'en voulait pas, Lorient en a profité. Le Malien est l'un des joueurs les plus talentueux de l'histoire du club. Homme providentiel de la montée en 2001 et accessoirement double vainqueur de la Ligue des champions avec le FC Barcelone. Messie.

Karim
ZIANI

Cette image de lui torse nu sur les épaules de Fabien Audard, cigare aux lèvres, restera ancrée dans les mémoires lorientaises. Meilleur joueur du Championnat en 2006 (7 buts), il a éclaboussé la Ligue 2 de tout son talent cette saison-là.

Jérémy
MOREL

L'heure est à la reconnaissance pour Jérémy Morel, né à Lorient. Avec ses 234 matchs disputés lors de sa première période avec les Merlus, l'international malgache a gravi les échelons un à un chez lui. Nul doute que son Kangoo et ses chiens ont passé du bon temps dans le Morbihan.

Gilles
KERHUIEL

Le défenseur rugueux a tout connu dans le Morbihan : le statut amateur, les crises financières et une montée en D1... Un jeu de tête redoutable et, surtout, le premier Lorientais de naissance à porter le maillot tango au plus haut niveau.

Sylvain
MARCHAL

« Gourcuff est le meilleur coach que j'ai connu ! » Un coup de lèche qui ne résume pas l'immense impact de Sylvain Marchal lors de la montée en 2006 ni son statut de patron qui le conduira à porter le brassard de capitaine en Ligue 1. Le plan parfait.

Jean-Louis
MONTERO

Ou Juan-Luis Montero. Le latéral aux origines basques espagnoles est un élément fort de la montée en 1998, grâce à ses percussions et son activité essentielle au système de Gourcuff. C'est à Sedan, en D1, qu'il se fera connaître du grand public.

Philippe
SCHUTH

Champion de National 1 en 1995 et rempart lors de la montée en 1998, c'est le premier gardien à hisser les Merlus en première division. Il a défendu la cage lorientaise à 181 reprises. Un fidèle de la D2, aujourd'hui disparu.

LE MANS

Dans les années 2000, Le Mans devient un club qui compte grâce à une stratégie de recrutement en avance sur son temps.

LE MUC FAIT SA MUE !

→ *Thierry Goudet, chef de file des Manceaux version 2002-2003.*

Après 13 ans consécutifs en D2, Le Mans obtient une montée historique au terme de la saison 2002-2003.

3 mai 2002. Le MUC 72, 5ᵉ, vient de manquer de peu une accession historique en première division. La chance du club sarthois serait-elle passée ? Non. On prend (presque) les mêmes et on recommence. Sur la grille des départs, Stéphane Samson – le meilleur buteur du club sur les trois dernières saisons – rejoint Clermont, Olivier Thomert signe à Lens et un jeune attaquant prometteur file à Guingamp : un Ivoirien nommé Didier Drogba. Mais le tableau des arrivées va rapidement se remplir. Laurent Peyrelade (32 ans) revient au club avec Philippe Celdran dans ses valises et le jeune Fabrice Pancrate rallie le club manceau. « Le Mans a montré une envie pressante de me recruter et je n'ai pas tergiversé, explique ce dernier. Ils ont terminé à une place de la montée l'année passée et je me suis dit que le groupe était bon et que la montée n'était pas loin. »

Et la préparation va donner le tempo de la saison à venir. « Sur la préparation, j'avais senti que le groupe adhérait bien à mes idées. On a fait deux recrues très intéressantes qui nous ont apporté beaucoup d'expérience », se félicite Thierry Goudet, arrivé sur le banc du Mans en 2000 pour sa première expérience chez les pros. Et ses joueurs ne vont pas caler au coup d'envoi de cette saison 2002-2003.

Un départ pied au plancher

« C'est la dynamique de la saison passée qui nous a lancés. En stage, on sentait que l'on allait faire mal. Le groupe était compact, solidaire et très fort, s'enchante le néo-Manceau Fabrice Pancrate. À cause du Mondial 2002, on avait presque huit semaines de vacances, mais le club ne voulait pas que l'on se repose trop. On est revenus deux petites semaines à l'entraînement, mais sans jouer au foot… On faisait du canoë ou de l'escalade pour retourner en vacances après. Je pense que cela a soudé l'équipe. » Le Mans va vite regarder les autres équipes dans le rétroviseur. Six matchs, 6 victoires, dont des succès marquants contre Toulouse (2-1) et à Lorient (3-4), qui joueront les premiers rôles. Pour le coach Goudet, ce début de saison ne laissait planer aucun doute sur l'issue de la saison : « On joue à Reims lors de la 3e journée. On gagne à la dernière seconde grâce à un CSC d'Éric Boniface. Très tôt, je me dis qu'il ne pourra rien nous arriver. » Les supporters s'entassent à Léon-Bollée, dopés par l'énergie de cette bande de potes. Le Mans connaît une légère panne ensuite – élimination en Coupe de France après une séance de tirs au but légendaire (28 tirs) face à Libourne – avec seulement 4 victoires en 12 matchs, mais malgré tout le titre honorifique de champion d'automne dans la poche.

→ *Pancrate le Manceau*

Les plus belles 24 heures du Mans !

Goudet va ensuite servir sa tournée de victoires. Le MUC 72 ne va plus goûter à la défaite à partir de la 25e journée pour s'offrir un match décisif au stade Lesdiguières de Grenoble lors de l'avant-dernière rencontre. « On était un peu en roue libre sur la fin de saison car le vestiaire savait que l'on allait monter », avoue Fabrice Pancrate. Mais sur le banc de touche, la peur de se faire doubler au dernier moment est bien présente. « Le match était fini *(0-0)* et on attendait les résultats des concurrents pour être certains de monter en D1, se souvient Thierry Goudet. Aucun ne gagne et on met fin à treize ans de travail acharné en D2. Il y avait une foule extraordinaire à l'aéroport et cette fête à Léon-Bollée face à Amiens, avec autant de supporters dans le stade qu'en dehors, est une journée inoubliable. » Pancrate : « ‹ À jamais les premiers › chantaient les Marseillais après avoir gagné la Ligue des champions. C'était la même chose pour nous. À jamais les premiers à avoir fait monter le club en Ligue 1. » Le temps de quelques heures, le football devient roi au pays du basket. Le cœur de la Sarthe se met à rêver de ballon rond. Et à chaque épopée son héros : celui du Mans se nomme Daniel Cousin.

→ *Daniel Cousin*

Merci Cousin, t'assures !

Après 12 pions plantés lors du précédent exercice, le Gabonais va faire encore mieux. Quinze buts insuffisants pour décrocher le titre de meilleur buteur (2e derrière le Toulousain Cédric Fauré), mais l'essentiel est acquis. Même si certains ont souffert à ses côtés : « J'étais dans la même chambre que lui. Mais son problème, c'est que c'est un gros péteur. Je n'arrêtais pas de m'embrouiller avec lui dans la chambre, il lâchait des gaz à longueur de journée », plaisante son compagnon de chambre Fabrice Pancrate, avant de passer aux compliments. « C'est le meilleur joueur avec qui j'ai joué après Pauleta. Sur le terrain, il me facilitait les choses. C'était une bête. J'ai pris un gros kiff à jouer en attaque avec lui. Il pesait sur les défenses avec sa puissance, sa corpulence et sa vitesse. On faisait mal aux équipes adverses. » La saison suivante, ses 11 buts ne sauveront pas le Mans d'une relégation. Il passera le relais à James Fanchone, grand artisan de la remontée en 2005.

UN ONZE POUR L'HISTOIRE

Bédénik – Bridonneau, Poulard, Correia, Bonnart – Drouin, Thomas, Celdran – Fanchone, Cousin, Peyrelade

OH DD !

C'est au Mans que Didier Drogba s'est révélé. Mais rien ne fut facile pour le jeune attaquant.

Lorsqu'il débarque au Mans en 1997, à 20 ans, Didier Drogba n'est pas encore un produit fini. Logé en centre-ville, il brûle sa jeunesse par les deux bouts, sort et fait la fête, mange ce qu'il veut, où il veut. « Dans n'importe quel autre club, on l'aurait laissé partir », se rappelle Alain Pascalou, directeur technique de 1995 à 2013. « On a été patients avec lui. On ne l'a jamais lâché ! J'étais son père Fouettard. Je lui disais : ‹ Tu nous fais chier, mais tu vas rester et réussir ! › Après une connerie, on l'envoyait en DH et il nous disait, à dix minutes de la fin : ‹ Laissez-moi entrer, vous allez voir... › Puis, il marquait. »

« Il était beau, il décollait »

Après un début de saison 1999-2000 en fanfare (un but à Caen et un doublé contre Cannes), Drogba est freiné par des problèmes physiques. Il inscrit 7 buts en Championnat, mais aucun la saison suivante. Son hygiène de vie contrarie sa progression. Blessé au péroné, Drogba doute mais demeure soutenu par ses formateurs. Le déclic intervient à l'été 2001. « J'ai senti un tournant après son opération du pied. À force d'être blessé, il en a eu marre. Je revois sa gestuelle. Contrôle poitrine, volée à un mètre de hauteur... Il était beau, il décollait. » Drogba bénéficie de l'appui de son agent, Thierno Seydi, et, à ses débuts, de la présence du sage Dagui Bakari, dans l'effectif manceau jusqu'en 1999. Quand Pascalou hausse le ton après une énième bêtise, Bakari rassure son coéquipier. « S'il se montre si dur, c'est parce qu'il croit en toi. » Les arrivées de sa femme puis de son enfant l'ont également responsabilisé. Wasquehal, Gueugnon, Saint-Étienne, Ajaccio : Drogba enchaîne soudain les buts, même si son statut de remplaçant le fruste. Au mercato d'hiver, il est repéré par Guy Lacombe, entraîneur de Guingamp, à qui l'on propose Daniel Cousin, le titulaire. Lacombe ne jure que par le remplaçant... On connaît la suite. Le Mans ne profitera pas de son explosion mais aura accompagné son développement avec patience, comme sans doute peu de clubs l'auraient fait.

ÉQUIPE TYPE **LE MANS**

Patrick **VAN KETS**

1993 - 1997

Réginald **RAY**

1997 - 1999

ATTAQUANTS

MILIEUX

Émerick **DARBELET**

1994 - 1999

James **FANCHONE**

1998 - 2007

Yohan **HAUTCŒUR**

1999 - 2006
2011

Frédéric **THOMAS**

2001 - 2006
2008 - 2013

Grégory **CERDAN**

2004 - 2011
2014 - 2016

Régis **BEUNARDEAU**

1985 - 1999

Christian **PENAUD**

1988 - 1999

Laurent **BONNART**

1998 - 2007

DÉFENSEURS

GARDIEN

Olivier **PÉDÉMAS**

1993 - 1998
1999 - 2003

Patrick
VAN KETS

Les 13 buts du Belge, arrivé en 1993, offrent le maintien au Mans en 1994. La saison suivante, Van Kets inscrit un retentissant doublé au Vélodrome lors de la fameuse victoire 3-2 ! Avec au total 53 célébrations, il est le recordman manceau du genre en D2.

Réginald
RAY

La concurrence est rude avec Dagui Bakari et Didier Drogba, mais Réginald Ray, lui, a terminé meilleur réalisateur du Championnat. En 1997-1998, Ray inscrit 20 buts. Il en marquera au total 105 en D2, avec Istres, Saint-Brieuc ou encore Beauvais.

Émerick
DARBELET

Un homme de goût : né à Moulins (tout comme l'auteur de ces lignes) et buteur décisif à Marseille, le 30 juillet 1994, pour une victoire 3-2 restée dans les mémoires. Darbelet marque 24 buts en D2 et participe à l'épopée en Coupe de France 1999 avec le MUC 72.

Yohan
HAUTCŒUR

Au soir de la victoire contre Sochaux (2-1, le 17 septembre 2005), lors de laquelle Hautcœur marque, Le Mans occupe la 2e place de L1. Deux, comme le nombre de titres de vice-champion de L2 décrochés par le joueur (2003 et 2005), qui compte plus de 175 matchs avec le club.

Frédéric
THOMAS

Il n'avait pas l'allure de Romaric, mais le milieu défensif se montra indispensable dès la saison 2002-2003 : « La première montée était la plus surprenante. On débute avec 6 victoires en 6 matchs. On ne se rend pas compte, on se dit qu'on va s'écrouler. On n'a pas quitté le podium de l'année. »

James
FANCHONE

Meilleur buteur du club l'année de la remontée (2004-2005), le natif du Mans termine la saison en fanfare avec 6 pions lors des 13 dernières journées. Précédemment, il a fait partie de la dream team mancelle : sur l'aile gauche, Philippe Celdran ; devant, Daniel Cousin et Laurent Peyrelade.

Christian
PENAUD

Titularisé à gauche, comme lors de la demi-finale épique de la Coupe de France 1999, perdue 4-3 à Sedan. Ce 27 avril, 5 buts sont marqués en prolongation. Le capitaine Penaud ne vivra pas de finale, malgré plus de 400 matchs au Mans.

Grégory
CERDAN

Nommé dans l'équipe type de la L2 2010-2011, Cerdan a boxé dans la cour des grands pendant cinq saisons, avec comme meilleur résultat une 9e place de L1 en 2007-2008. Avant de reprendre le fil de sa carrière mancelle en CFA 2 après le dépôt de bilan.

Régis
BEUNARDEAU

Entraîné par Christian Gourcuff, Le Mans termine 18e de sa première saison en D2, en 1988-1989. Régis Beunardeau, d'abord milieu, est le premier buteur manceau à Léon-Bollée. Il deviendra le joueur le plus capé de l'histoire du club avec 510 apparitions.

Laurent
BONNART

Débarqué de Tours à 17 ans, le double vice-champion de L2 (2003 et 2005) a porté sept saisons le brassard de capitaine du Mans jusqu'à son départ à l'OM, où, du flanc gauche, il vira à droite pour s'imposer comme titulaire après le départ de Beye. C'est Bonnart.

Olivier
PÉDÉMAS

Septembre 1991 : Alors à Toulouse, Pédémas se blesse et laisse sa place au jeune Fabien Barthez. La carrière du « Divin chauve » est lancée. Pédémas poursuivra la sienne dans la Sarthe et terminera vice-champion de L2 en 2003.

UN RECRUTEMENT À LA LOUPE

→ Alain Pascalou

À partir de 2004, le directeur technique Alain Pascalou parcourt le monde avec ses Miles Air France. Dénicheur de talents, il retrace ses souvenirs de voyage.

DAISUKE MATSUI

Japon

« Le président Legarda nous a dit qu'on pouvait le prendre parce que son transfert serait facilement remboursé avec le marchandising et les ventes de maillots. Le public l'adorait ! C'était un garçon vraiment surprenant, très expressif : je le surnommais « Espiègle ». On a fait venir son agent, Koji, qui parlait français et servait de traducteur afin de l'accompagner et ne pas le dépayser. »

NABY KEÏTA

Guinée

« Sur les conseils de Daniel Jeandupeux, nous allions voir les académies de Jean-Marc Guillou en Côte d'Ivoire et en Thaïlande. Tous les ans, je me rendais aussi en Guinée une dizaine de jours. On a découvert Naby Keïta lors d'un tournoi ! Il est resté plusieurs mois au Mans avant de partir à Istres, en 2013, car nous n'avions pas les moyens de lui payer un contrat. »

GERVINHO ET ROMARIC
Beveren

« Gervinho a trouvé une seconde famille au Mans. Comme les footballeurs africains aiment vivre en groupe, il fallait surveiller son environnement et les gens qui lui tournaient autour. Nous étions un club à dimension humaine. Les joueurs connaissaient notre identité et nous faisaient confiance. »

MARKO BASA
Serbie

« Le seul joueur recruté que l'on n'a jamais supervisé en vrai. C'est une info de première main d'un homme de confiance. On s'est contenté de la vidéo, bien que la vidéo donne seulement un aperçu du profil du joueur et non une vision totale. »

FREDRIK STRØMSTAD ET THORSTEIN HELSTAD
Norvège

« L'agent le plus connu de Norvège a fait la tournée des clubs français pour placer Strømstad et Helstad dans un Championnat moins relevé qu'en Angleterre ou en Allemagne, où les joueurs de son pays rencontraient des difficultés à s'imposer. Nous les avons vu jouer plusieurs fois. Pour la saison 2008-2009, il nous fallait des joueurs d'expérience pour combler les nombreux départs. »

IVAN STRINIĆ
Croatie

« Très bon pied gauche, un grand joueur, qui a disputé la dernière finale de la Coupe du monde contre la France. Il est venu de l'Hajduk Split à 19 ans. Son agent venait souvent le voir, mais il s'ennuyait terriblement. Il était triste comme tout ! On n'a peut-être pas su l'encadrer. »

GRAFITE
Brésil

« On l'a pris alors qu'il s'était grièvement blessé au genou avec São Paulo. On était contraint de tenter des coups. Lorsqu'on repérait des Sud-Américains au Portugal, le temps de les superviser, ils avaient déjà signé à Porto ou Benfica. Notre directeur sportif Daniel Jeandupeux nous a confortés dans l'idée d'aller les chercher directement en Amérique du Sud et d'explorer d'autres régions. »

MARCELO ESTIGARRIBIA
Paraguay

« Il a eu une bonne carrière, a même joué à la Juventus, mais il n'est pas arrivé dans les meilleures conditions. Notre style reposait alors sur du jeu direct, du contre, et c'était un milieu de terrain qui préférait jouer court. Avec Romaric ou Sessègnon, il se serait régalé ! »

SOCHAUX

●

Depuis 2014, le mariage entre la Ligue 2 et le FC Sochaux (17 saisons en D2) connaît quelques disputes épisodiques. Mais le couple a connu des heures magnifiques.

UNE POLE POSITION HISTORIQUE !

Relégué en 1987, Sochaux et Peugeot vont faire péter les compteurs en D2. Une machine pilotée par deux Yougos : Bazdarević et Hadzibegić. Tous en 205.

ONZE LIONCEAUX AFFAMÉS

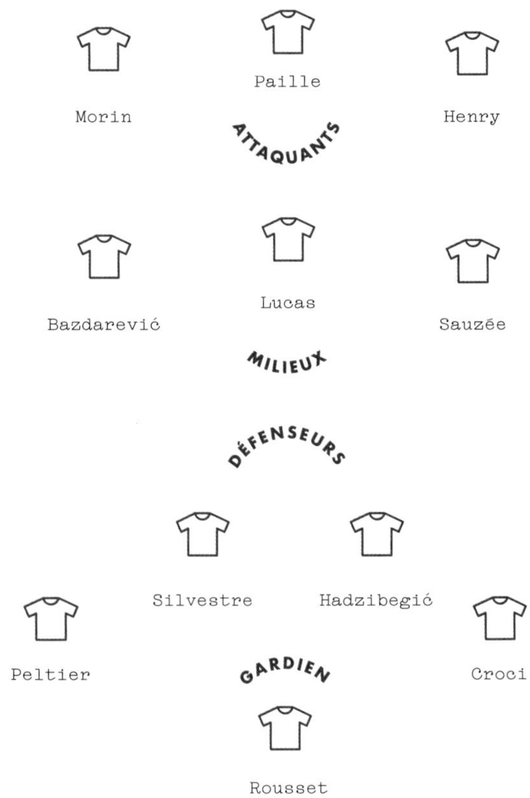

Le drapeau à damiers vient sanctionner le FC Sochaux-Montbéliard en mai 1987. Direction la D2 après 23 ans de première division. Le capot fume. « La D2, c'est l'oubli garanti », pleure Stéphane Paille. Pour éviter une nouvelle panne, le club de Peugeot va faire des choix payants. Albert Rust (joueur le plus capé de l'histoire du club) s'en va, à Montpellier, tout comme Thierry Fernier, qui file au Matra Racing. Place aux jeunes. Une écurie portée par des internationaux ou des espoirs (Franck Sauzée, Franck Silvestre, Mickaël Madar, Fabrice Henry) et deux Yougoslaves inconnus du public. Un bon coup de boost.

Faruk et Mecha, deux F1 à la rescousse

Les arrivées de Faruk Hadzibegić et Mecha Bazdarević entretiennent l'histoire d'amour entre la Yougoslavie et Sochaux entamée à la fin des années 1970. « Le club cherchait des mecs pour encadrer ses jeunes joueurs. Je signe en janvier, mais ils sont relégués contre toute attente… Le président Thouzery m'a proposé de déchirer le contrat, explique Faruk Hadzibegić. Je ne voulais pas compromettre mes chances de participer au Mondial 1990. Le sélectionneur m'a rassuré, tout comme la classe et la clarté de Sochaux. » Concernant le milieu offensif de Sarajevo Mecha Bazdarević, la relégation a suscité quelques doutes. « On m'avait certifié que le club n'avait aucune chance de descendre. Je m'étais déjà engagé. Il y avait un goût amer. Je ne savais pas quoi faire et je me suis donné une saison pour voir comment ça allait évoluer. » En fin de saison, Stéphane Paille (18 buts) reconnaîtra que « les deux Yougoslaves ont fait du bien et ont servi d'exemples, aussi bien à l'entrainement qu'en matchs. Ils sont pour beaucoup dans la réussite sochalienne cette saison ». Un compliment qui va droit au cœur de Faruk Hadzibegić, même si, pour lui, « la famille Peugeot dégageait une telle puissance que l'on ne pouvait pas douter. Quand Roland (Peugeot) entre dans le vestiaire avec Jean Todt, c'est comme si le président de la République était là. Le club était serein, avec une génération de grands joueurs de football ». Sur le terrain, l'expérience de ces deux recrues sera l'additif parfait au jeune moteur sochalien. D'autant qu'un nouveau metteur au point va faire son retour en Sochalie. Parti à l'été 1985, Silvester Takač, entraineur yougoslave, va veiller à huiler parfaitement la machine.

« Les premiers mots que j'ai appris ? Contrôle, passe, jouez »

« Il incarnait le football moderne, selon Mecha Bazdarević. Un coach très discipliné avec lequel tout le monde devait bosser. C'était simple, il fallait jouer au ballon, se faire des passes et courir. Il ne nous lâchait pas. Les premiers mots que j'ai appris, c'était : ‹ Contrôle, passe, jouez ! › » Un savant froid, ancien adjoint de Rinus Michels à Cologne, qui aime le jeu, mais aussi la sueur. « C'était un mec très dur. Impossible de tricher ou de s'échapper durant les séances physiques, se souvient Faruk Hadzibegić. Il n'avait aucun problème d'autorité avec cette jeune génération qui était prête à tout pour faire ses preuves. » C'est en Forêt Noire, en Allemagne, que Takač et Sochaux vont brillamment valider leurs premiers temps de passage. L'équipe écrase tout le monde, même si « Bazda' » sent quelques joueurs « crispés après la descente ». Nancy, relégué avec Sochaux, va en faire les frais (4-0). Attention, spoiler : « Sochaux est plus fort que l'an passé. C'est une équipe de D1 à part entière. Les Francs-Comtois feront le plein chez eux et ne perdront pas souvent à l'extérieur », s'emporte Robert Dewilder, le coach nancéien. Selon Hadzibegić, les Yougos ont « gagné le respect des jeunes sur le plan technique et physique », même si aucun des deux ne parle un mot de français. « Sochaux nous avait trouvé un prof qui bossait depuis des années à l'usine. Le problème, c'est qu'il était fan de foot. J'ai seulement appris à dire ‹ Bonjour ! › avec lui. Le reste du temps, on parlait foot en serbo-croate. » Sur les différents tarmacs de D2, les problèmes de langue ne se verront pas. Sochaux, avec le soutien infaillible de Peugeot et, surtout, du stade Bonal, va battre tous les records.

Une saison record pour l'écurie Peugeot !

Et le mois d'août est dantesque. Les coéquipiers de Stéphane Paille vont planter 4,3 buts par match en moyenne.

Orléans et Châtellerault prennent le même tarif à Bonal (4-0) avant le premier choc de la saison. Sochaux se déplace à Gerland pour défier le favori du groupe A : l'Olympique Lyonnais. « Dès le début, on savait qu'aucune équipe ne pouvait rivaliser avec nous, sauf Lyon », avoue Bazdarević, buteur. « Ce match était de très haut niveau de notre part. Un rouleau compresseur qui a retrouvé son niveau D1. Et tout Gerland nous a applaudis à la fin du match », se souvient celui que l'on surnommait « Badouite » car il ne savait pas prononcer correctement le nom de la marque d'eau pétillante Badoit. « Je me rappelle du silence dans le stade. Lyon a démissionné sans démissionner. Il y avait une supériorité visible et le stade admirait. On était sur un nuage », ajoute Hadzibegić, auteur d'un doublé ce soir-là. Score final : 7-1. Lors du match retour, Bruno Ngotty et Raymond Domenech tenteront d'allumer les Sochaliens, et surtout Stéphane Paille, dans la presse. Score final : 3-0 pour Sochaux.
Le premier virage mal négocié par les Doubistes intervient lors de la 10e journée. Les hommes de Takač se déplacent en Corse pour affronter le SEC Bastia. « Même si une bombe agricole a pété à deux mètres de notre banc de touche, sur le terrain, c'était très correct », se marre Hadzibegić. Une défaite méritée (1-0), mais pas de quoi freiner la fusée sochalienne. Lors de la phase retour, le club enchaîne 16 victoires consécutives et valide sa montée dès la 26e journée face… au SEC Bastia, grâce à un coup de casque de Philippe Morin et un but de l'inévitable Paille. Avant les 8 derniers matchs de la saison, Sochaux retrouve donc l'élite du football français. Un exploit logique.
« On savait dès la 4e journée qu'on allait monter, reconnaît Mecha Bazdarević. La fête était magnifique et j'ai cru cramer quand on m'a jeté dans la piscine avec le micro. » Direction la discothèque *La Belle Époque* pour célébrer ce retour en D1. « J'étais dans la Ford Fiesta de Francis Peltier, il avait un grand poster de Samantha Fox à l'intérieur, rigole Faruk Hadzibegić. Francis était un gros fêtard. Fabrice Henry aussi, c'était le roi de la discothèque. Quand il est rentré dans la boîte, c'était le patron. Je ne sais pas comment on a fait pour rentrer chez nous. » Les moteurs ont fumé, ce soir-là, à Montbéliard.

« Paille et Sauzée étaient de bons pilotes »

Cette saison XXL de « Pépé » (surnom donné à Hadzibegić), « Badouite » et de la classe biberon du FC Sochaux s'est construite pièce par pièce. Sous la baguette du sorcier Takač, mais aussi par un groupe conscient de l'écusson brodé sur le maillot. « Le groupe vit bien… » Ce vieil adage va coller à la peau de Sauzée, Silvestre ou encore l'infatigable milieu défensif Philippe Lucas. « Quand je suis arrivé, je me demandais où je mettais les pieds, reconnaît Bazdarević. Pour avoir un maillot, il fallait lutter. On lavait nous-mêmes nos affaires d'entraînement. Mais la classe de Peugeot, c'était l'avion privé pour certains déplacements,

avec Les Inconnus en boucle à la télé. La semaine, à l'entraînement, on allait de Bonal à un autre terrain avec nos 309 et, surtout, nos 205 GTI. On faisait la course tous les jours. Franck *(Sauzée)* et Stéphane *(Paille)* étaient de très bons pilotes. J'ai souvenir de voitures qui frôlaient les pieds de Takač à 100 à l'heure... »
Dix mois pied au plancher. Sur la ligne d'arrivée, les écarts et les records sont historiques à une époque où les victoires valent deux points. Malgré un léger ralentissement lors de la dernière journée (défaite 1-0 à Orléans), le bilan est éblouissant : 16 points d'écart sur le dauphin lyonnais, meilleure attaque (97 buts marqués et une différence de +80) et meilleure défense du Championnat (17 buts encaissés). Sochaux boucle l'exercice invaincu à domicile sur une pelouse que Bazdarević considère comme la plus belle de toute sa carrière. Les deux saisons suivantes, le club garera son bolide à la 4e place de première division. Rien de plus normal pour ces fous du volant.

MADAR, LA CREVAISON QUI TOMBE MAL

Une fois la montée assurée, la Coupe de France devient un nouvel objectif pour les hommes de Silvester Takač. Après avoir sorti Tours (D2) en 32es de finale, les Lionceaux vont croquer les clubs de D1 les uns après les autres. Le PSG de Susić, d'abord, va encaisser un sévère 6-1 en 180 minutes (matchs allers-retours jusqu'à la finale). Montpellier et Lens seront ensuite terrassés. « Le parcours en Coupe nous a portés toute la saison, explique Mecha Bazdarević. J'étais venu chercher ces grands matchs face à des D1. » En demie, Nice va poser des problèmes à Sochaux. Lors du match aller, les Aiglons mènent 2-0 avant que le Niçois Bocandé ne trouve la transversale. Un coup de pouce du destin puisque Silvestre, de la tête, réduit le score. Un but qui lui vaudra une chanson dans le vestiaire. Dans un Bonal bouillant au retour, Sauzée, après un une-deux avec Madar, marque du gauche pour son dernier match à Bonal avant de rejoindre l'OM. Stéphane Paille, de la tête, double la mise et envoie le Doubs au Parc des Princes pour défier le FC Metz. « Mitterrand m'a dit bonjour en yougoslave », se souvient Hadzibegić. Mais les moteurs sont fatigués au Parc des Princes après cette saison de D2 et un Championnat d'Europe Espoirs qui a mobilisé de nombreux joueurs (Madar, Paille, Silvestre, Sauzée). Dans cette finale de l'Est, Sochaux ouvre le score grâce à une volée sublime de Stéphane Paille, bien servi par Henry, mais Metz égalise juste avant la pause. Direction les tirs au but. Gilles Rousset, le gardien, va réussir la 4e tentative de son équipe, avant que la frappe de Madar ne soit détournée par le portier messin. L'attaquant fond en larmes. Lot de consolation : le club offrira une 405 à chaque joueur en lieu et place des primes habituelles. « On les a revendus pour acheter des 205 plus rapides », avouera Hadzibegić.

MERIEM-PEDRETTI : LES GAMINS RACONTENT 2001

4es en 2000, Sochaux et ses lionceaux sont sacrés champions de D2 un an plus tard. Benoît Pedretti et Camel Meriem racontent.

LE ONZE DU DERNIER SACRE

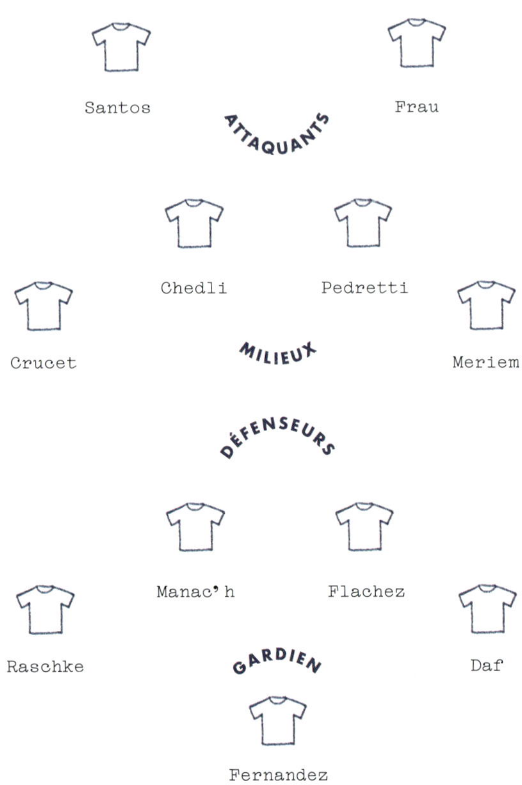

Le 18 mai 2001, Sochaux bat Nîmes 4-1 à Bonal et devient champion de D2…

Benoît Pedretti | C'est magique. Une grande fierté. On a beaucoup travaillé pour devenir professionnels. Être champion de D2 dès ma première saison pleine, c'était vraiment génial, surtout avec tous mes potes de formation.

Camel Meriem | L'année précédente, on avait raté de peu la montée. J'avais commencé chez les pros lors de la dernière descente, en 1998-1999. Pouvoir faire remonter le club, c'était quelque chose de très important. Il y avait un bel amalgame entre les jeunes et les plus expérimentés.

Vous êtes tous les deux des purs produits de la formation sochalienne qui découvrent alors le vestiaire pro…

BP | Incroyable. À notre époque, le bâtiment était vétuste et le club envisageait de déménager. On se baladait sur tous les terrains du coin. C'était moyen, mais on avait les meilleurs éducateurs, comme Francis Gillot ou François Blaquart. Camel ? Il était à Sochaux et moi à Audincourt. Nos papas travaillaient pour Peugeot et on s'est connus en camp de vacances pour un stage de foot. On s'est retrouvés au centre de formation par la suite.

On n'était pas dans le même vestiaire que les pros, on se changeait dans le vestiaire visiteurs. On se faisait tout petit. Il fallait faire ses preuves sur le terrain, toujours dans le respect, mais je voulais montrer que j'étais là. Adel Chedli, qui jouait à mon poste, m'a pris un peu sous son aile. Patrick Guillou a été très important également. Un mec qui savait rentrer dans les matchs pour mettre des boites.
CM | Les meilleures années de ma carrière. On était une bande de copains. Impossible d'avoir de mauvais souvenirs avec Benoît ou Pierre-Alain *(Frau)*. Avec PAF, on a commencé ensemble chez les poussins. On n'a pas eu la chance de connaître le nouveau centre. Nos cours avaient lieu dans des villas à côté du stade Bonal. On devait être trois ou quatre par classe, c'était spécial. J'étais un élève… normal, j'ai réussi à avoir mon bac. Benoît ? Il était comme sur le terrain. Sérieux. J'ai fait mes premiers pas plus tôt que lui, en 1998. Mais, au début, il ne fallait pas rentrer dans le vestiaire des pros sans autorisation.

« QUAND SANTOS EST ARRIVÉ, TOUT LE MONDE S'EST MARRÉ ! »

Arrivé à l'été 1999, Jean Fernandez entame sa deuxième saison à la tête du FC Sochaux…

BP | Il était très exigeant. Lors des séances physiques, quand tu es jeune, il faut être devant, tout simplement. Peu importe ton niveau, il faut se débrouiller pour être le premier. On a des séances supplémentaires. Quand tout le monde va boire un coup, toi, tu vas porter les buts et tu enchaînes les exercices. C'est ce qui nous a fait progresser. Jean Fernandez n'était pas tendre, mais c'était différent avec Camel. Il avait un talent incroyable, c'était le chouchou *(rires)*. Ce n'était pas un coach qui voulait avoir la possession du ballon coûte que coûte. Il fallait mettre beaucoup de pression à la retombée. Il adorait le football anglais. On regardait beaucoup de vidéos d'Arsenal et de Liverpool. Un style adapté à la Ligue 2 peut-être, où il fallait jouer chez l'adversaire.

→ *Benoît Pedretti*

CM | « Jeannot » était un passionné. Il s'en prenait plus facilement aux jeunes qu'aux anciens, mais c'est parce qu'il était protecteur et paternel. On sentait qu'il voulait nous amener le plus haut possible. Il avait son 4-4-2 traditionnel avec sa fameuse phrase : « Contrôle, passe, moving ! » Il nous l'a répétée très souvent à l'entraînement pour chercher rapidement le jeu vers l'avant. Et, avec les joueurs qu'on avait, ça faisait souvent but. Benoît a dit que j'étais le chouchou *(rires)* ? Il a eu le coach à Auxerre et à Marseille et, à chaque fois, c'est Fernandez qui le faisait venir donc je pense qu'il était très, très apprécié.

Francileudo Santos démarre fort avec 3 doublés lors des 3 premières journées et termine meilleur buteur de la saison avec 21 buts…

BP | On ne le connaissait pas du tout. Le coach nous en avait parlé parce qu'il l'avait entraîné à l'Étoile du Sahel : « C'est un phénomène. » Un jour, on est dans le bus pour partir à l'entraînement et on le voit arriver. Tout petit, la coupe en brosse… On se marre : « Ça va être lui, notre attaquant ? » Il n'avait pas de chaussures, le club a dû lui filer des Asics, mais il a chopé des ampoules… Il était timide. Un Brésilien qui jouait pour la Tunisie, il y avait tout pour qu'il se fasse chambrer. Il a fallu une semaine ou deux pour qu'il marche sur l'eau. Il a été extraordinaire et on a vite changé d'avis.

CM | Quand on a vu son gabarit, on s'est tout de suite dit que ça allait être compliqué pour la Ligue 2. Premier entraînement, premier match : on a compris. Il allait à 10 000 à l'heure. Ses passements de jambes, c'était un peu n'importe quoi, mais il était très efficace. Le terrain l'a bien aidé à s'intégrer.

11 novembre 2000 : le FC Sochaux s'impose face à Beauvais (2-0) et compte 1 point d'avance sur Montpellier…

BP | On a toujours eu beaucoup d'humilité. Avec Jean Fernandez, c'était ça ou rien, de toute façon. Humilité et travail. On était à la moitié de notre marathon. Il restait un long chemin à parcourir et il fallait continuer sur ce rythme-là.

CM | On est sereins. On n'a jamais été en difficulté à ce moment. Le groupe était très confiant. Montpellier était l'ogre de cette saison, avec Maoulida, Silvestre et Rui Pataca. On gagne 2-0 chez eux à l'aller, sur un doublé de Santos. Dans le jeu, on était supérieurs et on l'a prouvé.

« PATRICK GUILLOU AVAIT POURRI LE JACUZZI »

8 février 2001 : vous battez à Bonal (1-0) les Montpelliérains, qui se retrouvent à 6 points. Stéphane Crucet est l'unique buteur sur coup franc...

BP | On jouait sur un terrain pourri, il y avait de la boue devant les surfaces. « Steph' » plante un coup franc qui passe au travers de tout le monde. Il avait un pied gauche magique. C'est un local, en plus. Un joueur avec un état d'esprit formidable. Il était vraiment joyeux de revenir dans son club. Une grande gueule, travailleur, qui avait beaucoup d'expérience et partait à la guerre pour nous défendre. Il reste 10 journées, on a 6 points d'avance, tu te dis que ça commence à sentir bon. On était intraitables à domicile. C'est un vrai tournant.

CM | Stéphane pouvait mettre le ballon où il voulait. Pour lancer Pierre-Alain ou Santos en profondeur, c'était parfait. Et, sur les coups de pied arrêtés, il y avait Erwan Manac'h et Maxence Flachez qui étaient de très bons joueurs de tête. C'est vrai que la pelouse n'était pas belle. On avait un nouveau stade mais pas une belle pelouse alors qu'avant, c'était l'inverse.

14 avril 2001 : à 3 journées de la fin, vous perdez la tête du classement après une défaite à Créteil (1-0)...

BP | Ce qui est paradoxal, c'est qu'on valide notre montée ce soir-là ! Il n'y avait pas une super ambiance. Jean Fernandez était très fâché. On était partagés entre la fierté de monter et l'ambition de terminer premiers. On avait été très mauvais et on voulait prendre notre revanche dès le match suivant.

CM | Je crois qu'on se rattrape bien après et que je marque contre Nice, non ? *(victoire 5-1, buts de Meriem, Pagis et triplé de Frau)*

Le stade Bonal célèbre ses héros. Sochaux termine meilleure attaque (67 buts) et 2e meilleure défense du Championnat...

BP | La soirée est exceptionnelle. Les gens sont entrés sur la pelouse. On a planté beaucoup de buts à Bonal. On avait beaucoup d'incertitudes en début de saison, mais le travail a payé. Patrick Guillou avait pourri le jacuzzi et avait fait de la mousse avec son gel douche. Il y en avait de partout. Tout le monde s'est jeté dedans. « Pat' » était toujours en train de faire des conneries. Et là, il avait été très bon.

CM | Ce soir-là, c'était incroyable. Le stade était plein, chose assez rare. On menait 4-0 à la mi-temps face à Nîmes. C'était du beau football. Patrick avait transformé le jacuzzi en bain mousse, c'est vrai *(rires)* ! Disons que l'on a bien profité. Le club nous a offert une montre avec notre nom gravé dessus en souvenir. Il faut que je la retrouve, tiens !

→ Camel Meriem

ÉQUIPE TYPE **SOCHAUX**

Francileudo **SANTOS**
2000 - 2005
2008 - 2009

Stéphane **PAILLE**
1982 - 1989

ATTAQUANTS

MILIEUX

Camel **MERIEM**
1998-2002

Karl **TOKO-EKAMBI**
2014 - 2016

Mehmed **BAZDAREVIĆ**
1987 - 1996

Franck **SAUZÉE**
1983 - 1988

Maxence **FLACHEZ**
1996 - 2004

Faruk **HADZIBEGIĆ**
1987 - 1994

Omar **DAF**
1997 - 2009
2012 - 2013

Mickaël **ALPHONSE**
2016 - 2018

DÉFENSEURS

GARDIEN

Gilles **ROUSSET**
1982 - 1990

Francileudo
SANTOS

Entre un buteur « Pagistral » et le Tuniso-Brésilien, il a fallu choisir. Et le palmarès est sans appel : Santos termine meilleur buteur du Championnat de D2 en 2001 (21 buts) devant Alain Caveglia et Éli Kroupi. C'était lui, le vrai patron de l'attaque.

Stéphane
PAILLE

80 buts en Sochalie. Beau gosse, gentil, à l'écoute et, surtout, génial sur un terrain. Le point final à une poésie longue d'une saison en 1988. Élu meilleur joueur français de l'année *France Football* alors qu'il joue en D2. Un feu éteint trop vite à Montpellier. Et un homme parti trop tôt, en 2017.

Camel
MERIEM

Le FC Sochaux, c'est une histoire de famille chez les Meriem : le papa est employé chez Peugeot et le fiston fleuron du sacre en 2001, après avoir démarré en catégorie poussins. L'éternel espoir qui aura brillé par quelques coups d'éclats à Bordeaux ou à Marseille.

Mehmed
BAZDARVIĆ

Le joyau de la filière yougoslave. Bazdarević est un artiste. Le meneur de jeu des Galactiques de 1988. Le genre de joueur qui rend les autres meilleurs grâce à une vision du jeu inégalable. Plus de 300 matchs pour les bouclettes les plus célèbres de Franche-Comté.

Franck
SAUZÉE

C'est à Sochaux que « Patator » a allumé ses premières mèches. Un box-to-box, fierté de la formation doubiste. Sauzée, c'est 16 buts en 1987-1988. La même année, il remporte le Championnat d'Europe Espoirs avec ses coéquipiers Paille et Silvestre.

Karl
TOKO-EKAMBI

25 buts en deux saisons avant de filer s'éclater à Villarreal. Deux fois meilleur buteur du club, l'international camerounais est le porte-drapeau des mauvaises années sochaliennes en Ligue 2. Il en faut bien pour toutes les générations.

Omar
DAF

Efficace et pas cher, c'est Omar Daf que je préfère. Avec ses 67 matchs de D2, le Lion de la Téranga est l'assurance d'un couloir bien gardé, à gauche comme à droite. Titulaire lors de la remontée en 2001, il a passé 13 années dans le Doubs. Courageux et fidèle.

Maxence
FLACHEZ

C'est l'un des symboles de la génération 2001 du FC Sochaux. Ce sont les relations humaines qui ont toujours guidé sa carrière, et ses huit ans de fidélité à Sochaux le prouvent. Le taulier d'une meute de Lionceaux affamés, qu'il a menée au titre de champion de D2.

Faruk
HADZIBEGIĆ

Élu deuxième meilleur joueur de Liga en 1987 avec le Betis derrière Hugo Sánchez, le Yougoslave pose ses valises dans le Doubs. Véritable patron de l'équipe de 1988 et relais de son coach Takać, il a fait honneur au club sochalien, qu'il a entraîné entre 1995 et 1998.

Mickaël
ALPHONSE

Après des débuts dans le monde pro à Bourg-en-Bresse (FBBP 01), le joueur le plus rapide du Championnat sur 100 mètres a été nommé deux fois meilleur latéral droit de Ligue 2 avec le maillot de Sochaux. En deux saisons.

Gilles
ROUSSET

Le successeur du légendaire Albert Rust. Avec sa centaine de matchs joués avec le maillot du FC Sochaux, Gilles Rousset est logiquement récompensé. Gardien de l'équipe XXL de 1988. Certes, il n'a rien eu à faire durant toute la saison, mais il l'a bien fait...

STRASBOURG

●

Le Racing s'est relevé à vitesse grand V pour retrouver un rang plus conforme à son glorieux passé.

STRAS' ET PAILLETTES !

Quarante ans séparent le premier titre du Racing du dernier. Quand Stras' bourre la Ligue 2.

1976-1977 l'Alsace fière de son Racing !

Quand les Strasbourgeois donnent leurs premiers coups de pompe dans cette saison 1976-1977, le club se nomme le Racing Pierrots Strasbourg-Meinau. Deux mois plus tard, le RPSM n'est plus, c'est le retour du Racing Club de Strasbourg. Entre temps, les Alsaciens pédalent dans la choucroute. Six défaites lors des 15 premières journées, mais des claques infligées à Chaumont (9-0), Tours (5-1) ou encore au RC Franc-Comtois (4-0). La réception de Caen, début décembre, est l'un des tournants de la saison. Une victoire 4-2 pour les hommes du duo d'entraineurs Schilcher-Schwartz. Le premier a démarré la saison comme entraineur-joueur. Le second, ancien défenseur du Racing d'avant-guerre, demanda simplement d'être remboursé de ses frais de déplacements pour dépanner son club. Généreux.
Les triomphes s'accumulent. À la lutte avec Rouen et Tours, les Strasbourgeois valident leur montée et la première place du groupe B à Caen, lors de la 32e journée (1-1). En « finale des champions », le RCSA affronte Monaco, leader

du groupe A. La victoire 2-0 à domicile lors du match aller suffit aux coéquipiers de Dominique Dropsy, gardien de la meilleure défense du Championnat, pour être sacrés champion de D2. « Le défilé des joueurs dans Strasbourg, c'était impressionnant, se souvient Francis, fidèle du Racing. Les joueurs sont rentrés en train et s'arrêtaient dans toutes les grosses gares alsaciennes. Ils sont montés dans des remorques pour traverser une ville noire de monde. J'avais réussi à me faufiler sur une remorque pour passer une partie du cortège avec les joueurs. » Quand on vous dit que c'était mieux avant…

→ *Gemmrich, le bazar à l'air.*

Que des Alsaciens, et puis… Ivica Osim

Avec sept Alsaciens dans le onze type, un vrai lien se crée entre l'équipe et son public. « C'est toute l'Alsace qui se réveillait grâce à eux », philosophe notre supporter nostalgique. Et le héros du peuple a un nom : Albert Gemmrich. Avec 25 buts, il termine deuxième meilleur buteur de la saison 1976-1977 derrière le Monégasque Delio Onnis (30). Autour de lui, l'Alsace est fièrement représentée. Claude Reder, Yves Ehrlacher, André Wiss, Jean-Jacques Marx et, surtout, Léonard Specht. « C'était l'un des premiers stoppeurs qui n'était pas un tueur. Il arrivait à neutraliser son adversaire tout en finesse. Les autres défenseurs étaient des matraqueurs ; lui, c'était l'élégance », s'enthousiasme notre amoureux du Racing, même si deux autres joueurs ont réussi à se faire une place particulière dans son cœur. Commençons par l'Alsacien René Deutschmann. « Deux ans avant le titre, j'étais ramasseur de balles. J'ai des grands souvenirs de lui car c'était notre nettoyeur du milieu de terrain. Le mec ne s'échauffait jamais sur la pelouse, mais dans les couloirs de la tribune présidentielle. Ce type faisait des sprints dans le tunnel et tout le monde était terrorisé. Le gars, c'était une vraie machine. Tout le monde se plaquait contre les murs. » Avant de s'extasier devant le milieu de terrain serbe Ivica Osim. « La première fois que je suis allé voir un match du Racing, j'avais 8 ans. Il jouait en marchant. Il arrivait à fumer les autres joueurs, à les dribbler sans courir. Il avait une classe folle. C'est vraiment un joueur qui m'a impressionné, et les jeunes étaient sous le charme. Il distribuait des caviars. Un crack. »

L'année suivante, c'est la légende Gilbert Gress qui prend les commandes de l'équipe et affiche un certain emballement au sujet du milieu serbe. « Cette équipe n'est pas si mal avec un grand Ivica Osim. Strasbourg doit avoir de l'ambition. Je ne dis pas qu'on doit être champion tous les ans, mais cette ville doit viser les premières places. » Deux ans plus tard, le Racing décrochera son seul et unique titre de champion de France.

2016-2017 Épilogue d'une folle remontée

C'est l'une des plus belles renaissances du football français. Au bord de la disparition après une relégation administrative en CFA 2, le RC Strasbourg n'a mis que six ans à retrouver la Ligue 1. Promu de National en 2016, les Bleu et Blanc s'attaquent à la Ligue 2 avec un objectif en tête : le maintien. « Au bout de quelques journées, on sentait qu'on pouvait faire mieux et que la Ligue 2 ne serait qu'un passage », analyse Felipe Saad, arrivé un an plus tôt. Après dix journées, Strasbourg n'est qu'à quatre points du podium. La patte Thierry Laurey, qui a remplacé le héros local Jacky Duguépéroux (artisan du premier titre en 1977) sur le banc, se met en place. « Il est arrivé avec un nouveau système de jeu : un losange au milieu et deux attaquants. Le recrutement a été fait en fonction de son schéma et il n'y a eu que des bonnes pioches », constate le défenseur brésilien. En défense, Kader Mangane vient apporter du muscle devant le nouveau gardien titulaire, Alexandre Oukidja. Anthony Gonçalves, Vincent Nogueira et Jean-Eudes Aholou (arrivé en janvier) étoffent l'entrejeu. En attaque, Baptiste Guillaume et, surtout, Khalid Boutaïb sont chargés de faire trembler les filets adverses. Portrait du buteur marocain signé Felipe Saad : « Khalid ne se prenait jamais au sérieux dans la vie de tous les jours. Il donnait l'impression d'être facile sur le terrain, presque nonchalant. Un joueur intéressant pour garder le ballon dos au but et, surtout, très vicieux. » L'homme aux 20 buts sera le maillon fort d'une équipe physique, intraitable sur les phases arrêtées et qui va simplement maîtriser le Championnat sans jamais le survoler. Tout va se jouer dans les dernières minutes.

Saad buteur et « tricheur » décisif

32e journée. Strasbourg, 2e, se déplace à Reims avec 2 points d'avance sur son adversaire. Rémi Oudin ouvre rapidement le score. Hors de question pour Felipe Saad de tout gâcher. Il égalise. « C'était un grand moment d'émotion pour moi. À la dernière seconde, Reims obtient un penalty. C'est Grejohn Kyei qui allait frapper. Je suis allé le voir à l'intox en lui disant : ‹ Tu viens de rentrer, tu n'es pas frais, c'est sûr que tu vas manquer ton tir. › Quand il pose le ballon pour frapper, je me baisse devant lui pour faire semblant de remettre ma chaussure en place, mais je lui défais ses lacets. L'arbitre ne voit rien. Tous les joueurs de Reims viennent se plaindre et il rate son penalty ensuite… » Score final : 1-1. Strasbourg conserve son avance. Quelques semaines plus tard, le Racing, leader, joue une finale à domicile face à Bourg-en-Bresse lors de la 38e journée. Un succès 2-1 catapulte le club alsacien en Ligue 1 dans une Meinau ivre de bonheur avec un troisième sacre de Ligue 2 à la clé.

L'ÉQUIPE TYPE DU DERNIER TITRE

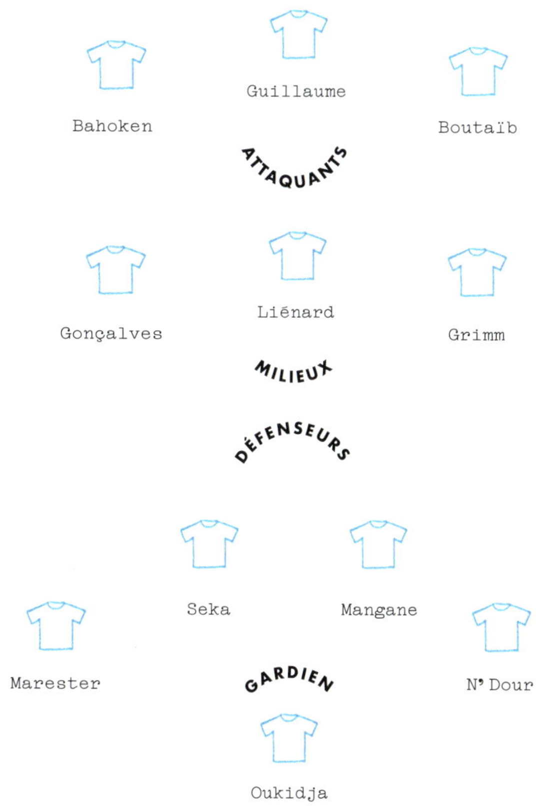

JEAN-PIERRE PAPIN : « ALLER AU RACING, C'ÉTAIT UNE CHANCE ! »

Relégué en 2006, le Racing Club de Strasbourg mise sur un coach quasi novice pour retrouver l'élite. Un ancien Ballon d'Or: Jean-Pierre Papin.

Jean-Pierre, joueur, tu as connu la Ligue 2 à deux reprises (Valenciennes en 1984-1985 et Guingamp en 1998-1999). Était-elle différente lors de ton arrivée sur le banc à Strasbourg?

Quand j'étais joueur, il y avait plus de mecs aguerris. Les équipes de D2 étaient des formations expérimentées avec des groupes vraiment solides. À Valenciennes, on avait une équipe de gamins, de joueurs de la région, et tout le monde nous promettait la misère. On a défrayé la chronique en terminant 6es. Le Havre, Caen, Dunkerque, même Orléans avec Guy Stéphan, c'était très costaud. Des joueurs rompus à la Ligue 2. Je pense que le niveau était plus élevé.

Raconte-nous tes premiers pas avec le groupe strasbourgeois…

Je suis parti en stage à Megève avec un groupe de 24 joueurs… On est rentré à 15. Les autres sont tous partis, la L2 ne plaisait pas à ces messieurs, visiblement. On a bricolé avec des prêts, des jeunes et c'était un vrai pari. Avec moi comme avec les joueurs. La Ligue 2 est un laboratoire pour jeunes joueurs: c'est très compliqué de gagner un match. J'ai senti beaucoup de respect de la part de mes joueurs, mais surtout beaucoup d'attente. Le club était ambitieux et c'était à moi de trouver la bonne recette pour remonter. On a enchaîné les exercices: chaque joueur devait aider son collègue. Ça a très bien fonctionné. J'étais très exigeant concernant l'état d'esprit. C'est la base de tout. Tout le reste, ça s'apprend, ça se construit.
Aller au Racing, c'était une chance. Tu crois toujours que tu vas conserver la même équipe et que tu vas remonter de suite, mais tu déchantes vite. J'avais quand même un très beau groupe, mais c'est toujours le terrain qui parle. La mayonnaise a pris rapidement. Le plus difficile, pour moi, ça a été les deux premiers matchs. On reçoit Dijon *(0-0)* et on perd 1-0 à Amiens. Quand tu es un jeune entraîneur, que ton objectif est de faire remonter un club comme Strasbourg et qu'au bout de deux matchs tu as 5 points de retard, c'est compliqué. Le président vient toquer à la porte, mais, ensuite, on enchaîne 12 matchs sans défaite.

« AU RACING, IL FAUT PROPOSER DU JEU »

Quel style avez-vous adopté pour permettre à votre équipe d'être aussi performante?

J'avais tendance à penser qu'en Ligue 2, j'allais affronter des vikings. Des grands gabarits, bons footballeurs mais pas extraordinaires, costauds et très agressifs. Des équipes qui t'empêchent de jouer. Et, avec le Racing, tu n'as pas le droit de jouer comme ça, il faut proposer du jeu, montrer que tu es un ancien club de L1. L'attaque n'était pas notre point fort *(47 buts marqués)*. Hervé Tum était incapable de jouer deux matchs dans la semaine à cause de son genou. Kevin *(Gameiro)* revenait d'une longue blessure aux croisés. Il avait les dents qui rayaient le parquet et il fallait le freiner. La bonne pioche, c'est Éric Mouloungui. Il devait partir à Odense, au Danemark, mais, juste avant son départ, il plante trois buts en amical et on le garde. Je croyais beaucoup aux vertus des coups de pied arrêtés, on a beaucoup bossé là-dessus. On a perdu très peu de matchs avec ce style *(6 défaites)* et, rapidement, on est monté sur le podium pour ne presque plus en descendre.

Deux nuls et deux défaites avant la trêve. Dans quel état d'esprit es-tu à ce moment-là?

Metz faisait cavalier seul. Notre défaite là-bas *(4-1)* a un peu plombé l'ambiance, mais on était toujours dans nos objectifs. Dijon était à un point derrière nous, mais on savait que le calendrier de la phase retour était plus abordable. On devait recevoir les Messins à l'avant-dernière journée. On a battu tous les gros, comme Le Havre, Bastia ou Grenoble, la surprise cette saison-là. Il ne fallait pas que le match retour face à Metz soit décisif… Raté !

« JOUEUR OU COACH, JE N'AI JAMAIS PERDU À LA MEINAU »

Justement, c'est un derby remporté (2-1) face à Metz (37e journée) qui vous offre la montée…

J'étais très tranquille ce jour-là. J'avais une énorme confiance en mes joueurs. On avait bossé toute la semaine. Personne ne parlait du match alors qu'il était capital. Il y avait une décontraction positive, mais, à l'arrivée au stade, plus un bruit dans le vestiaire. D'habitude, ça chambre, ça chante… Avec mon adjoint, on s'est regardés. Ça sentait bon. Derrière, on sort le match presque parfait et on gagne. On a maîtrisé ce derby. On a cru en nous, tout simplement.

Quelle place ont ce succès et cette montée dans ta carrière?

Je n'ai pas de mot pour décrire ce moment. Une saison de coach, ce n'est vraiment pas simple à vivre. Rien à voir avec ma carrière de joueur. C'était un grand soulagement de faire remonter ce club, qui n'a rien à faire en D2. Mais ce que je retiens surtout, c'est que, joueur ou coach, je n'ai jamais perdu à La Meinau. J'avais fait un pacte avec les joueurs pour que ce stade soit une forteresse. Personne ne devait gagner chez nous. Mission accomplie. Le fait de gagner face au rival dans un derby rend la chose encore plus belle, mais j'étais content qu'ils n'aient rien à jouer sur ce match *(rires)*.

« GAMEIRO RÉCLAMAIT DES PAPINADES »

Éric Mouloungui (11 buts) et Renaud Cohade (8 buts) sont les deux buteurs face à Metz et les deux joueurs les plus décisifs cette saison. Un symbole ?

Renaud est monté en puissance au fur et à mesure de la saison. Il est arrivé vers la fin du mercato des Girondins de Bordeaux. C'était vraiment une bonne pioche. La Ligue 1 m'aurait envié mon milieu de terrain. J'avais quatre joueurs qui pouvaient jouer partout : Renaud, Pascal (Johansen), Yacine Abdessadki et Camadini. Je les appelais « Les Quatre fantastiques ».
Devant, Éric *(Mouloungui)* allait super vite. Le joueur le plus rapide que j'ai coaché. Et un vrai finisseur. Il était très bon de la tête et a planté des buts très importants. Il y avait des entraînements spécifiques avec des papinades tous les jours *(rires)*. Kevin *(Gameiro)* en réclamait. Il aimait ça. C'était un jeu et c'était positif pour le groupe. Le secret, il est là.

LA BANDE À JPP

Cassard – Lacour, Bellaïd, Strasser, Deroff – Cohade, Camadini, Johansen, Abdessadki – Tum (Gameiro), Mouloungui

Des joueurs adverses t'ont-ils impressionné cette saison-là ?

Guillaume Hoarau faisait ses « vrais » débuts avec Gueugnon. Tu sentais un vrai potentiel chez ce joueur. Je me suis rarement focalisé sur les adversaires pour être honnête. J'étais un buteur, donc j'avais une affection pour Jean-Michel Lesage… Maintenant que j'y pense, il y a un joueur que j'aimais beaucoup : Julien Féret. Il jouait à Reims. J'aime les joueurs qui sentent le jeu et il faisait ça à merveille.

Si un mot devait résumer l'année de JPP à Strasbourg, ce serait…

Magnifique.

LA LIGUE 2 ET L'EUROPE

Plus aventureuse qu'un déplacement à Niort ou Laval, la Coupe d'Europe offre aux clubs de D2 un dépaysement salutaire… et rare. Ils ne sont que huit à avoir disputé une compétition continentale alors qu'ils évoluaient en deuxième division : Saint-Étienne, Marseille, Nice, Gueugnon, Strasbourg, Lorient, Châteauroux et Guingamp. Les routes européennes sont accessibles à tous. Elles passent soit par une victoire dans une Coupe nationale, soit une défaite en finale de Coupe de France contre le champion de France ou bien une relégation administrative de première division, comme l'OM en 1994 (voir pages 240-243).

Concilier le Championnat et l'Europe est périlleux mais riche en souvenirs. Face à Kilmarnock, le 18 septembre 1997, le stade du Ray prend feu lors de la victoire 3-1 de Nice face aux Écossais. Les kilts des supporters adverses ne valsent plus. Mickaël Rol, buteur : « Ça reste un des meilleurs moments de ma vie de foot. Quelle joie, quelle liesse ! Il y avait une ambiance de dingue. » Au tour suivant, l'OGCN est éliminé, sans perdre, face au Slavia Prague (2-2, 1-1). Les Aiglons termineront 14es du Championnat. Qualifié en Europa League grâce à sa victoire lors de la Coupe de France 2009, Guingamp vit une saison 2010 cauchemardesque. Pour les barrages, les Bretons tirent Hambourg, demi-finaliste la saison précédente. Les hommes de Zvunka s'écroulent (5-1) au Roudourou. Ils ne se relèveront jamais de cet affront et termineront 18es de Ligue 2 malgré la présence dans l'effectif de Moustapha Diallo, Thibault Giresse, Lionel Mathis et d'un gamin de 17 ans, Giannelli Imbula, déjà de toutes les galères. Finalement, c'est Strasbourg qui s'en sort le mieux. En 2001-2002, les Alsaciens avaient subi la loi du Standard de Liège mais avaient rebondi pour assurer leur promotion grâce aux 15 buts de Danijel Ljuboja. Dans l'équipe figuraient Teddy Bertin, Corentin Martins, José Luis Chilavert, Habib Beye et Peguy Luyindula. Un effectif « Ligue des champions ».

Saint-Étienne

Coupe des Coupes 1962-1963

16es
Vitória Setubal-ASSE
(1-1, 0-3)

8es
ASSE-FC Nuremberg
(0-0, 0-3)

Marseille

Coupe de l'UEFA 1994-1995

32es
Olympiakos-OM
(1-2, 0-3)

16es
FC Sion-OM
(2-0, 1-3)

Nice

Coupe des Coupes 1997-1998

16es
OGCN-Kilmarnock
(3-1, 1-1)

8es
OGCN-Slavia Prague
(2-2, 1-1)

Gueugnon

Coupe de l'UEFA 2000-2001

1er tour
FC Gueugnon-Iraklis Thessalonique
(0-0, 0-1)

Strasbourg

Coupe de l'UEFA 2001-2002

1er tour
Standard de Liège-RC Strasbourg
(2-0, 2-2)

Lorient

Coupe de l'UEFA 2002-2003

1er tour
Denizlispor-FC Lorient
(2-0, 1-3)

Châteauroux

Coupe de l'UEFA 2004-2005

1er tour
FC Bruges-LB Châteauroux
(4-0, 2-1)

Guingamp

Ligue Europa 2009-2010

Barrages
EA Guingamp-Hambourg SV
(1-5, 1-3)

« L'EUROPE, UN RÊVE DE GOSSE »

En Italie, il y a la dynastie Maldini. À Gueugnon, il y a les Trivino : Antoine, champion de D2 en 1979 ; David, présent lors de montée en 1994-1995 ; et Richard, le gardien, vainqueur de la Coupe de la Ligue en 2000 face au PSG (photo). Les trois faits d'armes des Forgerons. Devenu directeur sportif, Richard Trivino plante le décor : « La L2 sans Gueugnon, ce n'est pas la L2 ! On a longtemps fait partie du paysage *(37 saisons)*, mais, aujourd'hui, on est une commune de 7 000 habitants qui subit la concurrence d'Auxerre et de Dijon. »

« LA L2 SANS GUEUGNON, CE N'EST PAS LA L2 ! »

Il est loin le temps où les Gueugnonnais paradaient dans les rues avec la Coupe de la Ligue. « Cette finale fut un merveilleux souvenir. On avait un sorcier dans le vestiaire : Amara Traoré. Trois heures avant la finale, il organisait une réunion pour savoir comment on allait partager les primes de victoires... Il nous voyait gagner et il avait une telle aura qu'on avait fini par le croire. Pourtant, on affrontait le PSG. Notre chance, c'est que tout le monde ne parlait que de Calais, finaliste de la Coupe de France. Dans les médias, le PSG avait déjà gagné. Paris nous a clairement pris de haut. » Grâce à cette victoire, le club se qualifie pour la Coupe de l'UEFA. Le tirage au sort lui commande un Grec : l'Iraklis Thessalonique du buteur Michalis Konstantinou, légende du football chypriote. Pour franchir l'obstacle, le gardien Richard Trivino peut compter sur le milieu argentin Marcelo Trapasso, l'ailier Sylvain Flauto (buteur en finale de la Coupe de la Ligue), l'attaquant sénégalais Amara Traoré et Jaouad Zaïri en joker offensif. Du lourd. « On avait suivi le tirage dans le bus. C'était un rêve de gosse de jouer l'Europe pour un joueur comme moi, né et formé à Gueugnon. Tu me l'aurais dit au début de ma carrière, j'aurais rigolé ! » L'exploit n'aura pas lieu. À l'aller, au stade Jean-Laville, Gueugnon concède un 0-0 chanceux. Au retour, les supporters grecs, étrangement calmes, soupirent quand les Français manquent la balle de qualification et finissent par s'incliner (1-0). La déception est palpable chez les joueurs bourguignons, qui doivent désormais se concentrer sur le Championnat : la fin de saison sera longue, conclue sur une anonyme 10e place. À la fin du XXe siècle, les Forgerons collectionnaient les places d'honneur. Ils batailleront pour le maintien jusqu'en 2008, année de la descente.

UN MULTI DE FOLIE !

19 mai 2017 : 6 clubs peuvent être champions comme tout perdre. Récit d'une soirée de tarés.

LE CLASSEMENT AU COUP D'ENVOI

1	Strasbourg	64 pts
2	Amiens	63 pts
3	Troyes	63 pts
4	Lens	62 pts
5	Brest	62 pts
6	Nîmes	61 pts

ON PLANTE LE DÉCOR...

Strasbourg est leader avant cette 38e journée, avec 64 points. Une victoire et le Racing sera champion de Ligue 2. Un point derrière, un autre promu de National se met à rêver : l'Amiens SC de Christophe Pélissier, accompagné de l'ESTAC de Benjamin Nivet. Lens et Brest pointent à 2 longueurs des Alsaciens. Pour Nîmes, 61 points, l'espoir fait vivre.

0-15e min

LENS ET AMIENS SUR LE TRÔNE

Un départ à 100 à l'heure. Les meilleurs scénaristes d'Hollywood n'auraient pas fait mieux. Lens, hôte de Niort dans un Bollaert blindé, ouvre le score grâce à Erasmus, sur un caviar de Lala. Les Sang et Or sont leaders... pour 6 minutes seulement. Amiens et Kamara font chavirer un stade Auguste-Delaune bondé de Picards et s'emparent de la 1re place.

1	Amiens	66 pts
2	Lens	65 pts
3	Strasbourg	65 pts

15-40e min

STRASBOURG SE RÉVOLTE, TROYES COULE

Alors que Lens double la mise, La Meinau respire un grand coup après l'ouverture du score de Mangane au quart d'heure de jeu. Un coup de casque gagnant juste avant que le Burgien Hoggas ne marque contre son camp. 2-0. Strasbourg est plus que jamais champion. Derrière, c'est Troyes qui fait la mauvaise opération. Les hommes de Jean-Louis Garcia concèdent l'ouverture du score à Sochaux et sont doublés par Brest, qui mène déjà 3-0 face au Gazélec...

1	Strasbourg	67 pts
2	Amiens	66 pts
3	Lens	65 pts

60-75e min

L'ESTAC ESPÈRE, AMIENS 4E !

Après avoir encaissé un 2e but juste avant la mi-temps, Troyes se relance grâce à Darbion à l'heure de jeu. Première lueur d'espoir avant de sourire franchement quand Reims égalise face à Amiens, par Diego. Dans le Nord, Gervais Martel tire sur sa cigarette électronique pour se déstresser tandis que Bollaert rugit. Lens est en Ligue 1 ; Brest, qui étrille Ajaccio (5-1), est barragiste.

1	Strasbourg	67 pts
2	Lens	65 pts
3	Brest	65 pts

75-90e min

TROYES HYSTÉRIQUE, REIMS VOIT ROUGE

La soirée bascule. À Sochaux, le vétéran Nivet égalise (2-2 à la 77e) d'un coup de crâne décroisé sur un centre de Darbion. Brest s'amuse toujours autant (6-2) mais voit les Troyens se rapprocher sérieusement. Avant de se faire dépasser. À la 88e, Grandsir plante le 3e but de l'ESTAC, synonyme de montée en L1. Le parcage visiteurs chavire. Conséquence : Amiens est 6e... Mais le Rémois Berthier écope d'un carton rouge.

1	Strasbourg	67 pts
2	Troyes	66 pts
3	Lens	65 pts

90-95e min

LENS EN ENFER, LE MIRACLE AMIÉNOIS

Relégués à la 3e place, les Lensois, vainqueurs de Niort (3-1), pensent disputer les barrages. Les hommes d'Alain Casanova sont réunis dans le rond central pour suivre les dernières secondes de Reims-Amiens. Si les Amiénois marquent, Lens dira adieu à l'élite. Dans les dernières secondes, Monconduit expédie un OVNI au deuxième poteau avant que le ballon ne revienne sur Bourgaud, qui fusille Carrasso. Amiens obtient la première montée en Ligue 1 de son histoire, tandis que les coéquipiers de Bourigeaud pleurent. Cruel. Mais si bon.

1	Strasbourg	67 pts
2	Amiens	66 pts
3	Troyes	66 pts

4

COMMENT SURVIVRE AVEC UN PETIT BUDGET

Promus de National ou sous-préfectures abandonnées, ils luttent avec leurs moyens et avec plus ou moins de réussite.

CLERMONT

•

Depuis 2007 et sa dernière montée en Ligue 2, le club auvergnat étonne par sa longévité : une 9e place en moyenne avec le 18e budget du Championnat sur les 5 dernières saisons.

RADINS, MAIS MALINS !

Le Clermont Foot 63 réussit chaque année des miracles avec un ou deux sesterces en poche. Décryptage.

Secret 1
Au pays du rugby, Clermont bricole

En Auvergne, le ballon ne tourne pas rond, mais ovale. « Parler foot avec de vrais Auvergnats, c'est compliqué face aux dieux vivants du rugby », regrette Damien Perrinelle, ancien joueur du Clermont Foot. Après une première aventure en Ligue 2 entre 2002 et 2006, les partenaires économiques ne se bousculent pas pour s'afficher sur la tunique rouge et bleu. Le CF63 avance à tâtons et chute en National. L'arrivée de Claude Michy, en 2006, va tout changer. « Sa gestion en bon père de famille a sauvé le club, reconnaît Mathias Pereira-Lage, formé en Auvergne. Il y a une connexion forte entre le monde pro et les équipes de jeunes. Dans les moments difficiles, cette grande famille restait toujours soudée et, avec le président Michy, tu étais sûr qu'il n'y avait pas de dettes dans les placards. » Une entreprise familiale qui devient également une machine à fabriquer et former des talents.

Secret 2
Une usine à buteurs

« Aujourd'hui, un attaquant va toujours prendre du plaisir à Clermont. » Les mots de Mathias Pereira-Lage résonnent encore plus fort en jetant un œil dans le rétro. Depuis 2010, le CF63 a de quoi faire rougir Michelin avec son savoir-faire dans la fabrication de buteurs. Sloan Privat a été un pionnier. Avec ses 20 buts en 2010-2011, il a déroulé le tapis rouge à Jean-François Rivière (11 buts) et Mana Dembélé (13 buts), respectivement un et deux ans plus tard. Selon Pereira-Lage, « le jeu rapide vers l'avant transpire dans chaque catégorie de jeunes » et cela permet l'épanouissement de jeunes buteurs, comme Gaëtan Laborde et Adrien Hunou (15 buts cumulés en 2015-2016) dans l'ombre de la saison XXL de Famara Diedhiou (photo, 21 buts), meilleur buteur de L2 cette année-là. Et l'usine continue de tourner à plein régime. Rémy Dugimont (13 buts en 2016-2017) apparaît comme une valeur sûre de ce Championnat, Ludovic Ajorque (14 en 2017-2018) fait les beaux jours du RC Strasbourg, Florian Ayé, après une période délicate à Auxerre, a planté 17 pions en 2018-2019. Le dernier joyau made in Clermont se nomme Adrian Grbić, « le Zlatan autrichien », 17 buts en 2019-2020. Le tout sans dépenser le moindre centime. Ou presque.

Secret 3
Et pour pas cher, en plus !

L'Auvergnat est radin, mais Clermont a fait du recrutement malin un art. « En 2006, le club a changé de mentalité en recrutant des gens investis dans le projet, des joueurs issus des centres de formation qui n'avaient pas percé ou des revanchards avec une bonne mentalité », explique le Clermontois Cédric Bockhorni. Dans l'ombre, un homme, Olivier Chavanon (photo), a permis au Clermont Foot de dénicher des futurs grands talents, comme Yacine Brahimi, Mehdi Benatia ou encore Romain Alessandrini. Et tout ça sans toucher au portefeuille. Selon Transfermarkt, le Clermont Foot a dépensé 380 000 euros dans son histoire. 380 000 euros pour s'offrir un joueur : Famara Diedhiou, en provenance de Sochaux. C'est ce qui s'appelle avoir du pif. « Avant l'arrivée de Michy, c'est un club qui accumulait les gros salaires avec des joueurs bling-bling *(Martins, Brando, Gourvennec)*, admet Damien Perrinelle. Ça ne collait pas à la mentalité auvergnate. Il a rendu le club plus humain. » Ajoutez à ce savoir-faire la légende locale Olivier Enjolras, son successeur Michaël Fabre, Bruno Grougi, Benoît Lesoimier, Rachid Hamdani (génération qui a bouclé 10 matchs consécutifs sans défaite en 2007-2008, record du club) ainsi que tous les cadres rompus à la Ligue 2 et vous comprendrez mieux pourquoi le Clermont Foot est devenu une valeur sûre de ce Championnat.

SI PRÈS ET POURTANT SI LOIN… DE LA L1

14 mai 2010, J38 de l'exercice 2009-2010 : Clermont, 5e, se déplace pour affronter Arles-Avignon, 3e. En cas de victoire, le club auvergnat, entraîné par Der Zakarian, obtiendra sa première montée dans l'élite. Raté. Benjamin Psaume vient doucher les espoirs clermontois au quart d'heure. Score final 1-0. « Le club était trop stressé et pas prêt pour monter. Je pense même qu'il ne voulait pas aller en Ligue 1. Tout n'a pas été fait pour être prêt à 100 % sur ce match, regrette Cédric Bockhorni, titulaire ce soir-là. Je n'ai pas senti une immense déception à la fin du match. » « Je n'étais pas au match, j'étais au Mans pour préparer le Grand Prix de moto. C'était bien plus important pour moi et ma présence n'aurait rien changé », avoue le président Michy. Ambiance…

L'ÉQUIPE FACE À ARLES-AVIGNON

Fabre – Madouni, Benatia, Cellier,
Bockhorni – Ekobo, Hamdani, Arnaud,
Pinto-Borges – Brahimi, Haquin

LE RÉGIME DE MICHY

Président de Clermont entre 2005 et 2019, Claude Michy a permis au club de devenir un taulier de Ligue 2. À sa manière.

Claude Michy, racontez-nous votre arrivée au Clermont Foot?

J'allais voir quelques matchs. Le club était en grande difficulté et Francis Graille, un vieux camarade, venait de quitter le PSG. J'appelle Christine Rougerie, l'adjointe aux Sports à Clermont, et je lui demande de prendre l'avis de Francis pour l'avenir du club. Et il propose: « Claude devrait racheter le club, comme ça vous serez tranquille. » Je lui demande d'arrêter ses conneries. Le hasard fait que, quelques semaines plus tard, je reprends le club...

Quel bilan faites-vous de votre long mandat à la présidence du Clermont Foot?

Une très belle aventure humaine. Quand je suis arrivé, j'ai essayé de faire en sorte que les mondes pro et associatif vivent ensemble. Ils jouaient au même jeu et je trouvais désagréable qu'ils ne se parlent pas. Et, la finalité, c'est la création de ce centre de formation partagé avec le rugby. Il fallait quelque chose de novateur et, surtout, de concret.

« J'AI FAIT L'ENA, L'ÉCOLE DE LA NÉGOCIATION AUVERGNATE »

Le terrain vous importait peu finalement. C'est quoi, la patte « Michy » ?

Je ne me suis jamais occupé du sportif parce que je n'y connais rien. Le football est quelque chose de très aléatoire. J'ai géré en bon père de famille, même si on m'a reproché un manque d'ambition. J'ai toujours bossé avec des personnes qui ont accepté de travailler avec nos moyens et avec qui j'étais en phase. Quand les joueurs chantaient « Président, Président ! », je réclamais un peu de décence. Il y a des gens dans le besoin et hurler pour doubler les primes, ce n'est pas ma tasse de thé. À part doubler la tournée de bières, je ne pouvais rien faire.

Petit budget, grande réussite : quels sont les secrets de Claude Michy, le gestionnaire ?

Il n'y a pas de secret. J'ai un certificat d'études primaires. Et j'ai fait l'ENA, aussi : l'École de la Négociation Auvergnate. Ne pas être passionné m'a beaucoup aidé. Les noms des joueurs ne m'ont jamais fait rêver, ni celui qui court le plus vite ou quoi. Puis, au final, il ne court pas plus vite, il a le pied tordu, il fume du cannabis et il coûte cher. Je ne me suis pas laissé amener sur des pistes obscures.

LES COACHS SOUS MICHY

MARC COLLAT
2005-2006

DIDIER OLLÉ-NICOLLE
2006-2009

MICHEL DER ZAKARIAN
2009-2012

RÉGIS BROUARD
2012-2014

HELENA COSTA
2014

CORINNE DIACRE
2014-2017

PASCAL GASTIEN
2017-...

Vos choix d'entraîneurs ont souvent surpris, mais ils ont été décisifs dans la croissance du club...

La seule chose que je revendique, c'est le choix de l'entraîneur. Tout se passait à l'instinct. Sur un regard, une poignée de main, un échange... J'ai rencontré des candidats et je savais au bout de dix secondes que ce ne serait pas le bon. En revanche, avec Régis *(Brouard)*, par exemple, lors de son épopée avec Quevilly en Coupe, je trouvais des choses intéressantes dans son discours. Mais, de là à passer au stade professionnel, il y avait une marche à franchir. Olivier Chavanon *(conseiller du président Michy)* n'était pas très chaud. J'ai appelé Régis et il est venu le lendemain à Clermont. Quelques jours plus tard, en attendant un avion à Orly, je lui passe un coup de téléphone pour lui dire : « Allez, je te donne ta chance, on verra bien. » Les choses sont simples avec moi. Michel *(Der Zakarian)* m'avait envoyé une lettre, écrite de sa main, pour se proposer au club et j'avais trouvé cette démarche honorable. Rien d'exceptionnel, mais on sentait que l'homme était sain. On s'est vus rapidement à Paris et c'était parti. Il a cassé quelques portes chez nous, mais la passion à ce niveau-là, c'est beau et j'en avais besoin pour être rassuré. Avec Helena Costa, ça s'est mal passé, mais j'avais cette idée en tête de nommer une femme coach. Corinne Diacre, c'était un beau contre-pied, même si elle n'était pas diplômée. Je jouais avec mes décisions et mon argent, c'est l'avantage d'être le seul maître à bord. J'ai eu beaucoup de chance dans mes choix.

Est-ce qu'un joueur ou un match a marqué votre mandat ?

Je n'ai jamais eu d'affection particulière pour les joueurs. J'estime qu'il y a une hiérarchie, mais ce n'est que mon avis. C'est l'entraîneur qui fait fonctionner l'équipe. Sportivement, je n'étais pas un plus. J'ai toujours été linéaire. Je n'allais pas voir les matchs à l'extérieur. Je ne regardais jamais les matchs en entier et j'avais une sensation concernant ce qui allait se passer. Quand je sentais qu'on allait perdre, je n'étais pas déçu. Et vice versa. Tranquille, je vous dis.

ÉQUIPE TYPE **CLERMONT**

Rémy **DUGIMONT**
2013 - 2018

Famara **DIEDHIOU**
2015 - 2016

ATTAQUANTS

Romain **ALESSANDRINI**
2010 - 2012

Mathias **PEREIRA-LAGE**
2016 - 2019

MILIEUX

Eugène **EKOBO**
2009 - 2017

Franck **CHAUSSIDIÈRE**
2006 - 2011

Mehdi **BENATIA**
2008 - 2010

Cédric **AVINEL**
2011 - 2017

Ludovic **ASSÉMOASSA**
2001 - 2005

Cédric **BOCKHORNI**
2006 - 2016

DÉFENSEURS

GARDIEN

Olivier **ENJOLRAS**
1994 - 2007
2009 - 2011

Rémy
DUGIMONT

Son baptême du feu en professionnel a lieu avec Clermont Foot. En 5 saisons, Rémy Dugimont est devenu le meilleur buteur de l'histoire du club en deuxième division (40 réalisations). Il a su prendre la relève d'un grand buteur sénégalais…

Famara
DIEDHIOU

Et voici ce fameux grand buteur sénégalais : Famara Diedhiou. L'ancien Sochalien inscrit 21 buts lors de sa seule et unique saison pleine avec les Clermontois. Suffisant pour décrocher le titre de meilleur buteur et meilleur joueur de Ligue 2, et lui ouvrir les portes de la Ligue 1, à Angers.

Romain
ALESSANDRINI

Avec lui et Der Zakarian, le Clermont Foot s'est mis à rêver de la Ligue 1 lors de l'exercice 2011-2012 (5e à la fin du Championnat). Nommé pour être désigné meilleur joueur du Championnat, il est devancé par un autre gaucher : Jérôme Rothen.

Eugène
EKOBO

Hall of Fame. Ekobo détient le record du nombre de minutes jouées en L2. Joueur étranger le plus capé de Ligue 2, il décide de terminer sa carrière au pied du puy de Dôme, après 262 rencontres avec Clermont.

Franck
CHAUSSIDIÈRE

En concurrence avec Frédéric Brando, finaliste de la Coupe de l'UEFA 1999 avec l'OM, pour une place dans l'équipe type. Mais Franck a été sacré champion de National en 2007 et a joué plus de 170 matchs en Auvergne. La loi de la longévité prend le dessus.

Mathias
PEREIRA-LAGE

Clermontois de naissance, l'espoir portugais vient récompenser l'excellent travail de formation auvergnat. Il explose lors de la saison 2017-2018 en plantant 10 buts. Virevoltant, polyvalent, technique, toucher de balle délicat : Pereira-Lage mûr.

Ludovic
ASSÉMOASSA

Des années de galère en Auvergne mais une régularité et une débauche d'énergie dans son couloir remarquables. L'international togolais a porté la tunique clermontoise à 133 reprises et a participé au premier match du Togo au Mondial 2006, face à la Corée.

Mehdi
BENATIA

C'est en Auvergne que le roc marocain a véritablement lancé sa carrière. Il y a affûté ses relances et réglé son sens de l'anticipation. À l'apogée de sa carrière à Clermont, il a ensuite transité dans des clubs de seconde catégorie, comme la Juventus, le Bayern Munich et l'AS Roma.

Cédric
AVINEL

Autre taulier du Clermont Foot en Ligue 2. Avant de rejoindre le Massif central, Cédric Avinel a disputé 3 matchs avec… Jan Koller à l'AS Cannes. Le défenseur central a porté le maillot du CF63 à 182 reprises en L2.

Cédric
BOCKHORNI

Au rayon des monuments, Cédric Bockhorni occupe une place de choix dans les années Ligue 2 de Clermont (10 saisons). Alors que sa carrière est au point mort en Belgique (RE Virton), il rejoint le club auvergnat et remporte le Championnat de National.

Olivier
ENJOLRAS

Même si Michaël Fabre est le gardien clermontois le plus capé en Ligue 2 (153 matchs), la fibre régionale prime. Gardien du volcan à 123 reprises en L2, Olivier faisait partie de l'incroyable exploit (4-4, victoire aux tirs au but) face au PSG en Coupe de France alors que le club évoluait en National 2.

GAZÉLEC AJACCIO

Au Gazélec (21 saisons en Ligue 2), faute de pétrole, il faut des idées. Comme recruter des joueurs imaginaires.

O MYTHO DO BRASIL

Carlos Kaiser, « l'un des plus grands footballeurs brésiliens de son temps », évolua en 1986 au Gazélec Ajaccio. C'est en tout cas ce qu'il affirme.

Quand Carlos Henrique Raposo, dit Carlos Kaiser, rejoint le Gazélec Ajaccio au mitan des années 1980, il n'a jamais joué au football. Il a déjà évolué dans des clubs brésiliens, et non des moindres : Botafogo et Flamengo. Mais il n'a jamais disputé le moindre match. Rob Smyth, journaliste au *Guardian*, l'a interviewé en 2018 pour son livre *Kaiser! The Greatest Footballer Never To Play Football*. L'histoire qui va suivre est tirée de ses souvenirs. Sur son passage à Ajaccio, Carlos explique tout d'abord avoir ressenti un peu d'appréhension le jour de sa présentation officielle. En apercevant les ballons déposés sur le rond central, le public s'attendait à le voir jongler. « Je ne savais pas quoi faire, alors je les ai tous dégagés dans les tribunes et je me suis mis à embrasser l'écusson du club. Les fans étaient hystériques. Je n'allais pas me faire griller le premier jour... »

IL A ÉVOLUÉ À BOTAFOGO ET FLAMENGO. MAIS IL N'A JAMAIS DISPUTÉ LE MOINDRE MATCH

Durant sa carrière, trois stratégies lui ont permis de durer. La première : simuler des blessures. Des certificats médicaux de complaisance lui offrent du répit entre deux contrats. La seconde : beaucoup d'imagination. Il peut ainsi provoquer un supporter en tribune et se faire expulser afin de ne pas entrer en jeu. La troisième : se lier d'amitié avec de véritables footballeurs – Romário, Bebeto ou Renato Gaúcho. Afin d'entretenir la confusion, il adopta le look de ce dernier : sa coupe mulet, ses tics, se façon de parler, sa personnalité... « Kaiser est une véritable icone de ce sport, se remémore Renato Gaúcho. Personne n'est resté aussi longtemps dans le milieu sans jouer le moindre match. S'il a réussi, c'est grâce à son côté humain. Tout le monde aimait Kaiser. »

Mafia et jolies femmes

Les femmes l'aimaient aussi. Les Brésiliennes et les Corses. En arrivant en France, il ne maitrise que quelques phrases : « Comme ci, comme ça », « Parlez-vous français ? » et « Je t'aime ». Il ne lui en faut pas davantage. Avec la gente féminine, Carlos est un renard des surfaces. Un porc. Pour la signature de son contrat au Gazélec, il raconte n'avoir pas reçu de prime à la signature mais « une belle blonde » fournie par les dirigeants insulaires. Cette prostituée avait ses règles, alors Kaiser s'adapta : « Quand le terrain est inondé, je tire de derrière le but. » Dans ce bestiaire, il y a un loup quelque part. Ainsi, ses anciens coéquipiers ne se souviennent pas de lui. Parce qu'il fuyait Ajaccio dès que possible ? « J'ai fait pas mal de fêtes privées avec les dirigeants et toutes sortes de personnes. En Corse, on s'ennuyait. On montait à Paris, Lyon, Nice ou Marseille. Je parlais souvent aux filles dans les parfumeries. » Kaiser est fâché avec l'entraineur Guy Calléja et le capitaine de l'équipe, las de le voir aux bras de jolies femmes. Notre héros n'en a cure. Il se dit protégé par ses liens avec la mafia. Mancini, le directeur sportif, l'aurait pris sous son aile. C'est évidemment faux. Comme tout le reste.

Car Carlos Kaiser n'a jamais signé au Gazélec. Dans les années 1980, le GFCA a bien recruté plusieurs Sud-Américains, mais il n'a jamais entrevu ne serait-ce que l'ombre du Rocancourt du ballon. Faute de budget, le club a-t-il fait croire au recrutement d'un grand footballeur brésilien ? Non : le Gaz ignorait son existence. Numéro 10 du Gazélec en 1986, Fabio Barros, dit Fabinho, n'est pas dupe : « Carlos dit être allé à Ajaccio, y avoir joué et tout, mais on n'a aucune preuve concrète. Ce serait bien de lui demander ‹ Tu peux me montrer une photo de toi aux cotés de n'importe qui d'autre sur le terrain d'Ajaccio ? › ou ‹ Montre-moi une photo de toi en train de t'entraîner avec les joueurs d'Ajaccio ›, mais il n'en existe pas. » L'amicale des anciens joueurs du Gazélec ne retrouve aucune trace de son passage. Rien. Aucun match. Il ne figure pas sur la photographie officielle de l'équipe. Pour justifier ses dires, Carlos Kaiser montre un cliché de lui portant le maillot des Diavuli rossi. Une preuve irréfutable ? Pas vraiment : il a été pris sur les terrains du Clube dos Macacos. Ce club de sport du sud de Rio est tellement select que peu de personnes peuvent reconnaître les terrains. La photo ne montre d'ailleurs qu'une petite partie des lieux, comme pour en préserver le secret.

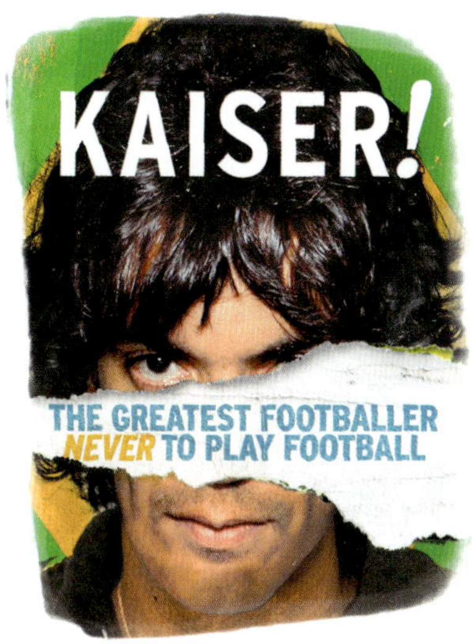

Un remake d'*Attrape-moi si tu peux*

Alexandre Couto, un autre Brésilien passé à cette époque par Ajaccio, confirme la supercherie. Il affirme avoir prêté son maillot et ses souvenirs de Corse à Carlos Kaiser. Fabio Barros lui a vanté les douceurs de l'île et la ferveur de son public. Kaiser interrogea les deux hommes sur la vie locale, sur l'équipe, le nom et l'âge du capitaine, les bars à la mode… « Il a tout inventé : les sorties à Paris, les liens qu'entretenait Mancini avec la mafia. Rien n'est vrai. Il s'est fait un film. » Dans ce remake d'*Attrape-moi si tu peux*, Leonardo DiCaprio est remplacé par l'un des grands plus comédiens de l'histoire du football. Carlos a fantasmé une vie idéale, en seconde division française. Pendant de longues années, la presse n'a pas vérifié ses dires. Elle participait même à la propagation du mythe. Séduits par le bagout du personnage, les journalistes écoutaient ses divagations, le récit de ses coucheries et ses confidences sur les stars de la Seleção. Au Brésil, un article l'a décrit comme le meilleur buteur d'Ajaccio, où il aurait évolué… huit saisons d'affilée. Kaiser a savamment orchestré sa propagande, offrant par exemple un maillot du Gazélec à José Carlos Araújo, un célèbre animateur télé. Il parlait sans cesse de son aventure française. Les footballeurs cariocas se racontaient l'anecdote de l'escort-girl comme on s'échange des passes. « D'où venait-elle, cette fille ? D'Ajaccio ? » Ses mensonges, répétés et amplifiés, ont contribué à faire connaître le club au Brésil. Car si personne, en Corse, ne connaissait Carlos Kaiser, Romário, lui, connaissait le Gazélec.

BOURG-EN-BRESSE

Fondé en 1942, le FBBP 01 découvre le monde professionnel à l'été 2015. Le début des emmerdes…

→ Florent Ogier, défenseur du FBBP 01.

AIN -CROYABLE !

Pour son premier match à domicile dans le monde pro, Bourg-en-Bresse se dépucèle… à Gueugnon !

Cent vingt-trois kilomètres. C'est ce qui sépare Bourg-en-Bresse et son célèbre monastère de Gueugnon, commune de Saône-et-Loire. C'est pourtant au stade Jean-Laville, ancienne arène des Forgerons, que les puceaux burgiens vont se lancer dans le grand bain du football professionnel. En Ligue 2. « C'est frustrant que le premier match de football pro de l'Ain ne se dispute pas dans le département », soupire Clément Malaoui, journaliste au *Progrès*, qui couvre le match. Le stade Marcel-Verchère et le municipal de Péronnas, théâtre de la montée historique la saison passée en National, n'étant pas homologués, il a fallu s'exiler. Improviser. Le FBBP 01 (nouveau nom donné au club après FCBP, le Football Club Bourg-Péronnas) va donc profiter des installations professionnelles d'une légende du football français : le FC Gueugnon. Bienvenue chez les grands !

« Le commentateur ne savait pas prononcer le nom du club »

« Le seul truc, c'était la route pour aller à Jean-Laville, se souvient d'un ton rieur Julien Veyre, journaliste à *La Voix de l'Ain*. Je n'ai jamais pris le même chemin à chaque déplacement. Que des routes de campagne. Un véritable enfer. » Pour l'anecdote, le bus des supporters burgiens, perdu dans les zigzags bourguignons, est même arrivé en retard au stade. Drôle de première. « C'était spécial comme ambiance. Même le commentateur de BeIN Sports *(diffuseur de la Ligue 2)* semblait paumé. Il ne savait pas prononcer le nom du club et nous demandait s'il fallait dire ‹ Bourgue-en-Bresse › ou ‹ Bourk › », se marre Clément. « Tout le monde au club avait peur de ne pas être à la hauteur. On nous annonçait bons derniers », soupire Hervé Della Maggiore,

→ Le stade Jean-Laville de Gueugnon.

le coach et héros de tout un peuple, avant d'étaler sa crainte de vivre une saison galère. « On reçoit Le Havre pour notre premier match, un gros morceau, et il ne faut surtout pas démarrer par une grosse gifle… » Baptême du feu également pour l'auteur de ces lignes, avec sa première carte de presse fièrement suspendue autour du cou. La musique officielle de la Ligue 2 résonnait, comme l'hymne de la Ligue des champions, dans un stade quasiment vide. Mais peu importe. C'est un soir de première et cela marque un homme : traverser la cendrée de Jean-Laville, s'installer dans une tribune de presse poussiéreuse, s'enfiler un verre de Coca sans bulles, activer son partage de réseau pour capter Internet sur l'ordinateur et pouvoir bosser, chercher son nom sur les tablettes et profiter de ce moment historique…

« On arrivait en Ligue 2 avec zéro pression »

« Je ne garde que des bons souvenirs de ce premier match pro, rembobine Florent Ogier, alors défenseur central du FBBP 01. Personne ne nous attendait. Notre montée avait fait très peu de bruit. On arrivait en Ligue 2 avec zéro pression et simplement l'envie de se faire plaisir, avec un groupe assez identique à celui de la montée de la saison précédente. » Il faudra fouler le pré de Jean-Laville à 7 reprises avant de jouer enfin à domicile. À Verchère, terre de rugby ! « On a fait quelques entraînements là-bas, on savait à quoi s'attendre. On avait l'habitude de jouer devant des stades vides en National. C'était aussi compliqué pour nous que pour les autres. Ils étaient étonnés, mais la pelouse, c'était un billard. Le coach aimait créer du jeu et, ça, c'était un vrai point positif », constate l'ancien joueur de La Duchère. Mais cela ne sera pas suffisant pour que la fête soit totale.

Les fameuses défaites encourageantes

L'Ain est donc suspendu au coup de sifflet d'Antony Gautier, avec cette question qui brûle les lèvres : les Bleu et Blanc peuvent-ils faire chuter Le Havre, l'un des favoris à la montée ? Rapidement, on se rend compte que la réponse est « oui ». Les Burgiens feront jeu égal avec les HACmen mais s'inclinent par manque d'expérience (3-1). Jason Berthommier fracasse la barre sur penalty alors que le tableau d'affichage indique 1-2. « On a joué ce match comme un match de Coupe de France. Le résultat est frustrant, mais, au coup de sifflet final, le vestiaire était persuadé que sa place était en Ligue 2 », explique Florent Ogier. La tribune de presse, gonflée par quelques jambon-beurre rassis, est unanime sur la prestation collective de la bande à Della Maggiore : le FBBP 01 va surprendre le monde de la L2 avec son jeu attrayant. Les sourires sont de sortie parmi les rangs burgiens dans les couloirs de ce stade intérimaire. Bilan à Gueugnon : 7 matchs, 4 victoires, 2 défaites et, surtout, une 5e place totalement inattendue après un nul 1-1 contre Auxerre lors de la 13e journée. Le 24 novembre 2015, le FBBP 01 fait (enfin) ses grands débuts sur ses terres, dans un stade flambant neuf et aux normes du monde pro, avant de proposer un récital à ses supporters. Victoire totale face au Paris FC (4-1). Quelques mois plus tard, le maintien est largement acquis avec une honorable 11e place, même si la défense de Bourg-en-Bresse termine deuxième plus mauvaise du Championnat (59 buts encaissés). Le sorcier Della Maggiore parvient à répandre sa magie durant deux saisons avant que la troisième ne vienne déplumer les poulets bressans. Retour en National à l'été 2018.

→ Alliou Dembélé face au Havre.

LE ONZE DES « PUCEAUX »

Callamand – Perradin, Goyon, Ogier, Nsimba, Alphonse – Nirlo, Dembélé, Berthomier – Sané, Ba

HERVÉ DELLA MAGGIORE : « JOUER À BOURG, C'EST RETROUVER DES VALEURS »

Le héros bressan, c'est lui ! Il a mené le FBBP 01 du monde amateur à la Ligue 2. Son nom : Hervé Della Maggiore

Vous n'étiez absolument pas destiné à devenir entraîneur d'un club de foot professionnel…

Effectivement. À 23 ans, je jouais à Lyon-La Duchère et, un jour, j'ai accompagné mon futur témoin de mariage à un entrainement de 4e division de district. Un président voulait créer un club dans un hameau de village avec tous ses potes. Ce soir-là, l'équipe n'avait pas de vestiaire et tout le monde s'est changé dans les bagnoles. D'un coup, les joueurs se sont engueulés avec l'entraineur et il s'est barré. Le président m'a demandé de gérer la séance, et ça a duré toute une saison. Ça a été le déclic. Je prenais plus de plaisir ici qu'en jouant en National.

Ensuite, il a fallu faire un choix entre l'entreprise familiale et le foot ?

Quand j'ai terminé ma carrière de joueur, j'ai repris la société de plâtrerie-peinture de mon père. J'ai continué à entrainer au niveau amateur, ça me plaisait. En 2007, l'entraineur de Bourg m'appelle pour reprendre la réserve. On monte dès la première saison. L'équipe première jouait en CFA2 et c'est parti en sucette avec l'entraineur. J'ai été plébiscité par certains joueurs et, bien aidé par mon adjoint, je me suis investi pleinement dans le club. Après trois ans, on monte en National. C'était soit l'entreprise familiale, soit le foot. J'ai demandé l'avis de mon père et j'ai vendu la société. La suite m'a donné raison puisque, la même année, on monte en Ligue 2.

« LES JOUEURS LAVAIENT EUX-MÊMES LEURS FRINGUES »

Quels ont été vos secrets pour maintenir contre toute attente le club à deux reprises ?

Un sondage *France Football* expliquait qu'on allait terminer derniers sans gagner le moindre match… On n'était même pas capables de prendre les meilleurs joueurs de National. Je devais faire avec mes deuxièmes ou troisièmes choix. C'est moi qui bouclais tous les transferts. C'est la chose dont je suis le plus fier, aujourd'hui. Je regardais énormément de matchs de CFA et National, et j'appelais directement les joueurs. Ils devaient se sentir redevables.

Racontez-nous le quotidien des joueurs qui découvrent un club pro avec un mode de vie amateur…

Je les prévenais : « Oubliez le confort que vous aviez dans vos clubs ! » C'était formateur. Jouer à Bourg, c'est retrouver des valeurs. Les joueurs devaient prendre leur voiture perso en étant dégueulasses après l'entraînement pour aller aux vestiaires, ils lavaient eux-mêmes leurs fringues… Pour aller voir un médecin, il fallait aller aux urgences… On a essayé d'évoluer à ce niveau-là, mais une grosse partie du budget partait là-dedans quand on avait beaucoup de blessés.

« ON BAT LE RECORD DU NOMBRE DE BUTS ENCAISSÉS »

Comment avez-vous vécu cette ultime journée (saison 2015-2016) face au Havre et cette défaite 5-0 ?

C'était vraiment particulier. On n'avait plus rien à jouer. Metz perdait et Le Havre devait gagner par 6 buts d'écart. Ils commencent à planter 1, 2, 3 buts… Je me dis que ça va être l'enfer. Ils se retrouvaient à 5 ou 6 attaquants dans notre surface. Julien Fabri évite la fessée… Heureusement, Le Havre ne marque pas ce 6e but. Sinon, il y aurait eu beaucoup de soupçons… Il y a eu des enquêtes après le match. C'était la conclusion d'une saison magnifique. Extraordinaire.

Les deux saisons suivantes, en revanche, sont plus compliquées…

On a perdu nos meilleurs joueurs. On termine 15es lors de la deuxième année en L2 grâce à Loïc Damour et Jimmy Nirlo. Ce sont eux qui nous sauvent. Ensuite, je fais l'année de trop. J'ai dit au président que ça allait être très difficile. Je voulais arrêter et j'ai fait l'erreur, pour moi et pour le club, de rester. Je me suis usé à faire le recrutement. Dès le premier entraînement, j'étais cuit. On bat le record du nombre de buts encaissés *(87)*… C'était un exploit de terminer barragistes. Une saison très compliquée. Je l'ai payé puisque j'ai fait descendre Bourg et, l'année suivante, j'ai fait descendre le Gazélec…

ON REFAIT LA SAISON DE LUZENAC

•

À l'été 2014, la LFP refuse la promotion de Luzenac en Ligue 2. Motif évoqué : un stade trop petit. Le début de la fin pour le club ariégeois, contraint de déposer le bilan. Et si cette affaire n'avait jamais existé ?

17 avril 2014

Luzenac évoluera bien en Ligue 2 ! Le stade Paul-Fédou a été jugé conforme aux normes règlementaires de sécurité du Championnat. Le compte-rendu fait état « d'une enceinte flambant neuve de 35 000 places » desservie par « un réseau de buvettes étonnement vaste » et d'une « eau-de-vie d'excellente qualité », un alcool de mûre à 67° traditionnellement utilisé comme carburant pour les machines agricoles. Les délégués de la Ligue ont ensuite été aperçus dans les rues du village en train de décuver, escortés par le président Jérôme Ducros. Une semaine plus tard, on apprend leur licenciement.

LUZENAC PREND LA TÊTE DU CHAMPIONNAT GRÂCE À UN DOUBLÉ DE KYLIAN MBAPPÉ À NANCY

1er septembre 2014

Fin du mercato. L'entraîneur Christophe Pélissier a pu conserver les piliers de son équipe : les attaquants Khalid Boutaïb et Ande Dona Ndoh, meilleur buteur du National avec 22 buts, le gardien franco-américain Quentin Westberg et le capitaine Nicolas Dieuze, auteur du but de la montée. Ils sont rejoints par un jeune milieu de 17 ans, Lucas Tousart (Valenciennes), par Téji Savanier (Arles-Avignon), Florent Mollet (Dijon), Kévin Malcuit (Niort), Kenny Lala (Valenciennes), Jérôme Roussillon (Sochaux), Karl Toko-Ekambi (Paris FC), Cheikh Ndoye (Créteil) et un attaquant prodige de 15 ans, prêté par l'AS Monaco : Kylian Mbappé.

13 octobre 2014

Luzenac prend la tête du Championnat grâce à un doublé de Kylian Mbappé à Nancy, son 3e en 3 rencontres. Une montée en puissance qui pousse ses concurrents à alerter par courrier la LFP. Au terme d'une visite menée sur Google Maps, le stade Paul-Fédou se voit fermer pour travaux en raison « d'un siège mal vissé dans la tribune visiteur », « d'absence de papier toilette dans les sanitaires » et d'une « connexion wifi défaillante ». Confronté à l'injustice, Luzenac doit trouver une solution de repli. Et racheter du PQ parce que, bon, ça commence vraiment à fouetter, là, les gars.

7 novembre 2014

Quatrième victoire consécutive à domicile. Quatrième sur tapis vert. Les clubs adverses ne sont jamais parvenus à rejoindre à temps le stade municipal de la Vallée Perdue, seulement accessible par un chemin de randonnée parcourant les Pyrénées ariègeoises. Le bus de Niort n'a pu entièrement traverser un pont en bois suspendu entre deux falaises. Fin septembre, plusieurs joueurs du Havre ont été dévorés par un ours. La LFP autorise la réouverture de Paul-Fédou et condamne l'ours à deux matchs de suspension (dont un avec sursis).

19 décembre 2014

À nouveau cible de la justice, Luzenac est temporairement rétrogradé mais gagne son procès grâce à l'éloquence de maître Dupond-Moretti. « En s'en prenant à Luzenac, c'est la France populaire qu'on attaque, c'est le peuple français, sa culture, son histoire, ses commerces ruraux qui se meurent comme meurent les pauvres que l'on prive de stade. » Le club a 5 matchs de retard, mais la LFP refuse de modifier son calendrier. Luzenac dispute donc 5 rencontres le même jour, de 9 h 30 à 23 heures. Prêté par Caen, N'Golo Kanté admet « une légère fatigue » au moment de boucler sa 450e minute de jeu.

26 janvier 2015

Le record d'affluence du Championnat est pulvérisé lors de Luzenac-Auxerre (8-0). On dénombre 88 720 supporters, dont 87 531 journalistes suspendus aux branches des arbres de la forêt voisine. Ils sont venus narrer la belle histoire de ce village de 500 habitants, dont 28 éleveurs de chèvres, toutes présentes au match. L'éloge du « football vrai » séduit un public écœuré par le sport business. Pour répondre à la demande, le prix des places passe de 5 à 35 €.

« POUR CHAQUE BUT MARQUÉ, UN MANCHON DE CANARD SERA DONNÉ À L'UNICEF »

6 mars 2015

La montée approche. Prises de vertige, les instances du football français convoquent les meilleurs experts pour tenter d'empêcher l'inévitable. Si le chef Jean-François Piège note « un manque d'assaisonnement » sur les sandwichs de la buvette, personne n'ose émettre la moindre critique à l'encontre du petit poucet du football français, porté par un courant de sympathie inédit. La LFP sanctionne malgré tout Luzenac de 500 000 € d'amende et d'un retrait de 5 points au classement.

1er avril 2015

Fabien Barthez, co-dirigeant depuis 2012, active ses réseaux. Il nomme Christophe Dugarry à la communication, Vincent Candela au marketing et convainc l'homme d'affaires toulousain William Saurin d'investir dans le club. En surfant sur la popularité de Luzenac, Saurin entend redorer l'image du cassoulet à travers le monde. « Pour chaque but marqué, un manchon de canard sera donné à l'UNICEF. » Le Championnat devient hype, les droits TV de la L2 explosent. Le Clasico Barcelone-Real se dispute en lever de rideau d'Orléans-Gazélec Ajaccio.

10 mai 2015

Après la victoire de Luzenac en demi-finale de la Coupe, la FFF envisage d'annuler la finale car le Stade de France ne serait « pas aux normes » pour accueillir le club ariégeois. « Je vais finir par penser que l'on dérange », commente Christophe Dugarry. Une mobilisation nationale, cinq semaines de grève et un tweet de Zinedine Zidane – « J'aime bieng Luzenac » – finissent par faire céder la fédération. La finale est perdue, mais la montée assurée après 5 victoires lors des 6 derniers matchs.

17 mars 2022

Quart de finale de la Ligue des champions : Luzenac reçoit Chelsea au William-Saurin Stadium, sublime enceinte de 80 000 places en forme de boîte de cassoulet. Nicolas Dieuze, capitaine de l'équipe de France à 41 ans, semble remis de sa seconde place au Ballon d'Or. Il inscrit le 4e but sur une passe décisive de son fidèle soldat Lionel Messi. La Ligue 2 paraît bien loin. Depuis, Luzenac a remporté 3 titres de champion et envisage de rejoindre la Superligue européenne de l'UEFA. Un départ attendu, son président estimant la Ligue 1 « pas aux normes en matière de football de haut niveau ».

→ *Le stade Paul-Fédou,*
à Luzenac.

5

LES CLUBS OUBLIÉS

Ils ont brillé en L2. Puis ont disparu de la circulation. Pour toujours ?

USLD
U.S. NŒUX
S.C. HAZEBROUCK
WASQUEHAL FOOTBALL
AVENIR SPORTIF MOUZON
FCR 1899 FOOTBALL CLUB DE ROUEN
U.S. FORBACH FOOTBALL 1919
BLENOD CSB
FRH HAGUENAU 1987
USM MALAKOFF
RACING CLUB DE RCJ JOINVILLE
FOOTBALL CLUB MULHOUSE 1893
MONTLUÇON FOOTBALL
FCG
LOUHANS CUISEAUX
evian THONON GAILLARD FOOTBALL CLUB CROIX DE SAVOIE
ANGOULÊME CHARENTE
LIMOGES FOOTBALL
OLYMPIQUE VALENCE
OAC
Istres Football Club
FOOTBALL CLUB MARTIGUES 1921
SC TOULON
CANET RFC

LES CLUBS OUBLIÉS DE A À ~~Z~~ W

Angoulême

18 saisons

Les rois de la Coupe : 4 demi-finales, en 1947, 1967, 1968 et 1979. En 1967, Angoulême dispute 2 matchs d'appui contre Lyon (3-3, 1-1, 1-1), avant d'être éliminé. Les tirs au but n'existant pas, l'issue se joue à pile ou face.

Blénod

1 saison

« Je te survivrai d'un amour vivant. Je te survivrai dans des yeux d'enfants. » Je te survivrai, mais pas en D2 : le chanteur Jean-Pierre François démarra sa carrière à Blénod, promu en 1982.

CS Louhans-Cuiseaux

17 saisons

Deux villes de 6 000 et 1 800 habitants, mais un stade de 9 500 places et un record d'affluence établi contre Sochaux, en 1987. Cet habitué de la D2 des décennies 1980 et 1990 fut tout proche de jouer les barrages (4e du groupe A en 1991).

Une ancienne équipe de Ligue 2, une anecdote pour briller en société ou gagner le camembert orange au Trivial Pursuit.

Dunkerque

30 saisons

Le mercato, les effectifs de 72 joueurs, les commissions sur les transferts... Tout est de la faute de Jean-Marc Bosman et, donc, par ricochet, de l'US Dunkerque. L'arrêt Bosman tire son origine du refus du RFC liège de libérer Jean-Marc pour rejoindre Dunkerque, à la fin de son contrat, en 1990.

Évian Thonon Gaillard

2 saisons

L'un des 11 clubs de National ayant réussi deux montées consécutives jusqu'en Ligue 1. En 2011, Évian imite Arles-Avignon, double promu en 2009 puis 2010, grâce à un trio d'enfer : Youssef Adnane, Yannick Sagbo, Kévin Bérigaud. Les Savoyards restent 4 saisons dans l'élite avant de redescendre puis de déposer le bilan.

Forbach

9 saisons

9 avril 1965 : naissance de Christian Jeanpierre au Puy-en-Velay.
À 300 kilomètres de là, un autre évènement historique se joue : l'OM reçoit Forbach devant 434 spectateurs, un record en la matière au Vélodrome. Un mois plus tard, 314 fans viendront voir jouer l'OM à Béziers, soit la pire affluence de l'histoire du Championnat.

Gueugnon

37 saisons

On se sent si bien en D2 qu'on préfère parfois y rester. En 1978, Gueugnon, promu sur le terrain, refuse le statut professionnel, condition sine qua non afin d'évoluer à l'étage supérieur. Les Forgerons attendront donc la saison 1995-1996 pour découvrir la D1.

Hazebrouck

4 saisons

L'équipe de France féminine a disputé son premier match au stade Auguste-Damette d'Hazebrouck, le 17 avril 1971, face aux Pays-Bas (4-0).
On se lève toutes pour Damette.

Haguenau

1 saison

Il n'y a strictement rien à dire sur le court passage du club des Sports Réunis Haguenau en D2, durant la saison 1977-1978.

Istres

19 saisons

Promu en L1 en 2004 avec coach Bazdarević et Thiam, Gravelaine et Jacques Rémy, mais une seule saison dans l'élite. Comme Boulogne-sur-Mer, Châteauroux, Arles-Avignon ou le GFC Ajaccio.

Joinville

1 saison

Grand club amateur de la région parisienne où ont été formés Sylvain Wiltord, Vincent Guérin et Yann Lachuer.

Limoges

23 saisons

Guy Roux a démarré sa carrière d'entraineur à l'AJ Auxerre parce qu'il n'a pas voulu signer un contrat professionnel à Limoges, en 1961.

Martigues

24 saisons

En 1968, Martigues remporte la Coupe Gambardella alors qu'il évolue dans les rangs amateurs. La finale contre Reims se termine sur un 2-2 et c'est au bénéfice de l'âge que les Martégaux, plus jeunes que leurs adversaires, remportent l'épreuve.

Mulhouse

24 saisons

Arsène Wenger. Georges Boulogne. Jean-Marc Guillou. Le point commun de ces grands coachs ? Ils ont tous entraîné Mulhouse. Raymond Domenech également.

Montluçon

10 saisons

L'Auvergne, une région sinistrée. Avant 2017, la FFF comptait 22 Ligues régionales. La Ligue d'Auvergne a longtemps partagé avec celle de Picardie un triste record : aucun de ses clubs n'a jamais foulé les pelouses de première division. Depuis l'accession d'Amiens, en 2017, l'Auvergne est seule détentrice de ce trophée. Honte au Clermont Foot, à Montluçon et au Puy-en-Velay.

Mouzon

1 saison

Mouzon (Ardennes), facilement reconnaissable à son église, sa boulangerie, son musée du feutre (unique en Europe) et son club de football, est la plus petite ville ayant évolué en D2. Ses 2 300 habitants se souviennent encore de la saison 1971-1972, conclue à une magnifique 14ᵉ place (sur 16).

Nœux-les-Mines

6 saisons

Pour Gérard Houllier, avant Lens, le PSG et Liverpool, il y a eu Nœux-les-Mines. L'ancien prof d'anglais manque de peu la montée en terminant 2ᵉ du groupe B et en échouant en barrage en 1981.

Olympique d'Alès

30 saisons

Demi-finaliste de l'Euro 1996, Sabri Lamouchi a débuté sa carrière professionnelle à l'Olympique d'Alès. L'occasion d'établir un top 10 des internationaux français ayant ensuite joué en Ligue 2 : Sylvain Wiltord (Metz et Rennes), Benoît Pedretti (AC Ajaccio et Nancy), Jean-Pierre Papin (Guingamp), Ulrich Ramé (Sedan), Bernard Diomède (Créteil et Clermont Foot), Jérémy Menez (Paris FC), Patrice Loko (Montpellier et Lorient), Éric Carrière (Dijon), Jérôme Rothen (Bastia et Caen), Clément Chantôme (Lens et Red Star).

Perpignan

14 saisons

Certains noms sont durs à porter (Kevin, Maxime, Adolf) et, quand le malaise s'installe, il est préférable d'en changer. Perpignan l'a fait six fois dans son histoire : Club Olympique Perpignanais, Stade Olympique Perpignanais, Perpignan FC, Sporting Perpignan Roussillon, Perpignan Football Catalan, Perpignan Canet Football Club et, le dernier en date, Canet Roussillon FC. À quand l'En Avant Perpignan ?

Quimper

16 saisons

En 1987-1988, le grand Didier Monczuk inscrit 29 buts la même saison, 20 en D2 et 9 en Coupe de France. Quimper s'incline en quart de finale face à Metz, futur vainqueur.

Rouen

36 saisons

Daniel Horlaville a évolué 4 saisons au FC Rouen et 8 à l'US Quevilly, le voisin amateur. Sa particularité ? Il fut le seul joueur non-professionnel de l'après-guerre appelé en équipe de France. Le 30 avril 1969, il dispute un match amical contre la Roumanie (1-0).

Sarrebruck

1 saison

Le club allemand de Sarrebruck a disputé 34 matchs lors de la saison 1948-1949. Plus précisément, il affronta en amical toutes les équipes du Championnat de D2 avant de demander son affiliation à la FFF en juin 1949. La Sarre est alors un territoire sous protectorat français. Sa requête, soutenue par le gouvernement français, sera rejetée par l'ensemble des clubs professionnels.

Toulon

36 saisons

Premier du groupe B en 1982-1983 avec 17 buts encaissés seulement, deuxième meilleure défense de tous les temps en D2. Logique, avec un défenseur central de la trempe de Rolland Courbis dans son effectif.

USM Malakoff

1 saison

La grande équipe de Hongrie, celle de Puskás, Kocsis, Czibor, oui, la grande Hongrie finaliste de la Coupe du monde 1954 a disputé un amical contre Malakoff, en 1953. Plus de 10 000 spectateurs se pressèrent au stade Marcel-Cerdan pour venir voir les champions olympiques, tout juste victorieux de l'Angleterre à Wembley (6-3) lors du « match du siècle », passer une vingtaine de buts au club francilien. K.-O..

Valence

11 saisons

Depuis 2002, année du changement de nom de la D2 en L2, trois équipes de ce Championnat ont été sorties en Coupe de France par des équipes de niveau 7 ou plus : Nîmes par Istres, Dijon par Versailles et Valence par le Beaujolais Monts d'Or (DHR). Nuits d'ivresse.

Wasquehal

5 saisons

1997-2002 : 5 saisons et une victoire de légende, le 2 mars 2002, à Geoffroy-Guichard. Emmenés par une attaque de folie (Robert Malm, Titi Buengo), les Nordistes s'imposent 2-0 contre Saint-Étienne.

Toutes nos excuses aux lettres K, X, Y et Z, ainsi qu'à leurs familles.

6

LA L2… PAS QUE POUR LES PETITS

Aujourd'hui monstres de l'élite, ils ont connu les joies de la deuxième division.

MARSEILLE

●

« L'Olympique de Marseille a été le plus grand club de l'histoire de la Ligue 2. »
Doumé, 53 ans. Marseillais. Modeste.

OM, DEUX ANS DE FADAS !

↘ Bernard Casoni et Marcel Dib.

Champion d'Europe un an plus tôt, l'OM et ses affaires glissent en Super D2. Un cauchemar ? C'est mal connaître le Marseillais. Récit de deux ans de folie, de Marseille…

La Super D2. Ça en jette, non ? Une division finalement taillée pour un club : l'Olympique de Marseille. Le supporter va devoir rêver moins grand, victime des pêchés de son amour de toujours. Lors de l'été 1994, les têtes sont cabossées à l'aube de la première saison en D2 depuis 10 ans. « À Marseille, on aime être opprimés et montrer que l'on sait se défendre », explique Thierry Agnello, journaliste et suiveur des Ciel et Blanc. Un état d'esprit qui va contaminer les deux années qui vont suivre.

Jacquet vote Loko et Pedros

Masnada près du bonheur

L'ÉQUIPE

Moi, j'insiste pas une seconde!

UN PRÉSIDENT S'EN VA...

Une nouvelle histoire

Première pour Rumilly

Limoges stoppé net

Gloires passées, briscards et minots: bouillabaisse gagnante!

Même en Super D2 (22 équipes), l'OM reste l'OM. Pour le célèbre album Panini également: chaque joueur a le droit à son autocollant, une première pour un club de deuxième division. L'Olympique de Marseille doit reconstruire. Mais comment? Les caisses sont vides. Le club mise sur les rares champions d'Europe restés au club: Jean-Philippe Durand, Fabien Barthez, Jean-Marc Ferreri et Jean-Christophe Marquet. Michel De Wolf, Marcel Dib, Bruno Germain, Bernard Ferrer et, surtout, Tony Cascarino, des briscards armés pour les opérations commandos, garnissent le rayon des nouveaux. Et, à l'image de 1984, les « Minots », comme Marc Libbra, Hamada Jambay et Didier Wacouboué, sont là pour sauver la maison OM. De l'amour du maillot à outrance. « Ils étaient obligés de faire venir des anciens et des trentenaires. La Super D2 est difficile. Si tu ne mets que des jeunes avec ce maillot, tu vas te faire défoncer », se souvient Michel Aliaga, journaliste pour France 3 Provence. « Les jeunes du vestiaire étaient suiveurs de nos conseils, reconnaît JP Durand. C'est pour ça que ça a bien marché. On arrivait à gérer seuls les problèmes dans un environnement compliqué. » Et c'est le moins que l'on puisse dire. Tapie parti de la présidence à la mi-saison « pour protéger l'OM », le club va écumer cinq présidents et quatre entraîneurs en moins de deux ans. Marc Bourrier est viré en décembre. Gérard Gili laisse sa place quinze jours plus tard à Henri Stambouli, venu chauffer la place de Luka Peruzović, technicien croate. Favori à chaque saison, rien ne sera facile pour ce groupe attendu dans toutes les sous-préfectures de France.

« Nos adversaires nous demandaient des autographes avant les matchs »

Les Marseillais font face au Mans devant plus de 25 000 spectateurs au Vélodrome. Oui, la flamme brûle encore, avant un baptême du feu délicat. Malgré le premier but de Cascarino sous ses nouvelles couleurs, l'OM s'incline (3-2). Suite à ce match, De Wolf, catastrophique en défense centrale, monte d'un cran. « J'avais Marcel *(Dib)* et Michel *(De Wolf)* autour de moi, dans un milieu qui avait 200 ans mais qui bouffait tout le monde, se marre Jean-Philippe Durand. Mais la réalité de la D2 nous a frappés lors du deuxième match, à Saint-Brieuc *(victoire 2-1)*. On s'est échauffés au milieu des buvettes et des mecs qui mangeaient leurs frites, c'était la guinguette. Nos adversaires nous demandaient même des autographes avant le match. » Bienvenue en Super D2! Que ce soit à Sedan, Niort, Laval, Beauvais ou dans la boue de Charleville-Mézières, l'OM va jouer un match de Coupe tous les week-ends. Et c'est ce qui rend l'histoire encore plus belle. Marseille et ses joueurs en autogestion, soudés par une épopée européenne bluffante, enchaînent les séries de victoires et les gros ratés. Comme au Vélodrome face à la Berrichonne de Châteauroux (4-0) de Joël Bossis, auteur d'un hat-trick, et à Valence (3-1), où Marseille laisse sa première place à Guingamp. À la lutte avec les coéquipiers de Stéphane Guivarc'h, le Red Star ou Gueugnon, l'OM décroche le titre de champion de D2 lors de l'ultime journée et une victoire au Mans (0-2) grâce à Bernard Ferrer et... Tony Cascarino, auteur de 31 buts en D2 cette saison. Un triomphe au goût amer, mais crucial dans l'histoire du club.

Un sacre nécessaire pour éviter le National

Sur le terrain, l'OM gagne le droit de retrouver l'élite. Pas pour les instances. La DNCG, le gendarme du football français, rétrograde une nouvelle fois le club marseillais qui a été placé en avril en redressement judiciaire par le tribunal de commerce de Marseille. Injuste ? « Il n'y a pas de débat. On voulait tuer le club. Les instances se disaient : ‹ Vous allez continuer de morfler. › L'OM devait continuer à payer sa dette », rage Michel Aliaga. Même son de cloche chez les joueurs et les supporters. Mais cette première place permet au club d'éviter... le National ! Marseille repart pour une nouvelle saison au purgatoire.
Alors, on prend (presque) les mêmes courageux et on recommence. Jérôme Alonzo devient le dernier rempart d'une équipe revancharde. Sa mission est claire : remplacer Fabien Barthez. « Il fallait avoir des couilles pour y aller », se souvient-il. L'appel des anciens (Amoros, Galtier) et des « Minots » (Asuar, Echouafni, Tatarian) résonne à nouveau, tandis que Fabrice Moreau, Nenad Bjeković et Jean-François Hernandez sont les recrues du club phocéen. L'OM est passé en avril 1995 des mains de Bernard Tapie à celles de la mairie et d'une société d'économie mixte (SEM) pilotée par Jean-Michel Roussier. Il formera un duo décisif avec Henri Stambouli pour équilibrer sportivement et financièrement un club au bord du gouffre.

→ *Content, Marcel Dib !*

Caillassé puis adulé, l'OM renaît

Tout commence pourtant comme dans un rêve. Un triplé de « Tonygoal » permet à Marseille de gifler (3-1) Le Mans – encore – au Vélodrome pour la première journée. Mais, après une défaite à Épinal et un nul face à Angers, l'OM chute encore à Louhans-Cuiseaux (3-1) et les voitures des joueurs sont caillassées. Henri Stambouli cède sa place à Gérard Gili, le 6 septembre 1995. Grippée, la machine se soigne. Cascarino plante un nouveau triplé face à Laval (5-0) avant un déplacement important à Alès, surtout pour un homme : Jérôme Alonzo. « Dans le bus, Marcel *(Dib)* me dit que le club cherche un nouveau gardien. Je me considère mort, mais je commence à être bon sous pression. Si on perd à Alès, c'est fini pour moi et on coule. C'est LE tournant de la saison. »
Dix matchs plus tard, l'OM est 6e. Sur la deuxième partie de saison, les Phocéens sont injouables (2 défaites en 21 matchs). Leader après une victoire (1-0, but de Cascarino) face à Caen, en février, pour le dernier match au Vélodrome avant les rénovations pour le Mondial 1998, Marseille échoue finalement à la seconde place du classement. Après un parcours inoubliable en Coupe de France (demi-finale perdue aux tirs au but face à Auxerre), les Ciel et Blanc disent adieu une bonne fois pour toute à cette Super D2.

→ *Bernard Casoni et Gérard Gili.*

Dernière au Vél', dernier triomphe

17 mai 1996 : l'OM remonte enfin en D1 au terme d'une dernière symphonie. C'est Sochaux qui en fait les frais. Pour Jérôme Alonzo, « le foot a repris sa place à Marseille et les joueurs sont redevenus des idoles. On sent que ce qui va se passer ce soir-là sera très important pour l'histoire du club. Aucun mec de l'équipe ne pense au match nul ou à une défaite ». Marcel Dib, dit « Célou », élu meilleur joueur de la saison, dispute son dernier match à Marseille – choix qu'il regrettera quelques jours plus tard –, tout comme Bernard Casoni. Ils sont ovationnés par les 27 000 spectateurs de l'antre du boulevard Michelet. « C'est à ce moment-là que je me suis dit que le Marseillais n'était pas aussi con qu'on l'imaginait, sourit Michel Aliaga. Il n'a pas défilé dans la ville. L'OM sort de sa prison et n'a qu'une envie : tout défoncer et redevenir le numéro un. » Marseille s'impose 4-1 avec des buts de Durand, Libbra, Asuar et Cascarino. L'Irlandais a su transpercer les cœurs de tout un peuple en seulement deux saisons.

« Tony ? On l'appelait ‹ Antoine Cascarin › »

Passé notamment par Milwall, le Celtic Glasgow et Chelsea, l'attaquant vedette de l'OM n'a laissé personne insensible sur la Canebière. « C'était un phénomène, se marre Thierry Agnello. Il était sans pression et d'un détachement total face à la situation du club. Je l'ai vu disputer un match avec deux chaussures gauches, il avait oublié la droite chez lui, ce con. » « Tonygoal » aime mettre des taquets et être soyeux au moment de glisser le cuir dans les filets. « Je lui en ai fait marquer un paquet de buts au grand sifflet devant, se félicite Jean-Marc Ferreri. Il suffisait de centrer pour qu'il marque. » Débarqué en Provence sans aucune culture du Sud de la France, Cascarino est devenu « Antoine Cascarin » pour ses coéquipiers, et surtout Jean-Philippe Durand : « C'est devenu un vrai Provençal. Un gros chambreur qui jouait à la contrée mieux que personne. Il avait le genou en bois, on ne le voyait pas aux entraînements, mais alors en match… » Un guerrier comme tous les autres gars du vestiaire phocéen. Cette parenthèse annoncée comme une souffrance restera l'une des plus belles de l'histoire d'un club qui « craint degun ».

« J'ai eu peur que ce soit un moment oublié de l'OM »

« Je crèverais pour revivre un match de cette période, s'emporte un supporter abonné aux ultras en 1995. C'est un passage de l'histoire de l'OM qui caractérise sa popularité avec des hauts très hauts et des bas très bas. » Une osmose parfaite entre son public et des joueurs prêts à tout laisser sur le terrain pour sauver l'honneur d'un écusson et d'un maillot souvent piétiné. Cet OM version Super D2 avait de quoi rendre fier le Marseillais. « Il y a un élan de nostalgie à Marseille. Les gens veulent se rappeler de belles images. On me parle de cette saison 1995-1996 à l'OM tous les jours, témoigne Jérôme Alonzo. J'ai eu peur que ce soit un moment oublié de l'histoire du club, mais c'est quelque chose de vraiment ancré dans la mémoire collective du club et de la ville. » Messieurs, Marseille et la D2 vous remercient.

MÊME EN D2, L'OM DÉFIE L'EUROPE

En Super D2 et en Coupe de l'UEFA, c'est le drôle de destin qui attend les Marseillais lors de la saison 1994-1995. Alors que tout le monde voit l'OM se faire tordre dans l'enfer du stade Karaïskakis pour défier l'Olympiakos, le club marseillais va entretenir sa légende. La veille, à l'entraînement, des clous et des morceaux de ferraille sont balancés sur les joueurs et les journalistes. C'est dans ce contexte que l'OM va résister et finalement s'imposer 2-1 grâce à Marquet et Ferrer. Au retour, le Vélodrome revêt ses habits de lumières. Le virage Sud déploie un message simple : « Champion… d'Europe ». Un tifo qui va doper les joueurs. Les Marseillais étrillent les Grecs (3-0). En 16es de finale, l'OM se déplace en Suisse pour affronter le FC Sion. Les Olympiens battus 2-0 à l'aller, la remontada a presque lieu devant les 40 000 spectateurs entassés dans l'enceinte marseillaise. Menés 1-0, les Phocéens s'imposent finalement 3-1. À un petit but de s'ouvrir les portes des 8es de finale. Mais l'essentiel est ailleurs. « La Coupe d'Europe, tout part de là, pour Jean-Marc Ferreri. C'est notre référence qui nous a portés pendant deux saisons. »

TONY CASCARINO : « MARSEILLE, C'ÉTAIT COMME GAGNER AU LOTO ! »

L'homme des années Ligue 2 de l'OM, c'est lui : Tony Cascarino, alias « Tonygoal ». L'international irlandais revient sur deux années *amazing* et ses 61 buts !

Tony, revenons tout de suite en 1994 : comment l'OM vous a-t-il approché ?

J'ai été sélectionné pour le Mondial 1994 aux USA et j'avais reçu des offres de Blackpool et Notts County. Un jour, je reçois un fax d'un agent anglais qui me demande si je serais intéressé par l'Olympique de Marseille. Les mecs de la sélection étaient morts de rire. Je n'y croyais pas ! J'ai reçu un coup de fil pour rencontrer Bernard Tapie dans son « château » à Paris. Tout était irréel. Je me disais : « Je vais peut-être vraiment aller à l'OM ! »

Certes, mais pour jouer en seconde division…

Je voulais un nouveau challenge. Dans l'avion, je voyais la plage, le stade Vélodrome et je me suis dit : « C'est là que j'ai envie de jouer. » Quand je suis arrivé dans les bureaux, j'ai croisé Rudi Völler qui m'a lâché : « Bonne chance, tu vas te plaire ici ! » Aller à Marseille, c'était comme gagner au loto pour moi.

Est-ce Bernard Tapie qui vous a fait venir ?

Oui. On discutait de mon salaire et il m'a demandé d'écrire le montant sur un bout de papier. J'ai marqué ce sur quoi on était d'accord. Il a pris le papier et m'a dit : « Oh allez, c'est ok. » C'était assez drôle. *(Il marque une pause)* Et puis merde, j'aurais dû écrire beaucoup plus !

« TAPIE VOULAIT SE BATTRE AVEC MOI »

Il y a beaucoup moins de bars à Marseille qu'en Angleterre… Pas trop difficile ?

Oh, j'en ai trouvé, rassurez-vous *(rires)*. En Angleterre, le style de vie est plus primitif. On joue, on boit, c'était normal. En France, les joueurs allaient souvent fumer une clope derrière le bus. Pour moi, c'était absurde. Un jour, je suis allé en parler à Marcel Dib et il m'a dit : « Vous, les Anglais, vous picolez. Nous, on fume ! »

Vous sentiez cette folie marseillaise même si le club jouait en D2 ?

J'ai eu la chance de vivre à Marseille quand l'équipe gagnait presque tous ses matchs. Un jour, nous avions perdu un match à l'extérieur et des supporters sont montés dans le bus après la rencontre, avec l'autorisation de Tapie. Je n'ai jamais vu ça

en Angleterre. Je me disais « Qui sont ces gens ? Foutons les dehors ! » et les potes me demandaient de me taire. Incroyable…

Finalement, le plus fada, c'était Tapie ?

C'était lui, l'entraîneur ! Je me rappelle d'une anecdote. Nous jouions contre l'Olympiakos en Coupe de l'UEFA. Avant le match, un journaliste anglais discutait avec moi. À la mi-temps, je rentre au vestiaire après avoir loupé deux énormes occasions. Immédiatement, il hurle : « Combien il t'a payé ? Le mec avec qui tu parlais avant le match ! » Il enlève sa chemise et me dit : « Tu veux te battre, c'est ça ? » J'étais abasourdi. Les potes ont dû s'interposer. Le lendemain, il arrive dans sa grande berline noire et me dit : « T'as vraiment des grosses couilles quand même ! » Et il se marre ! Il était sévère, prenait des décisions fortes, sans concessions. Il avait toujours le dernier mot.

« ENVOYEZ-MOI DES CENTRES ET VOUS ALLEZ VOIR DES BUTS ! »

L'OM a perdu Papin, Völler, Boksić… Et pourtant, vous plantez 31 buts sur la saison.

J'avais dû perdre 3 ou 4 kilos par rapport à mes années en Angleterre. Je n'avais plus les mêmes distractions ! Tapie a construit l'équipe autour de moi. Le fait d'être l'élément-clé de l'attaque m'a énormément aidé à être performant. J'étais dans une forme que je n'avais plus connue depuis quatre ans. Envoyez-moi de bons centres et vous allez voir des buts !

Aujourd'hui, certains fans sont nostalgiques de ces années D2. Comprenez-vous pourquoi ?

Il n'y a qu'une seule manière de jouer au football à l'OM : « Droit au but ». À l'époque de Tapie, l'OM n'avait peur de personne. À chaque match, c'était tout pour l'attaque. Jouer la contre-attaque, bétonner, c'était inenvisageable. À notre époque, aller jouer à Marseille faisait peur. Vous saviez que, de la première à la dernière minute, la pression allait être intense. L'OM a perdu cet esprit-là. Aujourd'hui, les joueurs jouent comme une équipe du ventre mou.

LE ONZE DE LA MONTÉE SELON… TONY

ATTAQUANTS

Tony
CASCARINO

« CHANCEUX. J'AI ÉTÉ CHANCEUX DE JOUER À L'OM. »

Marc
LIBBRA

« UN TYPE ERRATIQUE. »

MILIEUX

Bernard
FERRER

« SUR LE TERRAIN, IL ÉTAIT… SOYEUX. »

Jean-Philippe
DURAND

« UN GENTLEMAN. »

Marcel
DIB

« MON AMI, TOUT SIMPLEMENT. »

Manuel
AMOROS

« ‹ BOURRICOT ›. C'EST COMME ÇA QU'IL M'APPELAIT TOUT LE TEMPS ! »

DÉFENSEURS

Stéphane
MAZZOLINI

« UN INSOLENT »

Jean-Christophe
MARQUET

« IL ÉTAIT… JOVIAL. »

Bernard
CASONI

« THE CAPTAIN ! »

Hamada
JAMBAY

« UN GARS VRAIMENT COOL. »

GARDIEN

Jérôme
ALONZO

« UN MEC SÛR DE LUI. »

SAINT-ÉTIENNE

●

14 saisons en L2, 3 titres de champion, 5 promotions : Saint-Étienne a tiré profit des affaires pour gonfler son palmarès.

2004 : L'ASSE VALIDE SON PASSEPORT

Après l'affaire des faux passeports, en 2000, l'ASSE met trois ans pour tamponner son retour dans l'élite.

Jérémie Janot peut dire merci à Maxym Levytsky.
En ukrainien ou en grec, peu importe, car Levytsky parlait visiblement les deux langues. De par son passeport grec, le gardien ukrainien avait été impliqué dans l'affaire des faux passeports à l'hiver 2000 et avait dû céder sa place dans les buts à l'enfant du club. Après deux années galères en Ligue 2 (13ᵉ puis 9ᵉ), Janot aborde le Championnat 2003-2004 sans aucune certitude.
Durant le stage de présaison, la DNCG rétrograde le club en National à titre provisoire. La masse salariale est encadrée, les transferts ne paient pas de mine (Nicolas Marin, Hérita Ilunga, Laurent Morestin, Damien Bridonneau), mais l'équipe se reprend après un démarrage en douceur (3 défaites en 5 journées). À coups de 1-0, Saint-Étienne grimpe au classement et se positionne second à la trêve, après un succès face au Havre (2-0). La défense Ilunga-Bridonneau-Hognon-Carteron fait de Geoffroy-Guichard une forteresse imprenable. Dans les buts, Janot vit un rêve éveillé : « Dès qu'on marquait, on savait qu'on gagnerait. Cette équipe avait des valeurs qui plaisaient aux supporters : il n'y avait pas du talent à tous les postes, mais nous étions solidaires. Julien Sablé était le capitaine rassembleur, l'aboyeur qui nous motivait par ses mots. Après l'avoir écouté, on n'avait qu'une seule envie : se mettre mal sur le terrain. Il y a des gars qui l'ouvrent beaucoup, mais on a juste envie de leur dire : ‹ La ferme ! › Sablé, lui, transcendait l'équipe. »
Le soir du succès à Niort (1-0, le 7 mai 2004), l'ASSE est officiellement promue. Il faut maintenant assurer un troisième titre de champion de L2 (après ceux de 1963 et 1999) avec la réception de Gueugnon, la semaine suivante. Un match nul 1-1 ramène Caen à 4 points, puis une défaite au Havre rapproche les Normands à 2 points. Depuis quelques semaines, les Stéphanois arborent des coupes colorées. Sont-ils encore concernés ? Contre Châteauroux, il reste 5 minutes à jouer quand le latéral droit Damien Bridonneau inscrit le but de la victoire d'une sensationnelle volée acrobatique. Ouf ! Avec 73 points, Saint-Étienne est champion.

ÉQUIPE TYPE **SAINT-ÉTIENNE**

Roger **MILLA**
1984 - 1986

Tony **KURBOS**
1985 - 1986

Patrick **REVELLES**
1998 - 2000

ATTAQUANTS

MILIEUX

Kader **FERHAOUI**
1998 - 2000

Julien **SABLÉ**
1997 - 2007

Robert **HERBIN**
1957 - 1972
1975

DÉFENSEURS

Patrick **GUILLOU**
1997 - 2000
2001 - 2003

Vincent **HOGNON**
2002 - 2007

Damien **BRIDONNEAU**
2003 - 2004

Lucien **METTOMO**
1996 - 2002

GARDIEN

Jéremie **JANOT**
1996 - 2012

Roger
MILLA

Un Lion Indomptable s'acoquinant avec une panthère, cela ne pouvait que fonctionner. Décisif lors de la montée en 1986, Roger Milla avait la charge d'assumer le poids de l'attaque d'un club redescendu dans l'antichambre du foot français. Mission réussie : 31 buts en deux saisons de D2.

Tony
KURBOS

Un triplé à Martigues, un autre contre Chaumont : l'ancien buteur du FC Metz est réputé pour son débit mitraillette. On parle d'un homme qui a planté un triplé face au FC Barcelone (4-1 pour Metz au Camp Nou) et un sextuplé à Nîmes lors d'une victoire 7-3 des Lorrains.

Patrick
REVELLES

On n'attend pas Patrick ? Revelles, c'est 13 buts en 1998-1999, saison de la montée. En mars 1999, face au Red Star, au Stade de France, il s'essaye même au poste de gardien, en remplaçant Jérôme Alonzo, blessé.

Kader
FERHAOUI

Quand Ferhaoui arrive dans le Forez, en 1998, il doit encadrer une jeune équipe. Il a brillé à Montpellier. Il a brillé à Cannes. Il brillera à Saint-Étienne. Désigné meilleur joueur de D2, il vit « une saison chargée d'émotions » avec 5 buts et un leadership fort utile dans les moments-clés.

Julien
SABLÉ

Sablé : un petit gâteau sec à pâte friable, rond, de diamètre variable et souvent à bord cannelé. 341 matchs dans un même club, c'est fort pour un gâteau.

Robert
HERBIN

Une seule saison en D2, mais une belle, en 1962-1963, avec un titre à la clé. Le saviez-vous ? (Non.) Herbin a marqué en D1 tout en étant entraîneur de son club, un cas unique dans l'histoire du foot français.

Vincent
HOGNON

De la tête ou sur penalty, Vincent Hognon a grandement contribué au titre de 2004. À Geoffroy-Guichard, « où il a vécu [ses] meilleures années de footballeur », il sera ensuite titulaire en Ligue 1.

Damien
BRIDONNEAU

Pour son but qui offre le titre en 2004. « Quand je le revois, je me dis ‹ Putain, quand même… › Plus que le but, c'est vraiment l'ambiance du Chaudron qui est restée gravée. C'est inoubliable. S'ensuit toute l'euphorie dans le centre-ville… C'était une nuit magique. » (*Le Télégramme*)

Patrick
GUILLOU

Il jouait plutôt à droite, mais l'important, c'est de jouer, non ? Ado, Guillou supportait les Verts. Joueur, il n'a donc pas hésité avant de les rejoindre pour devenir l'un des patrons du vestiaire.

Jéremie
JANOT

S'il fut le gardien de l'AS Saint-Étienne en Ligue 1 puis en Coupe d'Europe, Janot a remporté ses deux seuls titres en Ligue 2 (1999, 2004) en endossant parfois le costume de super héros. Sur les Verts, l'homme a régné.

Lucien
METTOMO

En débarquant à l'ASSE, l'entraîneur Robert Nouzaret demande son point fort à Lucien Mettomo. « Je sais très bien faire les touches. » Le Camerounais a surtout gagné deux fois la CAN, un titre de D2 et a connu le Manchester City de la préhistoire.

HALL OF HAINE

Si l'AS Saint-Étienne a souvent procuré de la joie à ses supporters, elle leur a aussi laissé des cauchemars indélébiles. Retour sur les matchs de deuxième division les plus traumatisants.

10 août 1984

Alès - ASSE

0 — 0

Une page se tourne. Et elle ouvre un mauvais roman. Pour la première fois depuis vingt-deux ans, l'AS Saint-Étienne retrouve la D2. Des titulaires champions de France 1981, ne subsiste que le gardien international Jean Castaneda. La relève porte un nom: Roger Milla, auteur de 26 buts toutes compétitions confondues cette saison-là. 0-0 à Alès, donc. Devant 4 529 spectateurs. On croit toucher le fond, on n'a encore rien vu: les Stéphanois s'inclinent à 3 reprises en 5 journées, contre La Roche-sur-Yon, Limoges et Gueugnon.

19 avril 1985

ASSE - Martigues

4 — 1

À 3 journées de la fin, Saint-Étienne compte une victoire de retard sur Nice, leader du groupe B. Nice reçoit Lyon, humilié 5-1 à Gerland deux mois plus tôt par les Verts. Robert Herbin entraîne l'OL, mais peut-on vraiment compter sur lui pour jouer le jeu? Tout à fait, Thierry: les Niçois s'inclinent à domicile et laissent l'ASSE reprendre la tête du Championnat. Geoffroy-Guichard suit le résultat en direct; les postes de radio crépitent, les supporters chantent: « Allez l'OL, merci Herbin! » Allez l'OL. Des encouragements durs à digérer, rétrospectivement, pour les fans n'ayant pas connu cette époque. Battus 1-0 à Montpellier lors de la 33e journée, les Stéphanois échoueront en barrages puis contre Rennes. Tout ça pour ça.

→ Christophe Lagrange à l'issue du 0-0 contre Troyes.

8 février 1986

ASSE - Béziers

1 — 0

Parole aux supporters. José Mianat, père de l'un des auteurs du livre : « Je venais de rencontrer ta mère. Premier rendez-vous à Geoffroy-Guichard. Après le coup de sifflet final, je l'ai prise à l'arrière de la Peugeot sur le parking. Tu as été conçu cette nuit-là. Je n'avais pas prévu de la revoir car, avec les copains, on voulait monter à Paris pour réussir dans le rock avec notre groupe, Les Chaussettes Sataniques. Ta mère m'a annoncé qu'elle était enceinte la veille de mon départ. Qui sait ? J'aurais pu devenir une star si tu n'avais pas été là. Ce match contre Béziers a gâché ma vie. »

LES SUPPORTERS CHANTENT : « ALLEZ L'OL, MERCI HERBIN ! »

« LA PARADE LA PLUS IMPORTANTE DE MA CARRIÈRE »
JANOT

24 mai 1997

ASSE - Troyes

0 — 0

La donne est simple : en cas de défaite et si, dans le même temps, Louhans-Cuiseaux s'impose à Niort, Saint-Étienne sera relégué en National. Dans ce match de la peur, les Verts tremblent mais tiennent le 0-0 à la mi-temps. Au retour des vestiaires, à l'autre bout de la France, Patrick Revelles ouvre le score pour Louhans-Cuiseaux. Le doute gagne Geoffroy-Guichard, Troyes reprend la possession et s'offre l'occasion d'une vie, un face-à-face entre Marc Maufroy et un jeune gardien du club, Jérémie Janot. « C'est la parade le plus importante de ma carrière. J'ai 19 ans, je prends mes responsabilités et sors un arrêt western à la 85e. L'équipe est sauvée ! »
Au coup de sifflet libérateur, tout un peuple respire.

5 octobre 2001

Beauvais-ASSE

3 — 0

Arrivé de Grenoble, l'entraîneur Alain Michel (photo) est remercié à la suite de ce match et après un départ catastrophique. L'époque est aux erreurs de castings. L'attaquant international polonais Marcin Kuzba n'inscrit que 4 buts. Le Brésilien Rodrigão deux fois moins. En défense centrale, l'Italien Giovanni Bia déçoit terriblement malgré un CV fort de 200 matchs de Serie A. Dommage : suite au passage de la L1 de 18 à 20 clubs, 4 équipes monteront directement en fin de saison : Ajaccio, Strasbourg, Nice et Le Havre.

29 janvier 2003

ASSE-Gueugnon

0 — 3

Sous la neige, les Stéphanois sont menés 2-0 après une grosse demi-heure avant que Carteron ne frappe un penalty sur la barre. En attaque, l'ASSE n'a pas Drogba, mais Dogbé (4 buts en 44 matchs sous le maillot vert). Si le kop entonne « Et 1, et 2, et 3-0 », c'est par dépit. Le club est dernier. Heureusement, Frédéric Antonetti trouve la force de repartir au combat : il écarte Dogbé et relance plusieurs joueurs, dont Alex. La veille gloire n'a plus ses jambes de décembre 1999 (souvenez-vous de son quadruplé contre l'OM), mais il participe au maintien de l'ASSE.

LYON

●

Avant de devenir une référence du foot français, Lyon a pataugé 6 saisons en deuxième division, entre 1983 et 1989. Puis, Zorro est arrivé.

QUAND JEAN-MICHEL N'ÉTAIT PAS ENCORE AULAS

Élu président en 1987, Jean-Michel Aulas patientera un an avant de faire décoller l'OL.

Soutenu par les chefs d'entreprises lyonnais, propulsé par Bernard Tapie qui souffla son nom aux médias, Jean-Michel Aulas accède à la présidence de l'OL le 15 juin 1987. Il apporte dans ses bagages un projet ambitieux, à la mesure des excellents résultats de sa société, la CEGID : le plan OL Europe. « Dans trois ans, nous devons jouer un rôle dans les dix premières places du Championnat de première division et les quatre premières places dans l'année 1989, ce qui nous conduit à jouer l'Europe en 1990. » L'inscription « Lyon, ville européenne » floque le maillot rhodanien. Le chef d'entreprise a besoin de fédérer les sceptiques autour de lui, quitte à paraître présomptueux. Mais comme le dit un proverbe africain : il faut plusieurs pas à l'éléphant pour apprendre à marcher.

→ 1989-1990 : l'OL retrouve l'élite.

Le premier obstacle s'appelle Robert Nouzaret. Prolongé comme directeur technique par le président sortant, Charles Mighirian, Nouzaret entraîne l'équipe jusqu'en octobre 1987. Il est sur le banc contre Sochaux (1-7), plus large défaite à domicile de l'histoire du club, puis se fait débarquer après une déroute 3-0 à Orléans. Faute de candidats, Aulas nomme à sa place Denis Papas, entraîneur à la retraite depuis deux ans. Le vestiaire est circonspect, comme s'en souvient l'attaquant Franck Priou : « C'était un prof de sport qui n'avait rien à voir avec le football, ça faisait marrer tout le monde, même les joueurs. Il était à mourir de rire. » En mars, Jean-Michel Aulas le remplace par Marcel Leborgne, n'ayant pu débaucher Raymond Domenech de Mulhouse. Impatient, Aulas commet des erreurs de jeunesse. Sa communication n'est pas encore rodée : aux médias lyonnais, il présente abusivement la recrue argentine Claudio García comme le « Maradona droitier » ; il fait parfois preuve d'arrogance, se fâche avec la Ligue professionnelle et l'influent Jean-Claude Darmon. Il apprend sur le tas et change son fusil d'épaule après les barrages perdus contre Caen. « J'ai mis six à huit mois pour appréhender ce monde nouveau, reconnaîtra-t-il. Les premiers mois, je me suis fait mener en bateau. Le recrutement était presque fait. J'avais une bande d'administrateurs autour de moi, sympas, mais pas compétents. D'ailleurs, moi non plus, je ne l'étais pas, mais j'étais de bonne volonté, j'avais envie. » Après avoir tâtonné, JMA reprend les choses en main. Alors que le club était proche du dépôt de bilan quelques années plus tôt, le budget avoisine désormais les 40 millions de francs grâce à une subvention importante de la mairie. Le charme opère. À l'orée de sa deuxième saison, il restructure le club en nommant Raymond Domenech entraîneur et Bernard Lacombe directeur sportif, puis fait du centre de formation l'un des piliers de sa stratégie. Le titre de champion de D2 1989 valide ces changements. Jean-Michel devient le président Aulas. « Lyon avait une équipe en D2 depuis cinq ans. C'est un peu Zorro qui est arrivé. » Très pressé, hé hé.

KABONGO, L'HOMME DU TITRE

En 1989, Eugène Kabongo frappe fort et participe à la montée en D1.

La carrière d'Eugène Kabongo est étroitement liée à celle du président Jean-Michel Aulas. Le Congolais (ex-Zaïrois) fut le premier grand attaquant de son ère. L'ancien canonnier du RC Paris (29 buts en 30 rencontres en D2 1985-1986) rejoint l'OL à 26 ans, après un échec à Anderlecht. Dès sa première saison, il est élu meilleur joueur du Championnat, lors duquel il score à 14 reprises. La saison suivante, ses 22 buts sont décisifs dans l'attribution du titre. Avec l'éclosion de Rémi Garde, Bruno Génésio et Bruno N'Gotty, issus du centre de formation, et grâce au sens de la passe des milieux offensifs Ali Bouafia et Claudio García, Kabongo bénéficie d'une équipe de premier plan. « Il était très exigeant avec les ballons qu'il recevait, rapporte le milieu Joël Fréchet. C'était un mec jovial, mais avant tout un grand professionnel. Avec un coup de boule magique. Dès sa première saison, il avait beaucoup apporté. » Avec 179 matchs à son compteur, Fréchet a connu les quatre barrages disputés par l'OL en deuxième division. En 1985, l'OL avait échoué en recrutant des stars (Larios, Rouyer et Lacuesta) pour une 7e place à l'arrivée. Le recrutement de Kabongo aura une toute autre incidence. Avec son « coup de boule magique », l'attaquant (1,95 mètre) planera deux saisons de suite sur la D2.

L'ÉQUIPE 1988-1989

PSG-VA, LE BARRAGE DE LA PEUR

→ Just Fontaine, le seul coach à avoir fait monter le PSG en D1.

En juin 1974, le PSG joue son avenir à quitte ou double en recevant Valenciennes lors d'un match devenu historique.

La D1 ou le dépôt de bilan. Ce 4 juin 1974, tout est très clair : si le PSG ne s'impose pas contre Valenciennes, le club ne s'en remettra pas. En début de saison, le président Daniel Hechter a obtenu de la part de RTL une subvention (1 200 000 francs de l'époque, soit l'équivalent de 960 000 euros actuels) qu'il faudra rembourser en cas de non-accession. Les caméras sont venues au Parc des Princes filmer le début de l'ascension ou la chute : tout dépendra des hommes de Just Fontaine, l'entraineur parisien.
Le coach motive ses troupes avant le coup d'envoi en affichant une photographie du stade. Vide. « Vous savez ce qu'il vous reste à faire pour le remplir ! Vous avez le choix pour la saison prochaine : jouer devant 3 000 personnes ou jouer devant 30 000. » François M'Pelé choisit d'ouvrir le score à la 35e minute de jeu. Arrivé de l'AC Ajaccio sur l'insistance de Fontaine, l'attaquant congolais ignore qu'il s'apprête à vivre un long bail avec le PSG (95 buts en 217 matchs). Son coéquipier Mordechai Spiegler, présenté comme « le Platini israélien » par son président, a inscrit 10 buts en deuxième partie de saison. Avec ces deux joueurs, le club parait en mesure de doubler la mise, ce qui enfoncerait définitivement VA. Mais c'est le Valenciennois Pierre Neubert qui marque avant la pause. 1-1. Coup de froid au Parc des Princes. Paris reste virtuellement en D2.

Dans les vestiaires, Just Fontaine encourage ses troupes. Elles ont surmonté trop de difficultés pour échouer si près du but. Repartis en D3 la saison précédente, les joueurs évoluaient sur le terrain d'entraînement au Camp des Loges à Saint-Germain-en-Laye devant une assistance clairsemée : 500 fidèles à tout casser. Promu en D2 grâce aux difficultés financières de Quevilly, le club parisien doit sa présence en barrages à ses nombreuses victoires à domicile. À l'extérieur, attendu sur tous les terrains de l'Hexagone, il s'est incliné à Mulhouse, Mantes-la-Ville, Arles, Châteauroux ou face au Red Star, vainqueur du groupe. Il a également perdu 2-1 le barrage aller, à Valenciennes. C'est donc au Parc des Princes que l'histoire doit s'écrire.

« On avait la grinta, il fallait y aller à fond »

Dans les grands matchs, cette saison, le PSG a déjà répondu présent : n'a-t-il pas éliminé le Nancy du tout jeune Michel Platini en 16es de finale de la Coupe de France ? Puis le FC Metz, autre club de D1, en 8es ?
Plus de 19 000 spectateurs sont venus en masse pour le grand soir. Alors, à l'heure de reprendre le match, il ne faut pas faiblir. Sauf que... Dès la reprise, Erwin Wilczek plombe l'ambiance. L'international polonais profite d'une erreur de Jean-Louis Léonetti pour redonner l'avantage à Valenciennes (48e). Mené 2-1, le PSG doit désormais marquer 3 fois en 30 minutes pour obtenir sa promotion. Sur le banc, le président Daniel Hechter a des sueurs froides dès que Didier Six touche le ballon. L'ailier droit Michel Marella ne baisse pas les bras : « On avait la grinta, il fallait y aller à fond. On est immédiatement repartis de l'avant. » Il marque le 3e but, 7 minutes après l'égalisation de Jean-Pierre Dogliani. Il reste un quart d'heure à jouer quand ce même Dogliani, parti à la limite du hors-jeu, libère le stade. Un but qui fera couler beaucoup d'encre dans la presse nordiste. « Valenciennes battue, Valenciennes assommée, Valenciennes abusée », écrira *La Voix du Nord*, désabusée. Plusieurs hors-jeux non valables auraient été sifflés. Et inversement, comme sur le but décisif, sur lequel les défenseurs valenciennois se sont arrêtés de jouer. « Il n'y avait pas hors-jeu », soutient toujours Marella qui préfère retenir « un moment extraordinaire » et la joie au coup de sifflet final. « C'était la conclusion d'une belle aventure. On avait une belle équipe qui s'était renforcée avec Spiegler, un joueur très collectif, et M'Pelé, un attaquant moderne avant l'heure, adroit, bon de la tête... J'ai toujours pensé que monter au terme d'un barrage procurait davantage d'émotions que de terminer premier. » Submergé par le stress et le retournement de situation, Just Fontaine est victime d'un léger malaise cardiaque. Un tour dans la piscine des vestiaires suffira à le requinquer. « Les mecs, ils m'ont attrapé, ils m'ont porté en triomphe, ils ont failli m'enlever ma chemise. Il faisait une chaleur, et avec l'émotion... », expliquera le coach. Ses joueurs, eux, se rendent dans un restaurant des Champs-Élysées pour fêter la montée. Le PSG est en D1 ! Il ne l'a plus quittée depuis...

PSG-Valenciennes 4-2

Le 4 juin 1974, à Paris, au Parc des Princes, 19 511 spectateurs

ARBITRE
M. Wurtz

BUTS
M'Pelé (35e), Dogliani (54e, 75e) et Marella (61e) pour le PSG ; Neubert (39e), Wilczek (48e) pour Valenciennes

VALENCIENNES
Escale - Joly, Coumba, Kuskowiak, Copin - Neubert, Vootracte - Jeskowiak, Zaremba, Wilczek, Six

PSG
Planchard - Quéré, Renaut, Léonetti, Cardiet - Laposte, Deloffre, Dogliani - Marella, M'Pelé, Spiegler

ENTRAÎNEURS
Fontaine et Vicot

ENTRAÎNEUR
Destrumelle

7

CHOISISSEZ BIEN, CHOISISSEZ LE BUT !

Ils ont marqué plus de 100 fois.
Ils ont été les rois sur plusieurs saisons ou sur un match. L'élite n'a pas voulu d'eux...
Ce sont les buteurs de la L2.

LES GOLEADORS

Jean-Pierre Orts

•

182 buts

Donnez-lui le Ballon d'Orts. Roi de la D2 en 1988, 1990, 1992 et 1993. Meilleur buteur de l'histoire du Championnat avec 182 pions. Jean-Pierre Orts a su rester fidèle. « On va te donner la moitié de ton salaire car il faut que tu prouves », disaient les dirigeants de D1. Alors, Jean-Pierre n'est jamais parti. On l'idolâtrait à Nîmes, à Lyon et, surtout, à Rouen. Au Variétés Club de France, après sa carrière, il a continué à marquer – plus de 700 buts ! Il ne s'arrêtera jamais.

Jean Nicolas

•

129 buts

Star du football français des années 1930, Jean Nicolas (25 sélections) fut aussi l'une des premières vedettes de D2. Avec Rouen, il démarre pied au plancher pour sa première saison, inscrivant la bagatelle de 54 buts en 26 matchs. À l'époque, on ne quittait pas son club d'un simple claquement de doigts. Fidèle au FC Rouen, il dispute la Coupe du monde 1934 – et un match mémorable contre l'équipe d'Autriche – puis enchaîne les buts. On n'en a vu aucun, mais on croit fermement Wikipédia.

Patrick Martet

•

165 buts

Le deuxième meilleur buteur de l'histoire du Championnat n'évoquera rien aux adolescents. Durant le règne de Patrick Martet (1977-1991), on écoutait Michel Fugain dans le bus vers Besançon en jouant aux cartes, puis on marquait des buts. Au retour, Martet en inscrit 4 avec Le Havre lors de la saison 1981-1982. Cet attaquant redoutable en marquera 165 au total, dont beaucoup de la tête. Il connaîtra la montée avec Brest, en 1979 et 1981, une année faste avec Rouen en 1988 (26 buts) et une seconde carrière réussie dans l'immobilier. C'est un beau roman, c'est une belle histoire.

Didier Monczuk

•

123 buts

Au début des années 90, la sortie de Tetris sur Game Boy est éclipsée par un autre phénomène de société : le duel Didier Monczuk-Jean-Pierre Orts. Les deux attaquants enfilent les buts et, à ce petit jeu, Monczuk casse des briques en terminant meilleur buteur en 1990 (26 buts), 1991 (23) et 1992 (23). Le Strasbourgeois avait quitté l'AJ Auxerre pour échapper à Guy Roux, trop papa poule à son goût. Son come-back fut spectaculaire. Avec un total de 123 réalisations en D2, Monczuk s'est construit une solide réputation dans 13 clubs différents, malgré une incompatibilité d'humeur avec l'étage supérieur.

LE COUP D'UN SOIR

Sebastián Ribas

Dans la famille des meilleurs buteurs du Championnat, l'Uruguayen Sebastien Ribas occupe une place à part. Après ses 23 buts en 2010-2011 avec Dijon, il ne percera pas au niveau supérieur et ne marquera plus les années suivantes ! Une saison blanche au Genoa, des flops au Sporting, à Monaco, en Équateur : la malédiction mettra trois ans à s'interrompre, par la grâce d'un penalty transformé avec Strasbourg, en National. La trentaine passée, Ribas tente de se refaire un nom dans des clubs argentins.

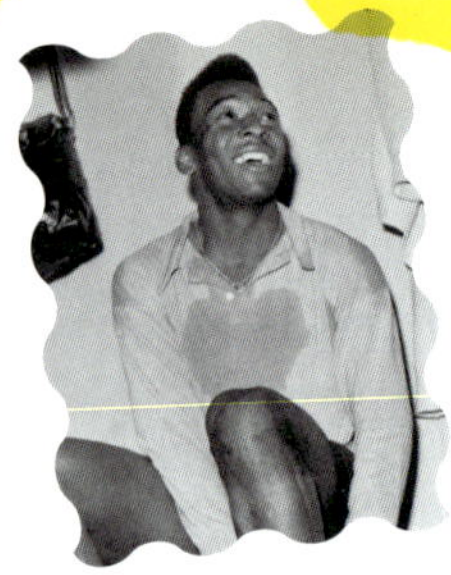

Pelé

Pelé a-t-il vraiment marqué 1 000 buts en carrière ? Les statistiques officielles lui en créditent 757, mais le légendaire attaquant brésilien compte ceux inscrits en amicaux et lors de matchs d'exhibition. Plus troublant encore : il affirme également avoir marqué un but lors d'une rencontre de deuxième division française... Un Charleville-Mézières-Sedan disputé le 7 avril 1965. Selon ses dires, Pelé évoluait alors au stade du Petit-Bois, à Charleville, sous le pseudonyme de Robert Grelot. Il préparait anonymement le Mondial 1966, loin de la pression et des reporters de son pays. Nous avons enquêté sur place : aucun habitant de Charleville ne se souvient de lui. Alors ? Qui croire ?

Yannick Le Saux

C'est l'histoire d'un mec. Il inscrit 27 buts avec Saint-Brieuc en 1994. Puis là, le mec, plouf, il disparaît. Un one shot ? Non : un one man. Yannick Le Saux s'est lancé dans l'humour. Il écrit ses propres sketchs, chante à la guitare et compare le trac pré-scène à la pression qui monte avant le coup d'envoi d'un match. Le fil rouge de son spectacle est sa carrière à Saint-Brieuc : trois saisons en D2 au milieu de la décennie 1990. Les blessures, les coulisses, les femmes de joueurs et les buts, environ 80, un peu à Laval, à Guingamp, à Orléans, au Red Star. Celui qui se définit comme un « artisan du rire » faisait marrer tout le monde, sauf les gardiens du Championnat.

Rémi Mareval

Maréval, nous voilà ! Huit petites secondes, c'est le temps qu'il a fallu à Rémi Maréval pour ouvrir le score lors de Nantes-Nîmes, le 26 septembre 2009. Huit petites secondes, tout juste le temps d'un coup d'envoi, d'une passe en retrait vers le latéral nantais et d'un long dégagement en direction du gardien adverse qui laisse malencontreusement rebondir le ballon... dans ses cages. Une action sortie de *Vidéo Gag* et un record difficilement battable. Témoignage de Nicolas Beziot, supporter nantais : « Je n'ai rien vu du but, je suis arrivé en retard au stade. » Merci, Nicolas.

1969 : LE RECORD DE GRIZZETTI

Avec 55 buts, Gérard Grizzetti, attaquant d'Angoulême, est le recordman français des buts marqués en une seule saison, toutes divisions professionnelles confondues.

Un célèbre philosophe portugais a dit un jour : « Les buts, c'est comme le ketchup. Quand ils arrivent, ils viennent tous en même temps. » À Angoulême, depuis 1969, le melon charentais s'accompagne de ketchup. Cette année-là, Gérard sème la terreur dans les défenses du Championnat, à la pointe d'un 4-3-3. Yvon Goujon, Jean-Louis Léonetti et Frantz Edom sont au service de cet attaquant qui ne se préoccupe pas de ses statistiques. « Je ne faisais pas les comptes. L'objectif était la montée », se souvient Grizzetti en replongeant dans ses archives. Malin, opportuniste, le buteur dispose d'une excellente détente malgré sa taille (1,78 mètre). Les centres pleuvent comme à Gravelotte (charmante bourgade de Moselle). « J'ai enchaîné les matchs avec de la réussite. Je pensais que ça s'arrêterait bientôt, puis ça continuait ! » Contre le Bataillon de Joinville, au Parc des Princes, Grizzetti inscrit un quadruplé. La bouteille

« GÉRARD, FAIS-NOUS GAGNER ! » DEUX BALLONS, DEUX BUTS. 2-0

de ketchup a laissé place à des camions entiers de sauce tomate. S'il a le malheur de redescendre aider ses milieux, il entend son entraîneur hurler : « Reste devant, Gérard ! » Lors d'un match en retard, le renard ressent des douleurs aux adducteurs. Le coach le met remplaçant puis le sort de sa tanière à 15 minutes de la fin. « Gérard, fais-nous gagner ! » Deux ballons, deux buts. 2-0. Les blessures déclarent forfait, les planètes sont alignées et le point de bonus accordé à toute équipe marquant 3 buts par match rend certaines rencontres débridées. « Quand il restait 10 minutes à jouer, on continuait d'attaquer pour recevoir le bonus offensif et une prime de 50 francs par point supplémentaire. On menait 4-2, les adversaires nous suppliaient de les laisser marquer afin de prendre un point ! » Les deux premiers du Championnat – Angers et Angoulême – inscrivent cette saison-là 128 et 112 buts.

Son chien à l'entraînement

Moins cadenassée qu'aujourd'hui, la D2 de l'époque est aussi plus folklorique. Lors des footings en forêt, Gérard emmène son chien avec l'aval du coach. « Évite-le lorsqu'il passe entre tes jambes ! Comme si c'est un adversaire », lui lance ce dernier. Le lundi, les joueurs vont à la chasse en guise de décrassage. Ils tirent sur les faisans. Ils rendent visite aux fermiers du coin. « On était une équipe de copains, soudés, et cela se voyait sur le terrain. Cela nous a donné la force pour accrocher quelques victoires de plus. » Et quelques buts. Le 55e de la saison est un ciseau retourné inscrit contre Limoges, le 15 juin 1969. Le record de Jean Nicolas (54 buts en 1933-1934 avec Rouen) est battu. Récompensé par l'oscar du meilleur joueur de D2 de l'année, Gérard Grizzetti confirme l'année suivante en inscrivant 15 buts en D1. La première division, la vraie place de cet international amateur passé par le Racing Paris et Monaco, où il croisa la route du prince Albert, 12 ans, à l'école de football. Cinquante ans plus tard, cinquante kilomètres plus loin, Gérard Grizzetti profite du soleil cannois. Son record tient toujours.

→ *Gérard Grizzetti (à gauche), Jean Djorkaeff (à droite, joueur de D1 de l'année) et Albert Batteux (au centre, entraîneur de l'année).*

LES RECALÉS DE LIGUE 1

Samuel Michel
135 buts

Sous ce double prénom se cache un redoutable attaquant, fine gâchette du Red Star entre 1989 et 1994. Il fera trembler les filets plus de 50 fois avant d'être repéré par Rennes. L'expérience tourne au vinaigre. Michel rêve d'une attaque avec Gourvennec, Grassi, Wiltord et lui, mais la vie en décide autrement. L'année suivante, Michel marque le cœur des supporters caennais grâce à son association avec Franck Priou. Avec Luc Borrelli dans les cages, Stéphane Lièvre, David Sommeil, William Gallas en défense et Stéphane Dedebant en meneur de jeu, les Normands terminent champions devant l'Olympique de Marseille.

Cédric Fauré
101 buts

En France, on n'aime pas la réussite. On met les artistes dans des cases. Étiqueté attaquant de deuxième division par les professionnels du milieu, Cédric Fauré a cru que tout serait différent après sa saison à 10 buts avec Toulouse, en 2003-2004. Mais le TFC accorde sa confiance à Daniel Moreira et à Eduardo, contraignant Fauré à un prêt à Guingamp. « Aujourd'hui encore, je ne sais toujours pas ce qui s'est passé. On disait que je sortais tous les week-ends, que j'étais un joueur à femmes. C'est totalement faux. » Ses trois autres tentatives en L1 se solderont par des échecs, aussi bien au Mans, au Havre qu'à Guingamp.

Robert Malm
100 buts

8 août 1998, 16 décembre 1998 : voici les dates des deux seuls buts signés Robert Malm en Ligue 1. Comme la liste de ceux marqués en Ligue 2 nous prendrait 6 pages, nous ferons court : Malm est un dieu. Cent buts en 381 matchs répartis entre Dunkerque, Saint-Brieuc, Lorient, Valence, Gueugnon, Wasquehal, Grenoble, Brest, Montpellier et Nîmes. Il aurait pu signer au Qatar ou même... au PSG, si Charles Biétry était resté président. Tant mieux ! Sans lui, les multiplex L2 auraient été bien fades. On t'aime, Robert, bordel ! On t'aime !

Lilian Compan
78 buts

En soirée, Lilian Compan murmure à l'oreille des femmes : « Je suis le quatrième meilleur buteur de l'histoire de la Coupe de la Ligue. » Il passe plus rapidement sur ses 15 petits buts en 99 matchs de Ligue 1, préférant évoquer la saison 2003-2004 de l'AS Saint-Étienne, celle de la montée. Avec 11 réalisations, Lilian termine meilleur réalisateur des Verts devant Nicolas Marin et David Hellebuyck. Quelques mois plus tard, Frédéric Piquionne et Pascal Feindouno débarquent au club… « J'ai aussi été vice-champion de D2 en 2007 avec Caen et deux ans plus tard avec Montpellier. » Quel séducteur, ce Lilian.

Olivier Pickeu
77 buts

Olivier Pickeu est un malin. La Ligue 1 l'a snobé durant sa carrière de joueur, le reléguant à Tours, Toulouse, Amiens, Lille, Le Mans et Reims, avec plusieurs saisons à 10 buts et plus. Pour revenir dans l'élite, il aurait pu baisser drastiquement son salaire, accepter un rôle de remplaçant ou tout simplement usurper l'identité d'un footballeur célèbre après avoir enterré son corps dans la forêt de Fontainebleau. Il a choisi une autre solution : devenir manager général d'Angers. En charge du recrutement, Pickeu a œuvré aux transferts de Bruno Ecuele Manga, Baptiste Santamaria, Nicolas Pépé ou Karl Toko-Ekambi. Une revanche éclatante.

LE CARRÉ VIP ? PAS POSSIBLE

David Suarez
64 buts

Beaucoup de gens confondent Luis Suárez et David Suarez. Or, le premier n'a jamais été capable de planter un seul but en Ligue 2. La saison 2003-2004 de David Suarez avec Amiens fut tout simplement héroïque : il trompe 17 fois les gardiens du Championnat et fait de son club un prétendant à la montée. Boutoille, Ben Khalfallah, Abriel, Ewolo, Debève : parle-t-on de la dream team du FC Barcelone ou bien des Picards ? Transféré ensuite à Toulouse, David Suarez ne passera pas le cap attendu, en dépit de deux doublés inscrits contre Strasbourg et Auxerre.

Gaëtan Charbonnier
62 buts

Encouragé par ses 12 buts avec Angers en 2011-2012, Gaëtan Charbonnier signe à Montpellier, champion de France. Barré par Souleymane Camara et Emanuel Herrera, il prend l'ascenseur, direction Reims, et retrouve une place de titulaire… mais retombe dans ses travers en Ligue 1. Et à Brest ? Un titre de meilleur buteur de L2 en 2019, suivi d'un nouvel échec en 2019-2020 (un seul but marqué à la trêve, 4 au total). Moralité ? Parfois, cela ne sert à rien d'insister.

Grégory Thil
62 buts

On peut avoir le niveau L1 et user de malchance. En 2009, chez l'inattendu promu Boulogne-sur-Mer, Grégory Thil inscrit un doublé dès la 2e journée contre Grenoble. Sa mère est fière de lui, les fans l'ajoutent sur Facebook. Vainqueur le 22 août à Saint-Étienne, Boulogne, 7e, occupe le meilleur classement de son histoire. Thil savoure, mais le destin s'en mêle : une blessure l'éloigne des terrains pendant près de six mois. « C'est un gros regret, expliquera-t-il dans *So Foot*. J'étais en pleine ascension, j'étais mature. C'est dommage. » Deux ans plus tard, il échouera à Dijon, en L1, et inscrira 2 buts en 26 matchs.

SOURCES

PRESSE ET INTERNET

Le Télégramme
En Avant Magazine
Ouest-France
La Nouvelle République
La Voix de l'Ain

https://histoiredupsg.fr
stadelavallois-museum.over-blog.com
footballdatabase.eu
maLigue2.fr
socios-nancy.fr

LIVRES

Les immortels du football,
Bruno Ahime, 2015,
Nouvelles Éditions Sutton

100 ans de football à Besançon,
François Ruffin, Frédéric Vial, 2004,
Empreinte

La belle histoire du Stade Brestois,
Georges Cadiou, 2010,
Mémoire du football

Olympique Lyonnais, Les coulisses d'une réussite,
Nicolas Delage, Richard Place, 2007,
Calmann-Lévy

L'histoire de l'Olympique Lyonnais,
Richard Benedetti, Serge Colonge, 2016,
Hugo Sport

Platini : Le roman d'un joueur,
Jean-Philippe Leclaire, 1998,
Flammarion

Le Racing club de Strasbourg,
1906-2006, Pierre Perny, 2006,
Drusenheim

Livre d'or du S.C.O. d'Angers,
Tony Effling, 1974

Kaiser ! – Le plus grand footballeur à n'avoir jamais joué,
Rob Smyth, 2018,
Marabout

Christian Gourcuff, un autre regard sur le football,
Loïc Bervas, 2013,
Liv'Éditions

L'Histoire illustrée de l'Olympique de Marseille,
Jean-François Pérès, 2010,
Hugo BD

REMERCIEMENTS

Thomas Bonnavent remercie :

Loïc Durand (@LoicDrd sur Twitter)

Christophe Kuchly (@CKuchly sur Twitter)

Didier Roustan

Benjamin Parrot et **Charlotte Calland** à Reims

Valexia Salvador

Wylan Cyprien, en plein déménagement

Florent Crossoir à Clermont

Hugo Georgel à Lens

Paul-Marie Gouzerh à Lorient

La famille Malle, Matthieu et Michael

Charly Moriceau
pour la traduction de l'entretien
avec Tony Casacarino

Les amis de Foot National
et **toutes les rédactions Ligue 2**
de **beIN Sports et maligue2.fr**

Henri Galipon

Constance Pellegrin et **Pierrick Le Goff** à Auxerre

Julien Veyre, mon mentor, **Clément Maloaoui**,
mon frère journaliste, **Rémi Farge**, la bible sochalienne,
Geoffrey Steines, **Ignazio Genuardi**, qui m'ont offert
une place dans ce beau métier

La bande de Jean Perrin à Marseille,
qui me supporte depuis plus de dix ans et qui m'a permis
de tout lâcher pour le journalisme

Toute l'équipe Winamax TV, **Sofiane**, **Walid**, **Tidiany**, **Elton**,
Selim qui m'ont encouragé avec cette phrase :
« Tu vas vraiment écrire un livre sur la Ligue 2 ? »

Loris, supporter strasbourgeois (@RacingScope sur Twitter)

Et, surtout, **ma famille**, **mes amours**,
que j'espère rendre fiers à la lecture de ces pages…

département de Hugo Publishing
34-36, rue La Pérouse
75116 Paris

Collection dirigée par Bertrand Pirel
Ouvrage dirigé par Clément Ronin

Conception graphique et mise en page
Coraline Mas-Prévost

Photos
© Presse Sports, © DR (sauf page 5 : © Sébastien Thoen ; pages 51 et 53 : © JB Delerue/ Stade de Reims ; pages 263 et 264 : © Gérard Grizzetti)

ISBN
9782755684957

Dépôt légal
Octobre 2020

Imprimé en France par PPO

ÉQUIPE TYPE **LENS**

Ahmed **OUDJANI**

1958 - 1965
1970 - 1972

Roger **BOLI**

1989 - 1996

ATTAQUANTS

Yoann **TOUZGHAR**

2012 - 2015

Issam **JEMAA**

2005 - 2007
2008 - 2011

MILIEUX

Pierre **LAIGLE**

1990 - 1996

Benjamin **BOURIGEAUD**

2013 - 2017

Alaeddine **YAHIA**

2008 - 2014

Jean-Guy **WALLEMME**

1986 - 1998,
2001 - 2002

Marco **RAMOS**

2006 - 2011

Yohan **DEMONT**

2005 - 2012

DÉFENSEURS

GARDIEN

Vedran **RUNJE**

2007 - 2011